ECKEHARD RADEHOSE

TRAUMBERGE AMERIKAS

Von Alaska bis Feuerland

BERGVERLAG ROTHER GMBH • MÜNCHEN

Umschlagbilder:
Die stattliche Berggestalt des Ancohuma zählt zu den leichteren Gipfelzielen in der
bolivianischen Cordillera Real. Dagegen fordert der Westgrat des Mount Hunter
(kleines Bild) im arktisnahen Alaska von seinen Begehern eine ganze Menge
alpiner Erfahrung und Durchhaltevermögen.
Fotos: Herbert Ziegenhardt (großes Bild), Bernd Ritschel (kleines Bild)

Umschlagrückseite:
Unterwegs in der peruanischen Cordillera Blanca, dem schönsten tropischen
Hochgebirge der Erde.
Fotos: Oskar E. Busch (oberes Bild), Wilhelm Szalaty (unteres Bild)

Bildnachweis (Seitenzahlen):
Oskar E. Busch (13, 16/17, 37, 83 unten, 103, 104, 105, 106, 108/109, 110, 111,
112, 122, 135); Ralf Gantzhorn (124/125, 133); Heinrich Gruber (78, 79, 80, 81
oben und unten, 91 unten, 123, 127); Rolf Haas (39, 46, 47, 48, 55, 58, 63, 174);
Arnold Hasenkopf (95, 96, 97); Jörn Heller (20, 26, 183, 185); Robert Jasper (11,
31, 181, 182, 187); Peter Kaufmann (29, 75, 114, 115, 117); Rolf-Christian Reich
(18, 24, 30, 72, 76, 91 oben, 93, 119, 121, 129, 173, 177); Philippe Reuter (137,
143, 154, 157, 163, 165); Bernd Ritschel (2/3, 12, 15 unten, 21, 28, 36, 43, 44, 51,
56, 57, 59); Bernd Schreckenbach (71, 90); Wolfgang Sinnwell (25, 65, 67, 68, 69);
Rollo Steffens (158, 159, 160, 161); Wilhelm Szalaty (8/9, 15 oben, 19, 23, 27,
32/33, 74, 92, 130, 134, 179); Bradford Washburn (53, 61); Herbert Ziegenhardt
(83 oben, 85, 87, 88, 89, 99, 100, 101, 116, 166, 167, 168, 169).
Alle anderen Fotos stammen von Eckehard Radehose.

Kartographie:
© Eckehard Radehose, München

1. Auflage 1996
© Bergverlag Rother GmbH, München
ISBN 3-7633-3006-2
Lektorat und Gestaltung: Robert Demmel
Satz: Bergverlag Rother GmbH, München
Reproduktionen: Repro Fuchs, Laufen
Druck und Bindung: Rother Druck GmbH, München
Printed in Germany
(2474 / 61081)

ZUM GELEIT

Die einst für die Allgemeinheit unerreichbar fernen, höchsten Berge der Welt zu besteigen, war zu früheren Zeiten nur wenigen außergewöhnlichen Bergsteigern vorbehalten. Das alpinistische Publikum bestaunte und bewunderte diese Helden entsprechend. Spätestens seit den 70er Jahren, als Reinhold Messner und andere die 14 Achttausender auch für solche greifbar nahe brachten, die bislang noch nie etwas höheres als einen Barhocker erklommen hatten, schwand diese Respektdistanz zunehmend.

Heute existiert sie praktisch nicht mehr: Nahezu alle Regionen der Welt sind für jedermann erreichbar geworden. Kommerzielle Reisebüros organisieren Achttausender-Besteigungen im Pauschalangebot. Selbst am Gipfel des Mount Everest stehen an manchen schönen Tagen Dutzende Menschen. Aber auch unterhalb der Achttausend-Meter-Marke hat sich längst ein beängstigender Massentourismus ausgebreitet. Ein Beispiel unter vielen: Kilimanjaro & Serengeti ist als Wochenpauschale zu buchen – so mancher allerdings kehrte davon nicht mehr lebend zurück. Es gibt kaum mehr eine Bergregion der Erde, die nicht von lokalen Tourismusmanagern und Politikern clever und rücksichtslos vermarktet wird. Die UIAA (Union Internationale des Associations d'Alpinisme) versucht schon seit Jahren mit allen Mitteln, aber geringem Erfolg dieser dramatischen Entwicklung gegenzusteuern, zumal sie nicht zuletzt auch eine enorme Bedrohung für die sensible soziale und ökologische Situation in den Bergen der Welt darstellt.

Hinzu kommt, daß diese Form von alpinistischem Massentourismus auch beträchtliche gesundheitliche Risiken beinhaltet. Nicht wenige scheitern am ungewohnten Klima, an der fremdartigen Ernährung, an der ungenügenden physischen Leistungsbereitschaft und vor allem an mangelnder Höhenanpassung.

Angesichts dieser bedenklichen Aspekte drängt sich natürlich die Frage auf: Sollte man Bergreisen in außereuropäische Regionen nicht generell als Negativentwicklung betrachten? Die Antwort lautet eindeutig: Nein! Denn es gibt glücklicherweise sehr wohl Alternativen zu den negativen Auswüchsen des alpinistischen Massentourismus, es gibt auch einen ganz anderen Stil von Bergreisen: individuelles Trekking und Höhenbergsteigen in Kleingruppen. Wer zudem nach gediegener Vorbereitung mit Respekt gegenüber den hohen Bergen und ihren sehr ernst zu nehmenden Bedingungen sowie vor ihren Eigenheiten und auch vor ihren Bewohnern auf die große Reise geht, der wird gesund und mit unvergeßlichen Erinnerungen nach Hause zurückkehren.

Dieser Reisestil zu den hohen Bergen der Erde kann sehr wohl zu einem beglückenden Höhepunkt im Leben eines Bergsteigers werden. Fast alle Bergreiseveranstalter im deutschsprachigen Raum haben sich bereits seit Jahren dieser Grundhaltung verschrieben und beraten bzw. betreuen ihre Kunden ganz in diesem Sinne.

In ebendieser Tradition steht auch dieses Buch, das nicht nur mit enormer Sachkenntnis, sondern auch mit großer Verantwortung verfaßt wurde: Es ermöglicht nach einer an die persönlichen Gegebenheiten optimal angepaßten Auswahl des Zieles eine detaillierte, individuelle Vorbereitung und Planung, erhöht damit die Sicherheit und vermittelt nicht zuletzt schon im Vorfeld der Bergreise eine intensive persönliche Beziehung zum gesteckten Ziel.

In einem tibetischen Buch habe ich einmal gelesen: *»Der letzte Schritt hängt vom ersten ab, der erste vom letzten.«* Genauso ist es.

Franz Berghold
Präsident der Medizinischen
Kommission der UIAA

VORWORT

Expeditionsbergsteigen – allein mit diesem Begriff verbinden die Alpinisten Gefühle völliger Abgeschiedenheit und das Eindringen in Grenzbereiche menschlicher Leistungsfähigkeit. Ungewißheit, Abenteuer und Überlebensängste einerseits, Gefühle höchsten Glücks andererseits lassen Bergsteigen im Expeditionsstil nicht selten zur Sucht werden.

Heute sind Trekking-Reisen und sogar Expeditionen zu den Bergen der Welt populär geworden. Alljährlich ziehen Tausende von Trekking-Touristen nach Nepal, Indien oder Pakistan, durch Bolivien, Peru oder Ecuador. Selbst die Bergbesteigungen mit Expeditionscharakter sind kaum mehr registrierbar. Die Branche boomt, die Zuwachsraten der großen Reiseveranstalter sind mehr als zufriedenstellend.

Es ist eng geworden auf der Erde. Der technische Fortschritt brachte vielen Menschen Wohlstand und meist auch Sicherheit. Doch mit dieser Entwicklung ging auch vieles verloren: unberührte Natur, ursprüngliche Lebensformen – vielleicht auch etwas Kreativität und Zufriedenheit. Wir sehnen uns wieder nach einfacherem Leben, nach Abenteuer, nach ursprünglicher Natur.

Das Besteigen hoher Berge bedeutet Eindringen in Grenzbereiche, in denen das typische Trekking endet. Abgesehen von den alpintechnischen Schwierigkeiten erfordert die Besteigung eines Berges oberhalb der 6000-Meter-Grenze eine wirklich gute Akklimatisation und nicht selten bereits eine gewisse Logistik.

Bergsteigen in den großen Gebirgen der Erde kann ein phantastisches Erlebnis sein. Oftmals ist die Errichtung von Hochlagern erforderlich, an denen – besonders in den frühen Morgenstunden oder bei Sonnenuntergang – Stimmungen von enormer Schönheit auf uns einwirken. Es kann aber auch das Gegenteil eintreten: hämmernde Kopfschmerzen in langen, eiskalten Sturmnächten, meterhoher Neuschnee, der die Zelte eindrückt, oder schattenlose Gletscherbecken, in die unbarmherzig die Höhensonne hineinbrennt. Höhenbergsteigen zwingt den Alpinisten, Entbehrungen zu erdulden. Vieles ist mit Unwägbarkeiten verbunden. Vor allem Individualreisende werden mit den teilweise völlig anderen Lebens- und Zeitgewohnheiten der einheimischen Bevölkerung konfrontiert sein. Wer diese spannende Ungewißheit nicht mag, sollte sich überlegen, ob nicht eine Reise in Länder mit europäischem Lebensstil – wie Alaska oder Kanada – den sogenannten »Entwicklungsländern« vorzuziehen wäre.

Das vorliegende Buch soll Möglichkeiten von Bergbesteigungen aufzeigen, die in ihrem Charakter dem anspruchsvollen, in Fels und Eis gleichermaßen erfahrenen Alpinisten vorbehalten bleiben. Natürlich fiel die Auswahl der Gipfelziele nicht leicht, und es liegt in der Natur der Sache, daß eine Auswahl, welcher Art auch immer, subjektiven Charakter hat. Da die aktuellen Verhältnisse vor Ort natürlich immerwährenden Veränderungen unterliegen, habe ich einige namhafte Autoren und hervorragende Gebietskenner um Unterstützung gebeten – Ihnen gebührt bereits an dieser Stelle mein Dank.

Darüber hinaus auch ein herzliches Dankeschön an den Verlag, alle Fotografen und all jene, die mir mit Rat und Tat zur Seite standen – besonders an Hermann Huber, Peter Kaufmann, Philippe Reuter und Bernd Ritschel sowie an die Firma Hauser-Exkursionen International und deren Reiseleiter für die intensive Unterstützung. Dank auch Dr. Dieter Winkler für die umfangreichen Übersetzungsarbeiten.

Bad Reichenhall, im Herbst 1995
Eckehard Radehose

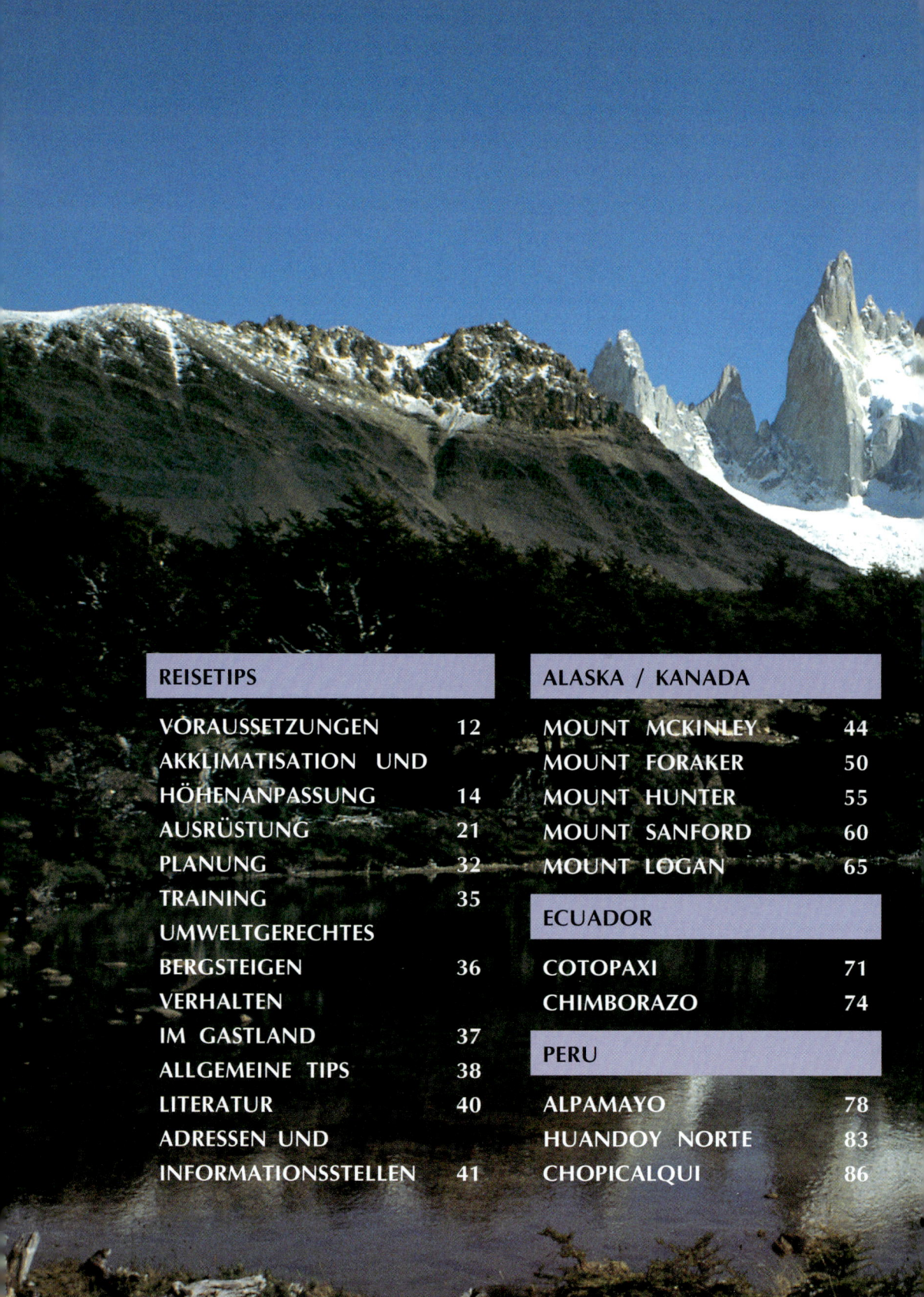

REISETIPS

Für viele gläubige Menschen waren die hohen Berge seit jeher der Sitz der Götter und Dämonen. Auch heute noch ist dieser mystische Charakter bei vielen Bergvölkern – besonders im Himalaya – erhalten geblieben.

Diese Haltung kommt natürlich nicht von ungefähr, denn trotz allen technischen Fortschritts sind die großen Höhen lebensfeindliche Regionen geblieben. Der Luftdruck und damit der Sauerstoffpartialdruck nehmen rapide ab. Dazu ist es in den Hochlagen oft unsagbar kalt, und eisige Höhenstürme, sogenannte Jetstreams, drohen jegliches menschliche Leben hinwegzufegen.

Manche Phänomene sind den Höhenmedizinern bis zum heutigen Tage rätselhaft geblieben, doch viele Erkenntnisse sind inzwischen unumstößlich: Ein gesunder Mensch hat durchaus die Fähigkeit, seinen Körper einer Höhe von maximal etwa 5300 Metern anzupassen. Theoretisch könnte er sogar längere Zeit in dieser Höhenlage leben, ohne körperliche Substanzverluste erleiden zu müssen. In höheren Lagen kann sich der Mensch nur noch kurzfristig aufhalten, ohne Schaden zu nehmen: Oberhalb von 6000 Metern sind dies wenige Tage, oberhalb von 8000 Metern nur noch wenige Stunden.

Bergsteigen in großen Höhen ist ein absolut ernsthaftes Unterfangen. Schwerwiegende organisatorische oder taktische Fehler – in den Alpen oder beim Trekking noch ohne gravierende Folgen – können hier bereits tragische Entwicklungen nach sich ziehen. Oft sind die Bergsteiger vollkommen auf sich allein gestellt, und bei Unfällen oder akuter Höhenkrankheit muß davon ausgegangen werden, daß eine Bergung überaus schwierig, wenn nicht gar unmöglich sein kann. Rettungsflüge sind nur selten möglich und in größeren Höhenlagen oberhalb 5500 m so gut wie ausgeschlossen.

Hohe Berge fordern einen gewissen Respekt, übertriebenes Selbstbewußtsein ist eher schädlich als nützlich. Die Kombination von umfangreicher Bergerfahrung oder kompetenter Führung sowie bestmöglicher körperlicher und seelischer Verfassung mit klugem, wohldurchdachtem Handeln ist auch hier der beste Garant, um nicht nur erfolgreich zu sein, sondern vor allem auch am Leben zu bleiben.

Die Statistiken der Höhenmediziner und die Ergebnisse der Unfallforschung sprechen leider eine deutliche Sprache: Von 100 Expeditionsbergsteigern kehren drei nicht mehr nach Hause zurück; 25 Prozent erleiden am Berg Verletzungen oder Erkrankungen. Etwa 80 Prozent der Todesursachen beim Höhenbergsteigen sind tödliche Verletzungen. Inwieweit mangelnde Höhenanpassung, Erschöpfungszustände oder Desorientierung die Ursachen für tödliche Abstürze, Spaltenstürze usw. sind, ist nicht genau nachvollziehbar. Auf jeden Fall darf davon ausgegangen werden, daß viele Todesfälle ihre eigentlichen Ursachen in der Problematik der großen Höhe haben. Mangelnde Konzentrationsfähigkeit, geistige Verwirrtheit und extremer Kräfteverfall bzw. Erschöpfungszustände sind leider allzu oft der Grund für das tragische Ende.

Erfahrene Höhenbergsteiger wissen von diesen Problemen; sie kennen die erforderlichen Maßnahmen und Gesetze, um eine optimale Akklimatisation zu gewährleisten. Dr. Franz Berghold, international anerkannter Höhenmediziner: *»Kein Mensch muß höhenkrank werden, wenn er die lebensnotwendigen Regeln der Akklimatisation einhält. Alle höhenbedingten Erkrankungen haben ihre erklärbaren, logischen Ursachen!«*

Rechts: beim Aufstieg zur Schulter des Cerro Torre.

VORAUSSETZUNGEN

Viele der hier vorgestellten Ziele haben heute ihren Expeditionscharakter weitgehend verloren. Besonders eine wesentlich verbesserte Infrastruktur im Land sowie die rasante Entwicklung des Trekking- und Expeditionstourismus haben dazu beigetragen. Trotzdem dürfen wir nicht außer acht lassen, daß manche Bergziele auch heute nichts von ihrem ursprünglichen Charakter eingebüßt haben. Allein die alpintechnischen Schwierigkeiten, die Problematik der großen Höhe und die manchmal extremen Witterungsbedingungen werden immer den gleichen Gesetzmäßigkeiten unterliegen.

Wer ist nun geeignet, hohe Berge mit Gipfelhöhen über 6000 Metern zu besteigen? Bei der Formulierung der entsprechenden Qualifizierung findet man in der einschlägigen Literatur meist nur Hinweise auf die bergsteigerischen Erfahrungen, alpintechnische Fertigkeiten sowie konditionelle oder höhenverträgliche Aspekte. Die mindestens ebenso wichtige psychische Verfassung des Bergsteigers bleibt meistens unerwähnt. Dabei nehmen die mentalen Voraussetzungen – zum Beispiel die Leidensfähigkeit beim Erdulden von Entbehrungen – einen sehr hohen Stellenwert ein. Außerdem nützt es dem Aspiranten nur sehr wenig, wenn er perfekt den achten Schwierigkeitsgrad im Fels beherrscht, im weglosen Schrofengelände, im Eis oder kombinierten Gelände mittlerer Schwierig-

Wenn an den Bergen Alaskas das Inferno losbricht, dann ist Durchhaltevermögen gefragt ...

... fast schon »gemütlich warm« nimmt sich dagegen dieser Lagerplatz am Zustieg zum Nevado Ampato in Peru aus.

keit aber unsicher unterwegs ist. Leider ist dies sehr häufig der Fall und sicher auch die Ursache für viele tragische Unfälle. Leistungsorientierte Ausdauersportler und natürlich auch ganz speziell Höhenbergsteiger sind in erster Linie motivationsabhängig. Ohne diesen inneren Antrieb wird kaum jemand den Gipfel eines Sechs-, Sieben- oder gar Achttausenders erreichen können. Erfolgreiche Expeditionsbergsteiger verfügen über eine bestmögliche Symbiose aus körperlicher Fitness, langjähriger Bergerfahrung und seelischer Ausgeglichenheit. Bergsteiger, die sich mit schwerwiegenden psychischen Konflikten behaftet an einem hohen Berg versuchen wollen, werden ähnlich geringe Erfolgschancen haben wie andere, die konditionell und akklimatisatorisch ungenügend vorbereitet sind. Die häufig allgegenwärtigen Probleme des Alltags sollten daher zu Hause bleiben. Nur so können wir uns öffnen für all die fremdartigen Eindrücke der neuen Umgebung. Leistungsorientierte Menschen setzen sich immer häufiger auch in der Freizeit einem unerhörten Erfolgsdruck aus. Derjenige, der diese Belastung für sich abzubauen versteht und somit erheblich freier und lockerer an das gesetzte Ziel herangehen kann, bringt gute Voraussetzungen mit, an einem hohen Gipfelziel Erfolg zu haben.

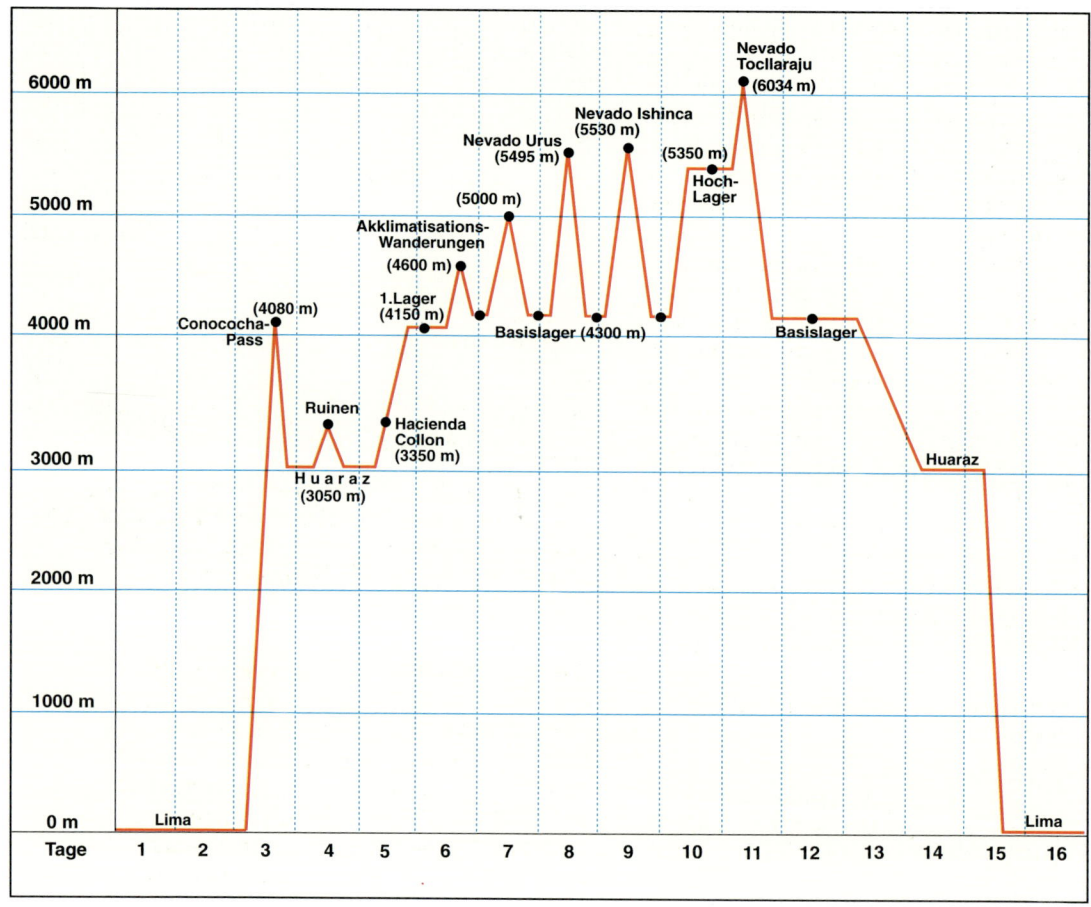

AKKLIMATISATION UND HÖHENANPASSUNG

Einige Bemerkungen vorab: Der Bereich Höhenmedizin ist ein derart komplexes Thema, daß sie hier nur in ihren Grundzügen angesprochen werden kann. Ohne Zweifel stellt die Höhenmedizin aber in der Gesamtthematik des Höhenbergsteigens ein sehr wesentliches Kapitel, wenn nicht das wichtigste dar.

Kein Bergsteiger, der sich in größere Höhenlagen begibt, darf die Erkenntnisse und Gesetze der heutigen Höhenmedizin außer acht lassen. Speziell deshalb sei jedem Interessenten das Studium der umfangreichen Spezialliteratur (siehe Seite 40) ans Herz gelegt.

Wir alle wissen, mit zunehmender Höhe wird die Luft »dünner«; der Luftdruck und entsprechend der sogenannte Sauerstoffpartialdruck nehmen kontinuierlich ab. In 6300 Metern Höhe, also beispielsweise auf dem Chimborazo, dem höchsten Gipfel Ecuadors, beträgt der Luftdruck gegenüber dem auf Meeresniveau nur noch 45%. Dazu ist eine drastische Temperaturreduzierung (Temperaturabnahme pro 100 Höhenmeter etwa 0,7 Grad) sowie eine Zunahme der Strahlung festzustellen.

Bereits hier wird deutlich: Die (Über-)Lebensbedingungen für den Menschen sind alles andere als günstig. Nun haben Bergsteiger auch noch zusätzlich schwere körperliche Arbeitsleistung zu verrichten. Strengt eine besondere sportliche Aktion bereits in der Ebene übermäßig an, so erfordert sie in großer Höhe neben einer enormen Motivation ganz besondere Aktivität und somit vermehrt sauerstoffangereichertes Blut für die Körperorgane.

Woher soll sich nun der Körper bzw. die Lunge als zentrales Organ der Sauerstoffversorgung für die Körperzellen dieses lebensnotwendige Element besorgen? Es liegt auf der Hand, daß der Körper sich gegen diese Unterversorgung zur Wehr setzt; Kopfschmerzen und starker Leistungsabfall können sich einstellen. Würde der Mensch sich innerhalb kürzester Zeit, also ohne jegliche Akklimatisation, in größere Höhenlagen begeben, träte innerhalb weniger Stunden der Tod ein. Doch der menschliche Organismus ist erstaunlich flexibel: Lassen wir ihm genügend Zeit, ist er durchaus in der Lage, sich auf größere Höhenlagen einzustellen. Sogar in Höhen über 8000 Metern kann er gegen-

Ein Besuch des Titicaca-Sees im Vorfeld einer großen Bergtour in Bolivien oder Peru läßt nicht nur Kindheitsträume wahr werden, sondern fördert zudem die Akklimatisation.

Unterwegs am Westgrat des Mount Hunter.

über diesen widrigen Bedingungen kurzfristig bestehen. Bis zu einer höhenmedizinisch belegten Höhe von etwa 5300 Metern ist er sogar anpassungsfähig.

Um eben diesen Vorteil für das Bergsteigen an hohen Bergen nützen zu können, bedarf es der Beachtung einiger wesentlicher Spielregeln. Werden diese lebensnotwendigen Verhaltensmaßregeln außer acht gelassen, zeigen sich alsbald erste Symptome der Höhenkrankheit:

- Leistungsabfall
- Kopfschmerzen
- Appetitlosigkeit
- Schlaflosigkeit
- Übelkeit
- Atemnot

In sogenannten mittleren Höhenlagen, also zwischen 1500 und 3000 Metern, werden wir kaum mit diesen Symptomen konfrontiert. Oberhalb von 3000 Metern können sich jedoch erste Anzeichen von Höhenkrankheit bemerkbar machen. Dennoch ist der Mensch auch in diesen Höhen zwischen 3000 und 5300 Metern durchaus anpassungsfähig, darüber ist nur noch ein Kurzaufenthalt von wenigen Tagen bis hin zu wenigen Stunden möglich.

Die zuvor beschriebenen ersten Symptome der Höhenkrankheit sind Warnzeichen, die überdeutlich eine ungenügende Höhenanpassung anzeigen. Es ist deshalb nicht sinnvoll, entsprechende Medikamente wie beispielsweise Tabletten gegen Kopfweh oder Übelkeit einzunehmen. Richtig ist vielmehr, rasch in niedrigere Höhenlagen abzusteigen. Hier wird sich erfahrungsgemäß sehr schnell der Normalzustand wieder einstellen.

Schenken wir diesen ersten Warnzeichen der möglichen Höhenkrankheit jedoch keinerlei Beachtung, verschlechtert sich der Zustand kontinuierlich. Aus den ersten Warnzeichen erwachsen dann sehr schnell weitere Alarmsignale:

- starker Leistungsabfall
- hämmernde Kopfschmerzen
- Apathie
- Benommenheit oder Schwindel
- unkoordinierte Bewegungsabläufe
- Erbrechen
- ungewöhnlich hoher Ruhepuls
- schwere Atemnot
- Husten mit blutigem Auswurf
- fahle Gesichtsfarbe
- blaue Lippen
- brodelndes Atemgeräusch

Der Bergsteiger befindet sich nun in akuter Lebensgefahr. All diese Symptome weisen auf das lebensbedrohliche Höhen-Lungenödem, Höhen-Hirnödem oder gar beides hin. Ein schneller Abtransport in niedrigere Höhenlagen, möglichst in Verbindung mit der Gabe von Flaschen-Sauerstoff – oder im Überdrucksack (beispielsweise Certeg-Bag) – und entsprechender Medikamente (beispielsweise Adalat mit dem Wirkstoff Nifedipin) ist sofort, auch nachts, einzuleiten.

Hier gilt einzig der international gültige Merksatz: **»Do or die!«** »Tu' etwas oder stirb'!«

Vielfältige Erfahrungen haben gezeigt, daß der stetigen Beobachtung der Teilnehmer untereinander große Bedeutung zukommt. Ein höhenkranker Kamerad zieht sich meist zurück in sein Zelt, und unbeachtet durch die anderen verschlech-

tert sich sein Zustand fortwährend. Bereits hier wird deutlich, Trekking und Bergsteigen in großen Höhen erfordern eine vermehrte Verantwortlichkeit aller Teilnehmer; klares, bewußtes Denken und Handeln sind hier gefragt. Sollte ein Partner schwer höhenkrank abtransportiert werden müssen, ist jeder Bergsteiger ohne jegliche Einschränkungen verpflichtet, alles Erdenkliche zu tun, um ihn zu retten; schließlich

Nicht von schlechten Eltern – die Hausberge von Huaraz, dem »Chamonix« der Anden.

kann dieses Schicksal jeden von uns treffen, und jeder erwartet bedingungslose Hilfe.

Die Spielregeln: Interessanterweise werden sehr viel häufiger jüngere, sehr leistungsstarke Bergsteiger höhenkrank als ältere, eher routinierte Alpinisten. Die Gründe dafür sind einfach zu erklären: Jüngere Teilnehmer mißachten oft in sträflicher Weise – meist völlig unbewußt – die wohl wichtigste Regel der Höhenanpassung: Langsam gehen – Zeit lassen. Sie haben meist übermäßig hart für ihre Unternehmung trainiert und möchten nun auch ihren konditionellen Vorsprung einsetzen, vergessen dabei aber leider zu oft, daß der Konditionszustand bei Reiseantritt in keinem direkten Zusammenhang mit der Fähigkeit, sich rasch zu akklimatisieren, steht.

Vierzehn Tage Zeit sind ein realistischer Anhaltswert für die Besteigung eines Sechstausenders. Während der ersten kritischen Tage des Aufenthalts in größerer Höhe – in einem Basislager oder auf einer hochgelegenen Schutzhütte – sollten die körperlichen Aktivitäten nicht übermäßig intensiv sein. Es wäre höchst töricht, gleich am ersten Tag nach Ankunft in einem Basislager beispielsweise, schwere Lasten zum Einrichten des ersten Hochlagers schleppen zu wollen. In der ersten Phase der Höhenanpassung zwischen dem ersten und dritten Tag – der sogenannten Adaptionsphase – ist die Leistungsfähigkeit des Organismus erheblich herabgesetzt; der Ruhepuls (regelmäßig messen) ist ungewöhnlich hoch. Bereits nach dem fünften oder sechsten Tag beginnt in der Regel die sogenannte stabile Phase: Der Ruhepuls liegt wieder im Normalbereich, und die Gefahr einer Höhenkrankheit im Basislager kann weitgehend ausgeschlossen werden.

Steigen wir nun höher hinauf, beginnt die zuvor geschilderte Situation von neuem. Die Gesetzmäßigkeiten und die Spielregeln bleiben gleich. Natürlich sollte jedem klar sein, daß mit Zunahme der Höhe die Intensität der Anpassungs-Problematik zunimmt.

Traumberge in der peruanischen Cordillera Blanca: Beim Aufstieg zum Huascaran schweift der Blick nach Norden zum Chacraraju und zur eleganten Firnpyramide des Artesonraju.

Tausende Kilometer weiter im Süden das patagonische Pendant: die Torres del Paine.

Während der Höhenanpassung bildet der menschliche Organismus zusätzliche rote Blutkörperchen (Erythrozyten), die den Gastransport zwischen der Lunge und den Körperzellen zur Aufgabe haben. So vorteilhaft die vermehrten roten Blutkörperchen rein theoretisch auch sein mögen, sie bergen auch einen lebensgefährlichen Nachteil: die Bluteindickung.

Es ist ja leicht verständlich, daß sauerstoffangereichertes, jedoch sehr stark eingedicktes Blut kaum von Nutzen sein kann. Hier kann nur eines helfen: Wir müssen der Bluteindickung mit Vehemenz entgegenwirken. Deshalb einer der wesentlichsten Grundsätze beim Höhenbergsteigen: trinken, trinken und nochmals trinken.

In großen Höhen rechnet man fünf, sechs und mehr Liter Flüssigkeit pro Tag. Durch Schweißverlust und vor allem auch infolge der sehr trockenen, kalten Umgebungsluft in großen Höhen gehen mit der Abatmung allein dem Körper Unmengen an Flüssigkeit verloren.

Die ersten Anzeichen der Höhenkrankheit – in der Regel Warnzeichen – machen sich meist nach einigen Stunden Höhenaufenthalt – oft nachts – bemerkbar. Deshalb ist es wichtig, grundsätzlich die Schlafhöhe so tief als möglich zu wählen. Ebenso wesentlich ist es, die Schlafhöhe unter der erreichten Maximalhöhe des Vortages zu wählen. Es ist also durchaus sinnvoll, nach Ankunft am Lagerplatz beispielsweise nachmittags noch einige Höhenmeter (ideal wären etwa 300 bis 400) sehr langsam weiter aufzusteigen und dann zum Schlafplatz zurückzukehren.

Die sehr guten Verhaltensmaßregeln der Höhenmediziner basieren auf den Erkenntnissen zurückliegender Expeditionen und auf denen der Forschung. All diese Empfehlungen bedeuten Richtwerte. Tatsache ist leider, daß die Zeit für eine optimale Höhenanpassung nur in den seltensten Fällen zur Verfügung steht. Anstatt sich diese wichtigen Erkenntnisse zu eigen zu machen, werden die Expeditionen immer kürzer bemessen, die Reiseprogramme immer gestraffter durchgezogen – folgerichtig treten die Höhenprobleme immer

häufiger auf. Das wohl abschreckendste Beispiel liefert die organisierte Besteigung des Fast-Sechstausenders Kilimanjaro: Auf- und Abstieg werden oftmals innerhalb von nur fünf Tagen angeboten. Wen wundert es da, daß die Erfolgsquote für den höchsten Punkt, den Uhuru Peak (5895 m), zwischen 5 und 10% liegt?

Es wäre wünschenswert, wenn für Unternehmungen an hohen Bergen wieder längere Zeiträume eingeplant würden. Nicht nur im Hinblick auf eine angemessene Akklimatisation und der entsprechend größeren Gipfelerfolgschance, sondern auch hinsichtlich einer besseren Umweltverträglichkeit wäre dies sicherlich ein Schritt in die richtige Richtung.

Beim Anstieg zur Schulter in der Ostwand des Cerro Torre.

Hier nochmals die wichtigsten höhenmedizinischen Grundregeln:

- Langsam gehen!
- Möglichst viel trinken!
- Sich selbst gut beobachten!
- Psychisch unbelastet sein!
- Überanstrengung vermeiden!
- Schutz vor Infektionskrankheiten!
- Schlafhöhe so tief wie möglich!
- Schlafhöhe pro Woche nicht mehr als 1000 Meter erhöhen!
- Immer auf Warn- und Alarmzeichen achten!
- Bei Auftreten dieser Signale sofortiger Abstieg in tiefere Lagen!
- Bereitschaft zu sofortiger Hilfe höhenkranken Kameraden gegenüber!
- Vor Schlechtwettereinbrüchen frühzeitig tiefere Höhenlagen aufsuchen!
- Bewußtsein, daß eine gute Akklimatisation vom Kopf gesteuert und beeinflußt wird!

AUSRÜSTUNG

Allgemeine Ausrüstung

Bekleidung: Anders als in den heimischen Alpen sind wir beim Bergsteigen in größeren Höhen unterwegs in völlig anderen Klimazonen. Das bedeutet oftmals erhebliche Temperaturschwankungen innerhalb eines Tages. Nicht selten werden nachts minus 20 Grad und mehr erreicht, während es in der Mittagszeit beispielsweise in windgeschützten Gletschermulden unerträglich heiß werden kann. Unsere Bekleidung muß also variabel, gleichermaßen für sehr warme wie auch sehr kalte Witterung tauglich sowie unbedingt atmungsaktiv sein. Ferner sollte sie leicht, robust und pflegeleicht sein.

Die Unterbekleidung besteht am besten aus Microfaser, die Körperfeuchtigkeit (Schweiß) nach außen ableiten kann und somit die Eigenschaft aufweist, weitgehend trocken zu bleiben. Für überzeugte Umweltschützer, die meist auch ein anderes Verhältnis zur Bekleidung besitzen, kommt alternativ Unterwäsche aus einer Mischung von Schurwolle und Seide in Betracht.

An den meist eiskalten Bergen Alaskas kommt der richtigen Wahl der Bekleidung ganz besondere Bedeutung zu.

Trotz aller Aufgeschlossenheit umweltbewußtem Gedankengut gegenüber muß dennoch festgestellt werden, daß Kunstfaser in Bezug auf Funktionalität und Gewicht gegenüber Naturprodukten wie beispielsweise reiner Wolle auch heute noch deutlich im Vorteil ist. Inwieweit sich das in den kommenden Jahren ändern wird, bleibt abzuwarten. Da die Möglichkeiten einer normalen Körperhygiene oftmals sehr gering sind, ist zusätzlich die Verwendung von speziellen Papier-Unterhosen sehr zu empfehlen, die im Idealfall täglich gewechselt und auch problemlos durch Verbrennen entsorgt werden können.

Als Überbekleidung empfiehlt sich Fleecematerial. Hier ist Polartec 200 bzw. Polartec 300 der Firma Malden Mills, USA, am besten und daher empfehlenswertesten. Wichtig beim Zusammenstellen der einzelnen Bekleidungsschichten ist die Fähigkeit der Materialien, die Körperfeuchtigkeit jeweils nach außen abzuleiten, damit kein Feuchtigkeitsstau entsteht, denn dieser würde unweigerlich Frieren zur Folge haben. Da die bisher angeführten Materialien keinerlei Windschutz bieten – mit Ausnahme von Fleecematerial mit integriertem Windstopper –, wird als Außenbekleidung eine Jacke aus einem Material notwendig, das ebenfalls Körperfeuchtigkeit nach außen ableiten kann, Wind und Nässe jedoch nicht eindringen läßt. Hier hat sich ohne Zweifel Goretex durchgesetzt. Zwar ist auch dieses Material nicht die Ideallösung – speziell der Atmungsaktivität sind auch hier naturgemäß klare Grenzen gesetzt –, dennoch ist die Wasserdichtigkeit bis heute unerreicht. Die Außenjacke sollte genügend groß geschnitten sein, damit sie wegen der unteren und mittleren Bekleidungsschichten nicht beengt. Wählt man einen robusten, abriebfesten Außenstoff wie beispielsweise Taslan, wird solch eine Jacke auch Extrembedingungen am Berg genüge tun. Mit der entsprechenden Goretex-Überhose – unbedingt mit durchgehendem Reißverschluß ausgestattet – hat man eine Kombination, die auch Schlechtwetter in größeren Höhenlagen ertragen läßt. Gegen die ganz große Kälte kommt dazu noch Daunen-Überbekleidung in Betracht; auch hier gibt es bereits Jacken mit Goretex-Ausstattung. Um Erfrierungen an den Fingern vorzubeugen, kommt den Handschuhen große Bedeutung zu. Unbedingt empfehlenswert sind etwas robustere Finger-Unterzieh-Handschuhe aus einem eher glatten Material – hier sind auch Langlaufhandschuhe brauchbar –, darüber sehr warme Finger-Handschuhe mit Goretex-Verarbeitung und bei großer Kälte zusätzlich entspre-

chende Überhandschuhe. In absturzgefährdetem Gelände oder bei Sturm sollten beide Handschuhe mittels einer dünnen Verbindungsschnur durch die Ärmel der Außenjacke vor Verlust gesichert sein. Die einschlägigen Bergsportausrüster bieten in der Regel wirklich gute Modelle an, die allerdings einen stolzen Preis haben: Funktionale Handschuhe sind kaum unter 150 bis 200 DM zu haben.

Als Kopfbedeckung darf keinesfalls der Sonnenhut vergessen werden. Er sollte natürlich möglichst leicht und aus einem hellen Baumwollstoff gefertigt sein. Ideal wäre eine Befestigungsmöglichkeit für ein Tuch, das die Nackenpartie schützen kann. Bei der Kopfbedeckung hat sich eine variable Lösung ideal bewährt: Sonnenhut, Stirnband, Fleecemütze, Sturmhaube. Bei großer Kälte und Sturm kann eine Gesichts-Schutzmaske ideal sein. Man erhält diese relativ kostengünstig in speziellen Motorrad-Ausrüstungsläden.

Schuhe: Zwar gibt es unter den hohen Sechstausendern Amerikas durchaus Berge ohne jegliche Vergletscherung – wie zum Beispiel den Ojos del Salado in Chile –, trotzdem ist jedoch davon auszugehen, daß diese Gipfel häufig sehr stürmisch und entsprechend kalt sind. Wir benötigen deshalb festes und sehr warmes Schuhwerk. Hier gibt es nur eine realistische Lösung: Einen Kunststoff-Schalenschuh mit entsprechendem Innenschuh – bei sehr tiefen Temperaturen eventuell zusätzlich einen speziellen Aveolit-Wärme-Innenschuh. Diese Kombination ist verhältnismäßig leicht und robust, bietet aber natürlich nicht nur Vorteile: Der Fuß wird aufgrund der ziemlich schlechten Atmungsaktivität des Schuhs vermehrt feucht werden und somit unter Umständen auch kalt. Es ist unbedingt wichtig, daß die Strümpfe weitgehend trocken sind.

Die amerikanischen Höhenbergsteiger haben hier ihr eigenes, durchaus überle-

Rechts: Kontrastreiches Südamerika – die Laguna Jahuacocha vor dem Jirishinca in der Cordillera Huayhuash.

genswertes System entwickelt: Sie benützen bei großer Kälte sogenannte Dampfsperr-Socken (Vapour Barrier Socks) – das sind Plastikhüllen, die den Fuß feucht, aber warm halten, die Socken und Innenschuhe bleiben jedoch trocken.

Es sollten unbedingt Ersatzstrümpfe mitgeführt werden. Feuchte Strümpfe können bei großer Kälte oder bei Schlechtwetter nachts im Schlafsack – am besten auf der Brust – getrocknet werden.

Einen zusätzlichen Wärmeschutz bietet eine gute Gamasche. Hier gibt es spezielle Expeditionsgamaschen, die den Schuh vollkommen umschließen und deshalb auch isolieren. Ein bewährtes Modell bietet hier die Firma Berghaus aus England. Alternativ für den Anmarsch zum Berg bzw. für tiefere und wärmere Regionen verwendet man am besten einen hohen, festeren Joggingschuh oder einen eher leichten Trekkingschuh. Gegebenenfalls kann hier auch ein ganz normaler Sportschuh verwendet werden.

In mildes Abendlicht getaucht liegt das Hochlager II am Anstieg zum Huascaran in der Garganta.

Rucksack: Heute gibt es für Trekking und Expeditionen viele gute bis sehr gute Rucksäcke. Einen einzigen Nachteil haben sie jedoch alle: Es gibt bis heute noch keinen absolut wasserdichten Rucksack. Bei der Anschaffung sollte hier nicht am Preis gespart werden. Mit am wichtigsten ist die ausreichende Größe des Rucksackes; mindestens 60 Liter, besser 80 Liter Fassungsvermögen sollte er schon aufweisen. Ferner ist ein bewährtes, verstellbares, also individuell anpaßbares Tragesystem unbedingt empfehlenswert. Besonderes Augenmerk sollte auf die Verarbeitung – besonders auf die Nähte – gelegt werden. Von Fall zu Fall bietet eine besonders große Deckelklappe erhebliche Vorteile. Selbstredend braucht der Rucksack auch adaequate Befestigungsmöglichkeiten für die Eisausrüstung oder für andere Dinge wie Isoliermatte oder dergleichen. Beim Kauf muß der Rucksack beim Anpassen mit etwa 15 bis 20 Kilogramm beladen werden, da nur mit entsprechendem Gewicht der Tragekomfort getestet werden kann.

Zelt: Natürlich kommt beim Bergsteigen in großen Höhenlagen weit mehr als beim Trekking dem Zelt eine große Bedeutung zu. Aufgrund der Höhe und der damit verbundenen Kälte oder etwaiger Stürme ist die Synthese aus Stabilität, geringem Gewicht, leichter Handhabung und Funktionalität oberstes Gebot. So wird wohl nur ein leichtes, äußerst reißfestes Nylonmaterial wie beispielsweise Ripstop sinnvoll sein. Ähnlich wie beim Rucksackkauf darf hier der Preis keinesfalls der entscheidende Faktor sein. Ein wirklich funktionelles und bewährtes Expeditionszelt ist unter 1000 DM kaum zu haben.

Meist wird man sich für ein Kuppel- oder Geodätenzelt entscheiden. Diese Zelttypen sind relativ windstabil und lassen sich einigermaßen problemlos aufbauen. Bei der Anschaffung sollte immer beachtet werden, daß ein Expeditionszelt nicht selten bei äußerst widrigen Witterungsbedingungen wie Sturm, Schneetreiben, Kälte und zudem in großer Höhe aufzustellen ist. Dieses muß unbedingt auch mit Handschuhen machbar sein. Ob nun ein kleines leichteres oder eher ein größeres schwereres Zelt gewählt wird, hängt vom Verwendungszweck, vom Zielgebiet und von den Ansprüchen des jeweiligen Benutzers hinsichtlich der Geräumigkeit ab. Heute gibt es bereits Leichtgewichtzelte für 2 bis 3 Personen, die nur noch 1000 Gramm wiegen; andere Expeditionszelte in dieser Größe können bis 5000 Gramm und mehr wiegen.

Ferner ist es wichtig, daß das Zelt gut zu verspannen ist, daß ein sogenannter Snowflap, ein Schnee-Latz, zum besseren, sturmsicheren Aufbau und eine oder gar zwei Apsiden zum Kochen oder für die Aufbewahrung der Rucksäcke vorhanden sind. Auch passendes Zubehör, wie Fixierungsmaterial, Schneehäringe oder Firnanker sind zu berücksichtigen.

Vor der Anschaffung eines Expeditionszeltes empfiehlt es sich unbedingt, umfangreiche Erkundigungen einzuziehen. Oftmals können expeditionserfahrene Freunde oder die meist sehr hilfreichen Produktinformationen der wichtigsten Anbieter gute Anhaltspunkte bieten.

Auch Informationen in Alpin-Zeitschriften, in Outdoor-Magazinen oder im sehr empfehlenswerten Ausrüstungs-Handbuch des Rotpunkt-Verlages (siehe Seite 40) können durchaus hilfreich sein.

Schlafsack: Ähnlich wie beim Expeditionszelt gilt auch beim Kauf des Schlafsacks die These: Den idealen Schlafsack gibt es nicht. Allein schon die Eigenschaften Isolationsfähigkeit und Gewicht schließen sich gegenseitig aus.

Die Palette der angebotenen Schlafsack-Modelle ist kaum mehr überschaubar. Für den Expeditionsbergsteiger ist der Schlafsack ein sehr wesentlicher Ausrüstungsgegenstand, und der Anschaffung kommt größte Bedeutung zu. Auch hier sollte der Preis unter keinen Umständen ausschlaggebend sein.

Heute wird man wohl immer zum sogenannten Mumienschlafsack tendieren. Je nach Expeditionsziel wird man einen sehr warmen oder extrem warmen Dau-

Wenig komfortabel, aber mit der entsprechenden Ausrüstung halbwegs auszuhalten ist es in den Schneehöhlen am Mount Logan.

nenschlafsack wählen, der dazu möglichst leicht ist. Die Daunenqualität sollte sehr gut sein; die Füllmenge 900 Gramm nicht unterschreiten. Der Bezugsstoff muß sehr reiß- und scheuerfest sein, dazu leicht atmungsaktiv und pflegeleicht. Wesentlich ist ferner, daß der Schlafsack groß genug geschnitten ist, um genügend Bewegungsfreiheit zu gewährleisten und um wichtige Ausrüstungsgegenstände (wie beispielsweise Kamera, Innenschuhe, Funkgerät usw.) aufnehmen zu können. Unter diesen Gegebenheiten dürfte jedem klar sein, daß ein entsprechender Expeditionsschlafsack seinen Preis hat.

Zwei Anmerkungen zum Schluß: Bei der Durchführung von Unternehmungen ab einem festen Stützpunkt – beispielsweise einem Basislager – besteht durchaus die Möglichkeit, mit zwei Schlafsäcken zu operieren: Ein Schlafsack bleibt im Basislager, der andere wird in die verschiedenen Hochlager mitgeführt. Beim Transport am Berg sollte der Schlafsack immer im Rucksack verstaut sein. Zu oft schon haben sich auf dem Rucksack befestigte Schlafsäcke unterwegs gelöst und sind auf Nimmerwiedersehen in der nächsten Gletscherspalte verschwunden.

Isolier- oder Schlafmatte: Der beste Expeditionsschlafsack hat kaum größeren Nutzen ohne die dazugehörige Isoliermatte, welche die Bodenkälte abhalten soll. Es gibt inzwischen sehr verschiedene Modelle, auch selbstaufblasbare Matten, die hohen Liegekomfort versprechen. Trotzdem möge man in Betracht ziehen, daß diese Liegematten schwerer sind als die entsprechenden Isoliermatten aus Polyäthylen-Schaum, und daß bei großer Kälte oftmals die Ventile vereisen. Zudem werden aufblasbare Matten sofort unbrauchbar, wenn sie durch einen spitzen Gegenstand ein Loch bekommen – es soll nicht selten vorgekommen sein, daß in einem Hochlager unvorsichtig umhersteigende Kameraden mit ihren Steigeisen so manche Matte gelöchert haben.

Kocher: Höhenbergsteigen bedeutet Eindringen in extreme Grenzbereiche. Unser Körper benötigt unbedingt übergroße Mengen an Flüssigkeit. Ohne funktionierenden Hochleistungskocher ist jede Expedition auf einen hohen Berg undenkbar. Natürlich gibt es heute brauchbare Gaskocher mit höhentauglichen Gaskartuschen (meist Mischungen aus Butan und Propan), doch leider sind diese Gaskartuschen in den entsprechenden Zielländern meist nicht erhältlich. Zudem ist der Transport der Kartuschen im Flugzeug nicht erlaubt; die Kontrollen diesbezüglich sind streng, und es kommt immer wieder vor, daß ein Expeditionsteam ihre sorgfältig in Seesäcken oder Transporttonnen verstauten Gasvorräte am Abflughafen wieder auspacken darf.

Patagonien bietet Stimmungen von unsagbarer Wildheit und Schönheit.

An der Punta Cuyoc eröffnet sich ein gewaltiger Blick auf die Eisriesen der Cordillera Huayhuash.

Eine wirklich lohnende Alternative bietet der MSR-Kocher Typ XGK. Wenn er brennt, ist er sehr leistungsstark; um ihn aber erfolgreich zum Brennen zu bringen, braucht man Einfühlungsvermögen und möglichst sauberen Brennstoff. Bezüglich der Brennstoffmenge kann folgender Anhaltswert gelten: pro Person und Tag etwa 0,25 Liter, in sehr extremen und kalten Gegenden eventuell bis zu 0,33 Liter. Natürlich haben Benzinkocher einen großen Nachteil; sie können nur außerhalb des Zeltes benützt werden, allenfalls noch im Vorzelt oder in der Apsis. Bei Schlecht-

wettereinbrüchen oder in den oberen Hochlagern bringt dies natürlich erhebliche Nachteile. Hier wäre wiederum ein Gaskocher eine große Erleichterung. Eventuell ist es sinnvoll, für den Benzinkocher eine kleine, dazu leichte und hitzebeständige Unterlage zum Beispiel aus Asbest mitzuführen, damit der heiße Kocher während des Kochvorgangs nicht im Schnee einsinkt.

Neu angeschaffte Kocher müssen unbedingt vorher zu Hause intensiv getestet werden; auch die Mitnahme eines Reparatursets ist unumgänglich.

Medizinische Ausrüstung: Natürlich ist es für ein Expeditionsteam beruhigend, einen Arzt dabei zu haben. Trotzdem sollte man überdenken, daß in diesem Falle der Löwenanteil der medizinischen Verantwortung stillschweigend einer Person auferlegt wird. Ein begleitender Arzt jedoch, der unter Umständen höhenmedizinisch keine oder nur wenig Erfahrung mitbringt, kann den Erwartungen einer ganzen Expeditionsmannschaft kaum gerecht werden. Daher muß an dieser Stelle eindringlich an die Eigenverantwortlichkeit aller Teilnehmer appelliert werden, sich mit der Problematik der Höhenmedizin und mit den Maßnahmen der Ersten Hilfe auseinanderzusetzen. Nur so ist es möglich, gegebenenfalls anderen Gruppenmitgliedern medizinische Hilfe zukommen zu lassen. Eine umfangreiche, allen Mitgliedern der Gruppe zugängliche Apotheke gehört ins Basislager. Jeder Teilnehmer benötigt ferner seine eigene, auf die persönlichen Bedürfnisse abgestimmte Rucksackapotheke. Der Inhalt dieser Apotheke sollte im Idealfall mit dem jeweiligen Hausarzt abgestimmt sein.

Die Ausstattung der allgemeinen medizinischen Ausrüstung hängt von vielen Faktoren ab, beispielsweise auch davon, ob in intensivem Maße auch die einheimische Bevölkerung mitzuversorgen ist. Hier sind der begleitende Arzt und auch der Expeditionsleiter gefordert. Mitentscheidend für die Zusammenstellung der medizinischen Ausrüstung werden in erster Linie auch die Rücktransportmöglichkeiten eines eventuellen Kranken oder Verunglückten sein sowie die Dauer des Aufenthalts und die alpintechnischen Schwierigkeiten am Berg.

Ob die Verwendung von medizinischem Sauerstoff und die Möglichkeit von kleinen chirurgischen Eingriffen gegeben sein soll, muß im Vorfeld abgeklärt werden. In jedem Fall sollte ein aufblasbarer Überdrucksack (z.B. Certeg-Bag) als Überbrückung ernster Höhenkomplikationen mitgeführt werden, auch wenn einige kompetente Höhenmediziner dessen Nutzen teilweise in Zweifel ziehen.

Spezielle Ausrüstung

Teleskop-Skistöcke: Wie auch beim Trekking haben sich beim Höhenbergsteigen – zumindest bei den Bergsteigern aus dem deutschen Sprachraum – die Skistöcke als Gehhilfe weitgehend durchgesetzt. Sie entlasten die Kniegelenke beim Bergabgehen und sind auch beim Steigen in großer Höhe eine wirkliche Unterstützung. Dennoch soll nicht verschwiegen werden, daß zu häufiges Benützen der Stöcke die allgemeine, meist mühsam erworbene Trittsicherheit beeinträchtigen kann.

Proviant: Anders als beim Bergsteigen in gemäßigteren Zonen benötigen wir in großen Höhen und bei entsprechender Kälte Nahrung, die wenig oder gar keine Flüssigkeit oder Feuchtigkeit enthält. Hier haben sich seit Jahren sogenannte gefriergetrocknete Produkte etabliert, die erstens leicht an Gewicht und zweitens problemlos zuzubereiten sind. Diese Produkte gibt es mittlerweile in den verschiedensten Variationen und Geschmacksrichtungen, selbst Nachspeisen sind erhältlich. Leider ist der Preis für diese Hochlagerverpflegung relativ hoch: Je nach Geschmacksrichtung muß man pro Mahlzeit mit etwa 10 bis 16 DM rechnen.

Die richtige Ausrüstung vorausgesetzt kann ein Biwak – hier in einer Schneehöhle am Mount Hunter – durchaus angenehm sein.

Als Ergänzung zu dieser Trockenverpflegung sind der Phantasie der Bergsteiger keinerlei Grenzen gesetzt: Brühwürfel, Tee, Kaffee, Schokolade, Fruchtschnitten, Müsliriegel, auch Hartwurst, Speck oder Hartkäse sind meistens sehr gefragt.

Orientierungshilfen: Kartenmaterial, Anstiegsbeschreibungen und Skizzen, Führerliteratur, Expeditionsreporte – all diese Informationen müssen rechtzeitig besorgt oder eingesehen werden. Über manche Gebiete gibt es reichlich Informationsmaterial, über weniger besuchte Regionen ist oftmals gar nichts zu bekommen. Viele der gewünschten Landkarten oder Führer sind in gut sortierten Buchhandlungen vorrätig; manche müssen erst bestellt werden, so daß häufig sehr lange Lieferzeiten – bis zu mehreren Monaten – auftreten. Allein schon deshalb lohnt es, sich rechtzeitig um Informationsmaterial zu kümmern. Anschriften der einschlägigen Buchhandlungen finden Sie auf Seite 41.

Fixseile und Sicherungsmaterial: Besonders beim Höhenbergsteigen hat es sich durchgesetzt, technisch anspruchsvolle oder besonders steile Passagen mit einem Fixseil zu versichern. An diesem kann der Bergsteiger mittels Steigklemme individuell auf- und absteigen. Fixseile bestehen aus einem dehnungsarmen Material mit relativ geringem Metergewicht. Sie werden mit entsprechendem Befestigungsmaterial wie Haken, Eisschrauben oder Firnankern fixiert.

Markierungsfähnchen: Speziell in Gegenden mit häufig schlechtem Wetter ist es sinnvoll, weite Gletscherpassagen ohne markante Orientierungspunkte mit Markierungsfähnchen zu versehen. Hierzu eignen sich dünne, etwa 120 cm lange Bambusstangen mit einem hellroten Stoffähnchen. Diese ermöglichen bei sehr schlechten Witterungsbedingungen einen sicheren Rückweg.

Lawinen- und Schneeschaufeln: Bei allen Unternehmungen im Gletscherbereich und in Gebieten mit hohem Niederschlagsaufkommen in Form von Schnee müssen unbedingt bewährte Schnee- oder Lawinenschaufeln mitgeführt werden. Für je-

Gipfel-Gefühle: Am höchsten Punkt des Illampu liegt uns das bolivianische Altiplano mit dem Titicaca-See zu Füßen.

weils zwei Personen sollte eine Schaufel dabei sein. Schaufeln dienen in erster Linie dazu, Lagerplätze vorzubereiten sowie die Zelte nach starken Schneefällen wieder freizuschaufeln.

Funkgeräte: Bei Expeditionen mit einer Reihe von Hochlagern empfiehlt es sich in jedem Fall, Funkgeräte einzusetzen. Sie erleichtern die Kommunikation beim Aufbau und bei der Versorgung der Hochlager enorm. Gegebenenfalls können sie dazu beitragen, erkrankten Teilnehmern schnellere Hilfe zu ermöglichen. Wichtig ist auch hier, die Batterien während der Nacht im Schlafsack aufzubewahren.

Ski und Schneeschuhe: In Bergregionen mit erhöhtem Niederschlagsaufkommen sowie entsprechendem Gelände können Tourenski oder gegebenenfalls Schneeschuhe oder -reifen sehr nützlich, wenn nicht gar notwendig sein – das Mount-McKinley-Gebiet ist dafür ein Paradebeispiel. Entsprechendes Zubehör, wie es auch in den Alpen Verwendung findet, Felle, Harscheisen und ein kleines Reparaturset sind dann natürlich auch notwendig – ebenso, wie die notwendige Erfahrung im Umgang mit diesen Utensilien.

Abschließend sei bemerkt, daß dem Höhenbergsteiger die beste Ausrüstung nichts nützt, wenn er sie nicht sachgerecht zu handhaben versteht. An erster Stelle stehen Können und Erfahrung des Bergsteigers, erst dann können sich eventuelle Vorteile aufgrund intensiv durchdachter Ausrüstung bemerkbar machen.

Darüber hinaus kann natürlich zuviel Ausrüstung unter Umständen genauso hinderlich sein wie zuwenig. Auch hier sind wiederum Erfahrung und Feingefühl des Bergsteigers gefragt. Beim ersten Mal wird man in dieser Hinsicht vieles falsch machen. Allmählich wird man erkennen, auf welche Dinge zu achten und auf welche problemlos zu verzichten ist. Über diese Gegebenheit wird man allerdings – ähnlich wie im Alltagsleben – niemals völlig erhaben sein.

Ausrüstungsliste
Bekleidung
- Skiunterwäsche
- Skirollis
- T-Shirts / Hemden
- legere Kleidung für die Anreise
- kurze Hose
- warme Berghose
- Fleecejacke, Fleecehose
- Goretex-Jacke
- Daunenjacke
- Goretex-Überhose
- 3 Paar Bergstrümpfe (Frottee-Ausführung)
- 2 – 3 Paar dünne Socken
- Sonnenhut
- Mütze
- Sturmhaube
- Gesichtsmaske (je nach Bedarf)
- Walkfäustlinge
- Fingerhandschuhe zum Unterziehen
- sehr warme Expeditions-Handschuhe
- gefütterte Überhose (Daunenhose)

Schuhe
- Kunststoffschalen-Bergschuhe
- Aveolit-Wärmeinnenschuhe
- leichte Trainingsschuhe
- feste Jogging- oder Trekkingschuhe

Persönliche Ausrüstung
- großer Seesack mit Sicherheitsschloß oder Transporttonne
- Expeditionsrucksack
- Expeditionsschlafsack
- Isoliermatte
- Waschzeug mit Handtuch
- Stirnlampe (Ersatzbatterien und -birne)
- bruchsichere Thermosflasche
- Weithals-Trinkflasche (1 – 1,5 Liter)
- Eßbesteck
- Eßnapf (»Berghaferl«)
- Multifunktions-Taschenmesser
- Feuerzeug, sturmsichere Zündhölzer
- Sonnencreme, Lippenschutzsalbe
- Toilettenpapier / Papiertaschentücher
- einige Plastikbeutel
- Rucksackapotheke
- Kamera mit Zubehör und Filmmaterial

Nevado Sajama – höchster Berg Boliviens.

Traumland Patagonien – die abweisenden Zinnen des Fitz-Roy-Massivs.

- Schecks, Bargeld
- Reisepaß, Flugschein
- Stift und Notizbuch
- Brustbeutel
  Alpintechnische Ausrüstung
- Expeditionszelt mit Befestigungsmaterial
- Biwaksack
- Schneeschaufel
- Eispickel oder Eisbeil
- Eishammer
- Steigeisen mit Bindung
- Tourenski
- Steigfelle
- Harscheisen
- Teleskop-Skistöcke
- Höhenmesser
- Kompaß
- Anseilgurt
- Reepschnüre
- Bandschlingen
- Eisschrauben
- Felshaken

- 1 – 2 Steigklemmen (links/rechts)
- Schutzhelm
  **Gemeinschaftsausrüstung
  für die gesamte Gruppe**
- gefriergetrocknete Hochlagerverpflegung
- expeditionstaugliche Hochleistungskocher
- Brennstoff (Benzin, Kerosin, Spezialgas)
- Kochgeschirr
- Zusatzverpflegung
- Brühwürfel, Brausetabletten
- Getränke
- Funkgeräte mit Ersatzbatterien (Akkus)
- Markierungsfähnchen
- Basislagerapotheke
- medizinischer Sauerstoff
- Überdrucksack (Certeg-Bag)
- Karten- und Führermaterial
- Ersatzsteigeisen
- Ersatzsteigfelle
- Reparaturwerkzeug/Nähzeug
- Fixseile mit Befestigungsmaterial

Die aufgelistete umfangreiche Expeditionsausrüstung dürfte den Erfordernissen
fast aller anspruchsvollen Bergunterneh-
mungen im Expeditionsstil gerecht werden.
Gegebenenfalls kann – je nach Ziel – auf
den einen oder anderen Ausrüstungsgegenstand verzichtet werden.

PLANUNG

War in früheren Jahren die Durchführung
einer Unternehmung im Expeditionsstil an
den hohen Weltbergen nur wenigen auser-
wählten Spitzenbergsteigern vorbehalten,
die ihre Expedition oft viele Monate –
manchmal sogar Jahre – sorgsam vorberei-
teten, buchen in der heutigen Zeit die
meisten Interessenten bei einem der vielen
Reiseveranstalter die Expedition ihrer Wahl.
In der Angebotsliste finden wir bekannte
Namen von Sechs-, Sieben- und Achttau-
sendern. Die Preise dafür sind zum Teil
beachtenswert: Für einen Achttausender
sind beispielsweise 12 000 bis über
20 000 DM zu zahlen – und das zu Recht.
Wer je eine Expedition zu den Bergen der
Welt mit all den begleitenden Problemen
vom Genehmigungsantrag über die komplette Vorbereitung zu Hause bis hin zum
Streik der Trägermannschaft durchgefoch-
ten hat, weiß wirklich hautnah, welch
immenser Arbeitsaufwand und welch Ner-
venkostüm hierfür notwendig sind. Ob es
allerdings sinnvoll ist, den Mount Everest
als Führungstour anzubieten, bei der jedem
Teilnehmer sein eigener erfahrener Sherpa-
guide und im Basecamp ein Telefax-Gerät
zur Verfügung steht, mag jeder für sich
entscheiden. Ein deutscher Reiseveranstalter bot dies 1995 jedenfalls an – übrigens
für den stolzen Preis von DM 75 000.
Natürlich benötigt man zuerst ein passendes Expeditionsziel. Nicht selten werden hier bereits schwerwiegende Fehler
bei der Planung begangen, so daß der
Unternehmung kaum noch Erfolgschancen
bleiben können. Das Expeditionsziel sollte

*Cordillera Huayhuash – himmelstreben-
de Firngipfel unter tropischer Sonne.*

Zusammenhang zwischen Kälte und Windgeschwindigkeit (Chillfaktor)										
Lufttemperatur (°C)	8	4	0	-4	-8	-12	-16	-20	-24	-28	-32
Windgeschwindigkeit (km/h)	Kälteempfindung										
10	5	0	-4	-8	-13	-17	-22	-26	-31	-35	-40
20	0	-5	-10	-15	-21	-26	-31	-36	-42	-47	-52
30	-3	-8	-14	-20	-25	-31	-37	-43	-48	-54	-60
40	-5	-11	-17	-23	-29	-35	- 41	- 47	-53	-59	-65
50	-6	-12	-18	-25	-31	-37	-43	-49	-56	-62	-68
60	-7	-13	-19	-26	-32	-39	-45	-51	-58	-64	-70
70	-7	-14	-20	-27	-33	-40	-46	-52	-59	-65	-72

machbar sein, also alpintechnisch für die Mannschaft zu bewältigen sein; es sollte möglichst vom Wetter begünstigt sein, keinen überlangen Anmarschweg erfordern und natürlich auch frei zugänglich sein. Glücklicherweise ist das Bergsteigen in Nord- und Südamerika weitgehend genehmigungsfrei durchführbar, ganz im Gegensatz zu den klassischen Expeditionsländern Asiens – eine Ausnahme bilden der Aconcagua sowie einige Berge im chilenisch-argentinischen Grenzland, doch selbst hier ist der Erhalt der Genehmigung relativ problemlos.

Bei kürzeren Anmarschwegen zum Ziel – und das ist in dem vorliegenden Buch die Regel – kann die Unternehmung sicher ohne Zuhilfenahme einer örtlichen Agentur durchgeführt werden. Bei manchen Gipfeln wie den hohen Bergen der Atacama-Wüste in Chile allerdings kann dieses aufgrund einer relativ weiten Fahrstrecke durch Wüstenregionen bereits problematisch werden: Die Anmietung eines Jeeps gestaltet sich meist nicht so einfach wie zuhause, mangelnde Routenkenntnisse auf den Zufahrtspisten erschweren die Orientierung, die Benzinversorgung muß vorab organisiert werden, eventuelle Pannen können meist nicht problemlos behoben werden.

Selbstverständlich kommt der Zusammensetzung der Gruppe eine sehr große Bedeutung zu. Die Teilnehmer sollten sich möglichst gut kennen, nicht nur hinsichtlich der bergsteigerischen Fähigkeiten, sondern auch bezüglich der Charaktereigenschaften. Reiseveranstalter, die Unternehmungen im Expeditionsstil durchführen, sollten dafür Sorge tragen, daß sich die Gruppe im Rahmen eines Vorbereitungstreffens mit dem Expeditions- bzw. Reiseleiter rechtzeitig kennenlernen konnte. Die Teilnehmer sollten sich frühzeitig um Informationsmaterial über das Zielgebiet bemühen. Neben der körperlichen Vorbereitung auf das große Ziel kann es auch nie schaden, frühere Besteiger um Rat zu fragen. Wer ohne Unterstützung eines ortsansässigen Agenten unterwegs sein will, muß die jeweilige Landessprache – in den Andenstaaten Südamerikas ausnahmslos Spanisch, in Alaska und Kanada entsprechend Englisch – einigermaßen beherrschen.

Jeder, der eine expeditionsartige Unternehmung in großer Höhe durchführt, muß sich bewußt machen, daß er ein erhöhtes gesundheitliches Risiko freiwillig eingeht. Auch an den hohen Bergen Süd- und Nordamerikas gibt es aufgrund der großen Höhe und widriger Witterungsverhältnisse immer wieder Todesfälle zu verzeichnen, die sicherlich vermeidbar gewesen wären. Ganz besonders an den Modebergen wie beispielsweise dem Mount McKinley oder dem Aconcagua sind prozentual gesehen übermäßig viele Bergsteiger unterwegs, die den Anforderungen in vielfältiger Hinsicht nicht gewachsen sind.

Eine umfangreiche alpine Erfahrung – auch in den Westalpen – ist absolute Grundvoraussetzung für einen Sechstausender. Ideal ist ein gewisser Instinkt für die jeweilige Situation am Berg auf der Basis jahrelanger alpiner Erfahrungen. Besonders unter der extrem starken Sonneneinstrahlung ändern sich die Eis- und Gletscherverhältnisse fortwährend, manchmal innerhalb weniger Tage, so daß sehr oft situationsgerechte Entscheidungen innerhalb kürzester Zeit getroffen werden müssen. Natürlich kann hier die Begleitung eines berg- und höhenerfahrenen Kameraden von großem Nutzen sein.

Auch allgemeine Reiseerfahrungen in weniger entwickelten Ländern bringen meist erhebliche Vorteile gegenüber unerfahrenen Reisenden. Besondere Aufmerksamkeit ist in den Städten, auf Märkten oder Bahnhöfen notwendig – kurz: Überall dort, wo größere Menschenansammlungen stattfinden. Hier ist das Risiko eines Diebstahls oder Überfalls besonders groß.

TRAINING

Wie bereits bei den Voraussetzungen erwähnt ist die Fähigkeit, sich gut zu akklimatisieren nicht abhängig vom Konditionszustand des Bergsteigers. Ist die Akklimatisationsphase abgeschlossen, wird ein auf Ausdauerleistung trainierter Bergsteiger jedoch erheblich mehr Körperleistung erbringen können als ein weniger trainierter. Es ist also unbedingt notwendig, zum Start einer Bergfahrt im Expeditionsstil über einen bestmöglichen Trainingszustand im Ausdauerbereich zu verfügen. Regelmäßige Bergtouren mit größeren Höhenunterschieden von 1600 bis 2000 Höhenmetern und mehr, kürzere Touren in hohem Tempo, Bergläufe, Geländeläufe oder auch Radfahren sind sehr gut geeignet, die Ausdauerleistung zu trainieren.

Für besonders anspruchsvolle Unternehmungen wie zum Beispiel die Besteigung des Mount Logan oder des Mount McKinley sollten auch die mentale und psychische Leistungsfähigkeit miteinbezogen werden. Längere Bergtouren mit

Beste Reisezeit

© Eckehard Radehose

	Januar	Februar	März	April	Mai	Juni	Juli	August	September	Oktober	November	Dezember
Alaska	nicht	nicht	nicht	akzept.	beste	beste	beste	ungünstig	nicht	nicht	nicht	nicht
Kanada	nicht	nicht	nicht	ungünstig	beste	beste	beste	beste	beste	nicht	nicht	nicht
Ecuador	beste	ungünstig	ungünstig	ungünstig	akzept.	akzept.	akzept.	akzept.	akzept.	ungünstig	ungünstig	beste
Bolivien	ungünstig	ungünstig	akzept.	beste	beste	beste	beste	beste	akzept.	ungünstig	nicht	nicht
Peru	ungünstig	ungünstig	akzept.	beste	beste	beste	beste	beste	akzept.	akzept.	nicht	nicht
Chile (Norden)	beste	beste	akzept.	akzept.	ungünstig	ungünstig	ungünstig	ungünstig	akzept.	akzept.	beste	beste
Chile (Süden)	beste	beste	akzept.	akzept.	ungünstig	ungünstig	ungünstig	ungünstig	akzept.	akzept.	beste	beste
Argentinien	beste	beste	akzept.	ungünstig	ungünstig	ungünstig	ungünstig	ungünstig	ungünstig	akzept.	beste	beste
Patagonien	beste	beste	akzept.	akzept.	ungünstig	ungünstig	ungünstig	ungünstig	ungünstig	akzept.	beste	beste

Legende: ■ Beste Zeit □ akzeptable Zeit ■ ungünstige Zeit ■ nicht empfehlenswerte Zeit oder unbekannt

Gerade in den Bergen Alaskas ist die Mitnahme von Tourenski für den Zustieg oft recht sinnvoll.

schweren Rucksäcken, Winterbiwaks usw. können die Leidensfähigkeit verbessern helfen. Allerdings ist dabei die richtige Dosierung des Trainings von immenser Wichtigkeit, so daß vor allem die Motivation als Antriebsmotor erhalten bleibt. Sie sollte im Idealfall zum Zeitpunkt der Auslandsbergfahrt ihren Höhepunkt erreichen.

Zum Schluß sei an dieser Stelle nochmals der Hinweis gegeben, daß selbst auferlegter, übergroßer Leistungs- oder Erfolgsdruck auf fast alle Bergsteiger eher hemmend als förderlich wirkt. Die Verbissenheit, mit allen Mitteln den Gipfel erreichen zu müssen, wird mit ziemlicher Sicherheit keinen Erfolg bringen; innere Ruhe und Ausgeglichenheit sind zum Erreichen der gesteckten Ziele viel besser geeignet.

UMWELTGERECHTES BERGSTEIGEN

Das Bergsteigen im Expeditionsstil hat sich in den vergangenen Jahren fast explosionsartig entwickelt. Als ich Weihnachten 1977 am Aconcagua verbrachte, waren wir alleine im Basislager Plaza de Mulas; heute, knapp zwei Jahrzehnte später, stehen zur Hauptsaison 100 Zelte

und mehr an diesem Platz – längst ist der Reiz dieses herrlichen Fleckchens Erde verlorengegangen. Ein anderes Beispiel: Der Zustrom der Bergsteiger im Mount-McKinley-Gebiet wächst von Jahr zu Jahr. Wo in den frühen sechziger Jahren vereinzelt abenteuerlustige Bergsteiger einsam ihre Spuren zogen, hat heute der Ansturm der Alpinisten die 1000-Personen-Marke pro Saison längst überschritten.

Ähnlich wie an den berühmten Modebergen der Alpen zieht es die Bergsteiger heute zu den entsprechenden Bergen der Welt. Ökologische Probleme sind die natürliche Folge dieser Entwicklung. Sie zu erkennen und entsprechende Gegenmaßnahmen einzuleiten, sollte für alle Bergsteiger richtungsweisend sein. Ein erster wesentlicher Schritt kann die Abkehr vom Kurzzeitaufenthalt sein; dies ist übrigens auch im Hinblick auf eine angemessene Akklimatisationsdauer am Berg sehr sinnvoll.

Bei Bergen, die einer gewissen staatlichen Kontrolle unterliegen – Beispiel Aconcagua –, sollte eine geordnete Müllentsorgung, für die wir Bergsteiger einen finanziellen Beitrag zu leisten haben, obligatorisch sein.

Sogenannter Problemmüll wie verbrauchte Batterien müssen mit nach Hause genommen werden. Zumindest für die Verpflegung im Basislager sollten einheimische, landesspezifische Nahrungsmittel vor Ort eingekauft werden. Ein weiterer ganz wesentlicher Faktor ist die Einrichtung und Benützung von zentralen Toiletten in den Basislagern, gegebenenfalls auch in den Hochlagern. Toilettenpapier ist zu entsorgen, notfalls zu verbrennen, damit es nicht von der nächsten Windböe davongetragen wird.

Die Zeit ist inzwischen reif, um krasses Fehlverhalten im Bereich Umweltschutz entsprechend zu bestrafen. Zumindest an den bekannten, gleichsam begehrten Modegipfeln gehört Einsamkeit unwiderruflich der Vergangenheit an. Jetzt gilt es, für die Zukunft entsprechende Maßnahmen einzuleiten.

VERHALTEN IM GASTLAND

Auch Expeditionsbergsteiger sind Touristen. Wir reisen zwar in dem Irrglauben, eine ganz besondere Gattung unter den Reisenden zu sein, doch die einheimische Bevölkerung teilt diese Ansicht kaum.

An dieser Stelle sei intensiv an alle Bergsteiger appelliert, sich die Prinzipien des sogenannten sanften Tourismus zu eigen zu machen. Wir sind Fremde und wir werden es – mit wenigen Ausnahmen – immer bleiben. Zurückhaltung, Achtung und Toleranz gegenüber der einheimischen Bevölkerung müssen obligatorisch sein. Auf vielen Reisen habe ich ausnahmslos durch offenes, freundliches Verhalten gegenüber den Einheimischen auch deren Sympathien gewinnen können. Durch angepaßtes Verhalten und durch Achtung der Lebensgewohnheiten der einheimischen Bevölkerung bezogen auf ihre Glaubensriten, auf ihr anderes Zeitgefühl, auf ihre Eßgewohnheiten oder ihre Vorstellung von Hygiene beispielsweise wird der Fremde akzeptiert sein. Durch schweres Fehlverhalten, wie zum Beispiel völlig unpassende Kleidung, durch provozierendes, hemmungsloses Fotografier-Verhalten in der Privatsphäre einheimischer Personen oder arrogantes Verhalten wird wohl das Gegenteil eintreten: vermehrte Distanz und Ablehnung. Durch unser eigenes Fehlverhalten legen wir Fremden uns also selbst die Steine in den Weg.

Sanfter Tourismus: Achtung und Toleranz gegenüber den Einheimischen ist die Grundbedingung gegenseitiger Annäherung.

So sehr uns besonders kleine Kinder auch beeindrucken mögen, wir sollten sie nicht mit Bonbon oder Kugelscheiber beschenken. Bei bestimmten Bezugspersonen können kleine Geschenke angebracht sein; fremden Personen sollte aber in keinem Fall etwas gegeben werden.

Viele Bergsteiger sehen während ihres Aufenthalts nur noch ihr Bergziel, umgebende Landschaften und vor allem die ortsansässigen Menschen werden kaum beachtet. Das kann und darf nicht Zweck einer Expeditionsreise in ein fremdes Land sein.

ALLGEMEINE TIPS

Erfolgreiches Bergsteigen basiert weit mehr als andere sportliche Betätigungen auf umfangreichen Erfahrungswerten. Ganz besonders trifft dies auf das Expeditions- oder Höhenbergsteigen zu. Nachfolgend angeführte Hinweise könnten eventuell dienlich sein:

- Expeditionsziel gewissenhaft entsprechend der Fähigkeiten und Erfahrungen auswählen!

Endlos scheinen die Weiten der Atacama-Wüste.

- Beste Reisezeit festlegen!
- Ernsthaftigkeit der Unternehmung bewußt machen!
- Expeditionsausrüstung sorgsam zusammenstellen!
- Körperliche und mentale Vorbereitung ernst nehmen!
- Der Gefährtenwahl entsprechende Bedeutung zumessen!
- Rechtzeitig alle notwendigen Impfungen durchführen lassen!
- Vorsicht mit Leitungswasser! Keinen Salat, kein ungeschältes Obst, kein Eis essen (Darminfektinsgefahr)! Merksatz: *»Peal it, boil it or forget it!«* »Schäle es, koche es oder vergiß es!«
- Höhenmedizinische Erkenntnisse und Akklimatisationsregeln unbedingt beachten!
- Nicht zu lange in großer Höhe bleiben!
- Lagerplätze immer an sicheren Orten einrichten! Die Plätze müssen vor Lawinenabgängen, Eisschlag, Steinschlag, Wind usw. sicher sein!
- Vorsicht bei eventueller Einrichtung von Depots! Proviant, auch gefriergetrocknete Verpflegung wird immer häufiger von Vögeln geraubt! Ausrüstungsgegenstände werden nicht selten gestohlen! Das betrifft auch unbeaufsichtigte Hochlager!
- Fluß- und Bachläufe, besonders Gletscherbäche, möglichst früh am Morgen durchqueren! Nachmittags führen diese in der Regel erheblich mehr Wasser! Leichte Trainingsschuhe können hier sehr dienlich sein!
- In der Anfangsphase der Akklimatisation keine allzu großen Anstrengungen! Keine schweren Lasten tragen!
- Immer langsam gehen!
- Aktivitäten am Berg sollten nach den örtlichen Gegebenheiten ausgerichtet werden! Ab wann liegt die Route in der Sonne? Schattenlage bedeutet Kälte!
- Vorsicht beim Zeltauf- und -abbau bei Sturm! Das Zelt muß unbedingt vor dem Wegfliegen gesichert sein.
- In den Hochlagern immer frühzeitig mit dem Kochen beginnen, möglichst bei Sonnenschein!

Parade-Skiberg des amerikanischen Kontinents – der Mount Sanford in Alaska.

- Kälteempfindliche Gegenstände (Kamera, Batterien), Innenschuhe, feuchte Ausrüstung usw. gehören nachts in den Schlafsack!
- Feuchte Socken können nachts problemlos auf der Brust getrocknet werden!
- Bei großer Kälte den Zehen und Fingerspitzen besondere Beachtung schenken (Erfrierungsgefahr)!
- Erkältungen unbedingt vorbeugen! Bei Marschpausen T-Shirt wechseln oder Fleecejacke überziehen! Infekte können den Gipfel kosten! In der großen Höhe entwickelt sich eine Erkältung nicht selten zu einer Lungenentzündung!
- Haut unbedingt vor der extrem starken Sonneneinstrahlung schützen! Dabei den Schutz der Lippen nicht vergessen!
- Viel Trinken! In größeren Höhen mehrere Liter pro Tag!
- Vor Schlechtwettereinbrüchen rechtzeitig absteigen!

- Unbedingt beachten, daß in der großen Höhe das Steigen sehr mühsam ist und sehr viel Zeit beansprucht! 100 Höhenmeter können durchaus eine Stunde beanspruchen! Deshalb frühzeitig aufbrechen, gegebenenfalls noch bei Dunkelheit! Für besonders lange Etappen Stirnlampe mitnehmen.
- Bewußt machen, daß es kein Berg wert ist, mit Erfrierungen oder bleibenden Schäden nach Hause zu kommen!
- Immer bewußt und durchdacht Handeln! Flexibel sein!

LITERATUR

Allgemeine Literatur

Bruno Baumann, Toni Siller: »Trekking – Ein Ratgeber«, Bruckmann, 1992, München.
Pepi Stückl, Georg Sojer: »Bergsteigen«, Bruckmann Verlag, München.
»Outdoor & Trekking – Ausrüstungshandbuch«, Rotpunkt Verlag, Weinstadt.

Medizinische Literatur

Dr. Franz Berghold: »Bergmedizin heute«, Bruckmann Verlag, 1987, München.
Dr. Franz Berghold: »Sicheres Bergsteigen«, Bruckmann Verlag, 1988, München.
Dr. Franz Berghold: »Höhenbergsteigen«, Beitrag im »Bergsteiger«, Monatsschrift im Bruckmann Verlag, München, Hefte 1 und 2, 1994.
Dr. Berghold, Dr. Pallasmann, Dr. Schaffert, Dr. Schobertsberger: »Praxis der Höhenanpassung – Therapie der Höhenkrankheit«, Richtlinien der Österreichischen Gesellschaft für Alpin- und Höhenmedizin, 1991, erhältlich beim DAV-Summit-Club, München.
Dr. Franz Berghold: »Alpine Sportmedizin und Erste Hilfe für Bergführer«, herausgegeben vom Verband der Österreichischen Berg- und Skiführer, Eigenverlag.
Dr. Oswald Ölz, Dr. Franz Berghold: »Trekking- and Expedition-Medicine«, Official Standarts of the UIAA Medical Commission, 1993.
Dr. Roman Zink: »Ärztlicher Rat für Bergsteiger«, Georg Thieme Verlag, 1985, Stuttgart, zur Zeit vergriffen.

Spezielle Bergliteratur

Ph. Baud: »Les Cordilleras du Peru«, Kletter- und Trekkingführer in Englisch, Französisch und Spanisch.
Oskar E. Busch: »Peru«, Trekkingführer, Bergverlag Rudolf Rother, München, zweite Auflage 1996.
Marco Cruz: »Die Schneeberge Ecuadors«, erschienen im Eigenverlag Marco Cruz, Riobamba (Ecuador), 1983, zur Zeit vergriffen.
Michael R. Kelsey: »Guide to the World Mountains«, Kelsey Publishing, 1990.
Alain Mesili: »La Cordillera Real de los Andes Bolivia«, Editorial los amigos del libro, La Paz (Bolivien), in spanischer Sprache.
Jill Neate: »Mountaineering in The Andes – A Sourcebook for Climbers«, herausgegeben vom »Expedition Advisory Centre Royal Geographical Society«, London, 1994.
R. Pecher, W. Schiemann: »Die Königskordillere – Berg- und Skiwandern in Bolivien«, Hofbauer-Verlag, München, 1983.
E. Rachowiecki: »Climbing and Hiking in Ecuador«.
John Ricker: »Yuraq Janka«, The Classic Climbing Guide to the Cordilleras Blanca and Rosko.
Roper/Steck: »Fifty Classic Climbs in North America«.
Gerhard und Lydia Schmid: »5000er – Trekking und Bergsteigen weltweit«, Bergverlag Rudolf Rother, 1993, München.
Jonathan Waterman: »High Alaska«, Verlag The American Alpine Club, Inc. New York.

Allgemeines Kartenmaterial

Alaska

»ALASKA ATLAS & Gazetter«, Topo Maps of the Entire State, De Lorme Mapping, sehr empfehlenswerter Atlas mit topographischen Übersichtskarten in den Maßstäben 1: 250 000 und 1: 300 000.

Chile

»TURISTEL«, Herausgeber: Impresora y Comercial Publiguias, Chilenischer Campingführer mit guten Übersichtskarten, in spanischer Sprache. Wird jedes Jahr neu aufgelegt.

Sonnenaufgang über der chilenischen Atacama-Wüste.

ADRESSEN UND INFORMATIONSSTELLEN

LITERATUR UND LANDKARTEN

Bücherei des Deutschen Alpenvereins
Praterinsel 5, D-80538 München
Tel. 089/211224-23

Geobuch
Geographische Buchhandlung
Rosental 6, D-80331 München
Tel. 089/265030 – Fax 089/263713

Alpin International
Aree Greul
Am Goldsteinpark 28
D-60529 Frankfurt/M.
Tel. / Fax 069/6661817

Freytag-Berndt & Artaria KG
Geographische Buchhandlung
Kohlmarkt 9, A-1010 Wien
Tel. 0222/5332094 – Fax 0222/5338685

Travel Book Shop
Gisela Treichler
Rindermarkt 20, CH-8001 Zürich
Tel. 01/2523883 – Fax 01/2523832

INFORMATIONEN IM LAND
U.S.A. / ALASKA
United States Department of the Interior
National Park Service
Denali National Park and Preserve
Post Office Box 9
Denali Park, Alaska 99755

Denali National Park and Preserve
Talkeetna Ranger Station
Post Office Box 588
Talkeetna, Alaska 99676
Tel. 907/733-2231 – Fax 907/733-1465

Wrangell – St. Elias
National Park and Preserve
Post Office Box 29
Glenallen, Alaska 99588

KANADA / YUKON TERRITORY
Mountaineering Warden
Kluane National Park Reserve
Post Office Box 5495
Haines Junction, Yukon Territory
Canada Y0b 1LO
Tel. 403/634-2251
Fax 403/634-2686

The Alpine Club of Canada
Post Office Box 2040
Canmore, Alberta Tolomo
Canada
  ECUADOR
Asociacion de Excursionismo
y Andinismo de Pichincha
Cassilla 8288, Oficina de Correo
Americana y Mazosca
Quito, Ecuador
Asociacion de Andinismo de Chimborazo
Chile 33-21 y Francia
Riobamba, Ecuador
Instituto Geografico Militar
Avenida T. Paz, Mino Casilla 2435
Quito, Ecuador
Büro: Av. Colombia hinter Casa de Cultura
  PERU
Club Andino Peruano
Las Begonias 630, No. 11
Lima 27, Peru
Club Andino de Cordillera Blanca
Luzuriaga 308
Huaraz, Peru
Instituto Geografico Nacional
Avenida Andres Aramburu 1198
Surquillo
Lima 34, Peru
  BOLIVIEN
Club Andino Boliviano
Calle Mexico 1638
Casilla 1346
La Paz, Bolivia
Instituto Geografico Militar
Casilla Postal 7641
Gran Cuartal General
Avenida Saavedra final
La Paz, Bolivia
  ARGENTINIEN
Club Andinista Mendoza
Calles Pardo y Ruben Lemos
Mendoza
Rep. Argentina
Subsecretaria de Tourismo
Av. San Martin 1143
Mendoza
Rep. Argentina
Tel. 5461/242800
Direccion de Recursos
Naturales Renovables

Parque Gral. San Martin
Mendoza
Rep. Argentina
Tel. 5461/252090
Club Andino Mercedario
Urquiza 149 Sur
San Juan
Rep. Argentina
Instituto Geografico Militar
Avenida Cabildo 381
Buenos Aires
Rep. Argentina
  CHILE
Federacion de Andinismo
y Excursionismo de Chile
Casilla 2239
Almirante Simpson 77
Santiago de Chile
Club Andino de Chile
Casilla 1823
Ahumada 47, Dep. 208
Santiago de Chile
Instituto Geografico Militar
Nueva Santa Isabel 1640
Santiago de Chile
  DIE WICHTIGSTEN VERANSTALTER
DAV-Summit-Club
Am Perlacher Forst 186
D-81545 München
Tel. 089/651072-0
Fax 089/65107272
Telex 528484
Hauser-Exkursionen-International
Marienstr. 17
D-80331 München
Tel. 089/235006-0
Fax 089/2913714
Telex 5216475 haus
Horizont Reisen / Club Montana
Amraser Straße 110a
A-6020 Innsbruck
Tel. 0512/45416
Fax 0512/45416-26

Rechts: Arktische Impressionen am
Westgrat des Mount Hunter.

MOUNT MCKINLEY, 6194 m

Seit jeher nennen die Indianer diesen Eisriesen unweit des Polarkreises **Denali,** was soviel wie »der Große« bedeutet. Obwohl diese Bezeichnung dem Berg in den 80er Jahren auch staatlicherseits zuerkannt wurde, ist er unter Bergsteigern weiterhin als **Mount McKinley** bekannt geblieben.

Mit einer Höhe von 6194 Metern markiert sein Gipfel den höchsten Punkt des nordamerikanischen Kontinents; dabei überragt das vergletscherte Massiv den **McKinley River** um nahezu 5600 Meter und bildet damit eine der gewaltigsten Massenerhebungen der Erde. Aufgrund seiner geografischen Lage unweit des 63. Breitengrades besitzt er ein Klima, welches auf den Jahresdurchschnitt bezogen zu den extremsten der Erde zählt. Die Vergletscherung ist entsprechend beachtlich: Über 70 Kilometer lange Gletscher-

Mount McKinley, eisiger Gigant über den weiten Ebenen Alaskas.

ströme fließen hinaus in die weiten Ebenen **Alaskas.** Eisige Kälte und die meist sehr schlechten Witterungsbedingungen mit orkanartigen Höhenstürmen fordern immer wieder tragische Todesfälle! Von den Bergsteigern fordert der Mount McKinley daher höchsten körperlichen Einsatz, bestmögliche Motivation sowie extremen Willen und Durchhaltevermögen. Neben all den Mühen und Gefahren bietet der Denali aber auch unwahrscheinlich schöne Stimmungen im Schein der Mitternachtssonne und Fernsichten – meist über einem Wolkenmeer – bis zum Horizont.

Bereits im Jahre 1913 wurde der Hauptgipfel erstmals erreicht: Nach mehreren Versuchen gelang damals Hudson Stuck, Harry P. Karstens, Walter Harper und Robert G. Tatum die Erstbesteigung über die mittlerweile kaum mehr begangene Nordseite. Heute ist der Mount McKinley zu einem Modeberg allererten Ranges geworden. Pro Saison versuchen Hunderte von Alpinisten aus aller Welt seinen Gipfel zu erreichen. Manche haben Erfolg, viele – in manchen Jahren weit über 50 Prozent – sind den Strapazen am Berg nicht gewachsen.

Tage im Sturm

Zwei Tage tobt nun schon der Schneesturm. Unmengen von Triebschnee haben sich angesammelt. Immer wieder müssen wir hinaus in das Inferno, um die beiden Zelte freizuschaufeln. Unser Lagerplatz liegt direkt unter dem **Browne Tower** auf etwa 4500 m. Steil zieht der **Karstens Ridge,** den wir als Abstiegsroute ausgewählt haben, unter uns ins Ungewisse. Falls sich das Wetter nicht umgehend bessert, sitzen wir hier oben in der Falle: Die anwachsende Lawinengefahr wird keinen weiteren Abstieg mehr erlauben! An die schweren Lasten, an Höhe und Kälte sowie an das stetige Hungergefühl

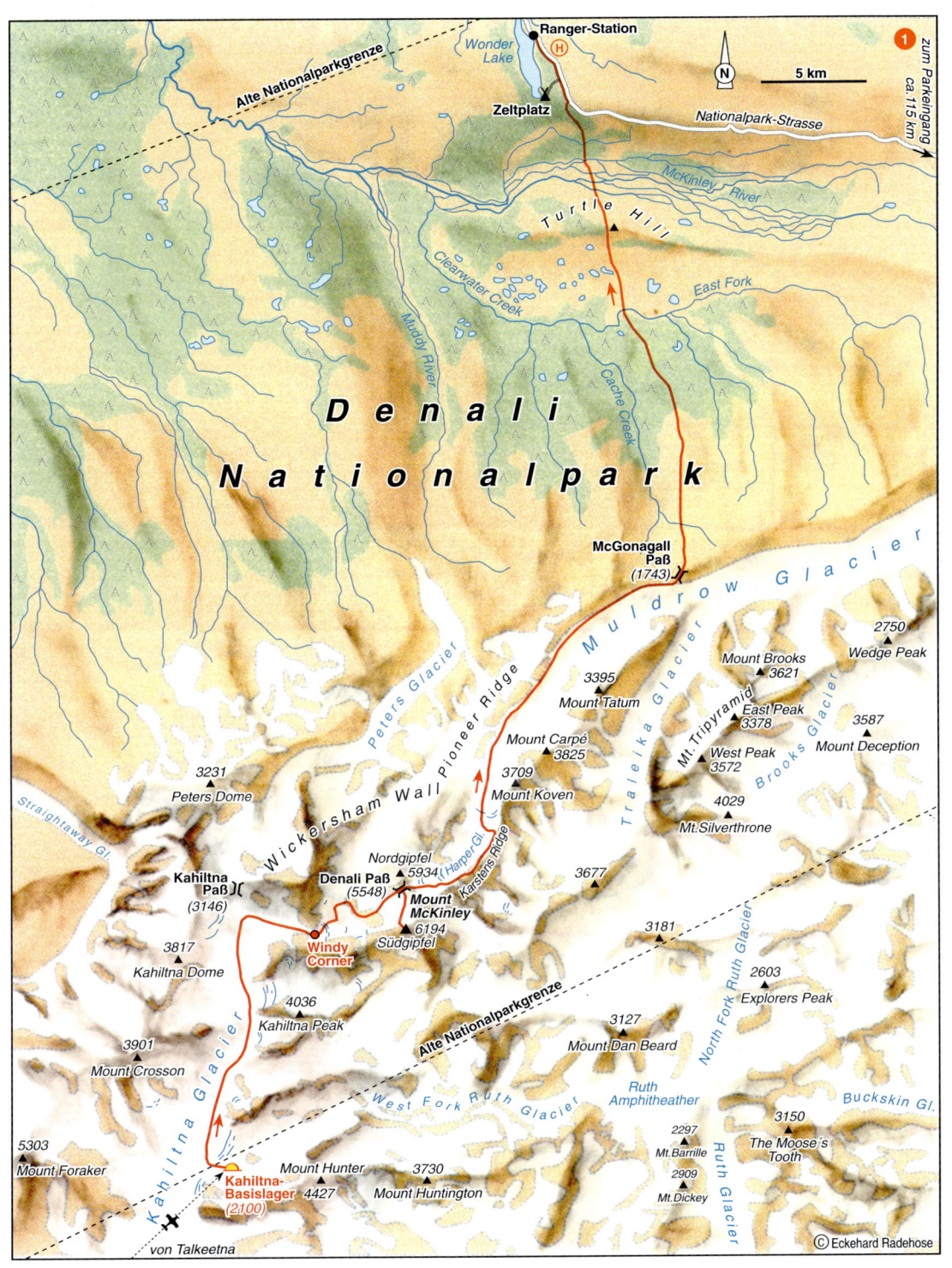

Ranger-Station
Wonder Lake
Zeltplatz
Alte Nationalparkgrenze
zum Parkeingang ca.115 km.
5 km
N
Nationalpark-Strasse
McKinley River
Turtle Hill
Clearwater Creek
East Fork
Muddy River
Cache Creek

Denali

Nationalpark

McGonagall Paß (1743)
Muldrow Glacier
Peters Glacier
Mount Brooks 3621
2750
Wedge Peak
3395
Mount Tatum
Mount Carpé 3825
3709
Mount Koven
Pioneer Ridge
Traleika Glacier
Mt.Tripyramid
East Peak 3378
3587
Mount Deception
West Peak 3572
Brooks Glacier
3231
Peters Dome
Wickersham Wall
Harper Gl.
Karstens Ridge
4029
Mt.Silverthrone
Nordgipfel 5934
3677
Kahiltna Paß)((3146)
Denali Paß (5548)
Mount McKinley 6194
Südgipfel
Windy Corner
Straightaway Gl.
3817
Kahiltna Dome
4036
Kahiltna Peak
3181
2603
Explorers Peak
3901
Mount Crosson
3127
Mount Dan Beard
Alte Nationalparkgrenze
North Fork Ruth Glacier
Kahiltna Glacier
West Fork Ruth Glacier
Ruth Amphitheater
3150
The Moose's Tooth
Buckskin Gl.
2297
Mt.Barrille
5303
Mount Foraker
Kahiltna-Basislager (2100)
Mount Hunter
4427
3730
Mount Huntington
2909
Mt.Dickey
Ruth Glacier
von Talkeetna

© Eckehard Radehose

haben wir uns längst gewöhnt. Wir liegen zu zweit in dem engen Biwakzelt. Ich sehne mich nach einem guten Essen, nach einem Bett, nach Wärme und Geborgenheit. In Gedanken lasse ich die vergangenen Tage nochmals vorüberziehen ...

Genau 14 Tage sind nun vergangen, seit Doug uns mit seiner kleinen Cessna ins Basecamp flog: um uns herum eine Arena von atemberaubender Schönheit. Als ich damals aus der Maschine kletterte, spürte ich ein mir bislang unbekanntes, hochmotivierendes, gleichzeitig aber auch beklemmendes Gefühl. Nach der obligatorischen Registrierung im Basislager stiegen wir noch am späten Nachmittag etwa fünf Stunden lang den flachen **Kahiltna-Gletscher** aufwärts und errichteten im fahlen Licht der Mitternachtssonne unser erstes Lager. Tags darauf wurde unser Elan allerdings rasch gebremst: Binnen weniger Minuten setzte starkes Schneetreiben ein, sodaß wir unverzüglich die beiden kleinen Zelte aufstellen mußten.

Unterwegs am Grat der West Buttress: Weit reicht der Blick hinaus ins flache Land.

Erst um die Mittagszeit des nächsten Tages klarte es endlich ein wenig auf, und wir beschlossen, weiter oben ein Proviantdepot anzulegen. Mit unseren kleinen Transportschlitten zogen wir die Ausrüstung recht mühsam die steilen Hänge hinauf, vergruben sie dann im Schnee und markierten die Stelle mit roten Fähnchen. Wir hatten den Rückweg gerade angetreten, als sich innerhalb kürzester Zeit der Himmel über dem **Mount Foraker** zusehends verfinsterte. Starker Wind kam auf und schwoll in wenigen Minuten zu einem Höhensturm mit Orkanstärke an – das Inferno tobte. Mehrmals rissen mich Böen zu Boden und drängten mich bis zu fünf Meter von meiner Abstiegsspur ab; die Transportschlitten der Freunde – obgleich leicht beladen – lagen waagerecht in der Luft! Nach zwei Stunden war der Spuk vorbei.

Am nächsten Tag endlich besseres Wetter: Wo tags zuvor der Orkan tobte, herrschte nun völlige Windstille. **Windy Corner** – für gewöhnlich hält diese Passage, was ihr Name verspricht – konnten wir nunmehr während unseres weiteren Aufstiegs zu Lager III in T-Shirts queren. Wir überschritten die Viertausend-Meter-Grenze, und vor uns ragte im Abendlicht die **Wand der Mitternachtssonne** empor, die 2000 Meter hohe Gipfelflanke des Mount McKinley. Bilder von überwältigender Schönheit boten sich uns dar: Draußen über den weiten Ebenen lagen dichte Wolkenbänke, und in der kalten, klaren Luft reichte die Sicht bis zum Horizont. Wie lange hatte ich diesen Momenten entgegengefiebert; jetzt, da meine Träume Realität geworden waren, übertrafen sie meine Hoffnungen bei weitem. Spät kamen wir an jenem Abend ins Lager III. Das Thermometer fiel auf minus 23 Grad, und erst gegen Mitternacht lagen wir endlich in den warmen Schlafsäcken.

Nach drei Tagen Schlechtwetter stiegen wir über die steile, mit Fixseilen versicherte Flanke hinauf auf den Grat der **West Buttress** und bezogen oben am üblichen Platz von Lager IV auf etwa 5300 m eine

Höhepunkt eines Bergsteigerlebens: Mitternachtssonne auf 5900 Meter Höhe.

geräumige Schneehöhle. Es war kalt, bei minus 35 Grad gefror die Atemluft auf unseren Daunenjacken.

Der neunte Tag am Berg brachte endlich wieder gutes Wetter. Unser Plan, heute den Gipfel zu versuchen, wurde allerdings bereits während des Frühstücks zunichte gemacht. Ein junger deutscher Bergsteiger, soeben vom **Denali-Paß** abgestiegen, erklärte uns aufgeregt, daß oben am Paß zwei tschechische Bergsteiger infolge Höhenkrankheit in einem lebensbedrohlichen Zustand seien. Als wir am Ort des Geschehens eintrafen, wurde uns sofort klar, daß die beiden Tschechen nur mit Hilfe eines Helikopters schnell genug in tiefere Lagen transportiert werden konnten. Über Funk forderten wir im **Kahiltna Base** Hilfe an, aber es dauerte noch Stunden, bis die beiden spät am Abend geborgen und in die Klinik nach **Anchorage** geflogen wurden.

Dann kam der denkwürdige Gipfeltag: Bei bestem Wetter standen wir schon frühzeitig auf dem Denali-Paß; mühsam spurten wir abwechselnd im tiefen Triebschnee auf den Gipfelgrat. Wind kam auf; die Sicht wurde schlechter. Es war sehr kalt, meine Gletscherbrille vereiste. Um den Bart bildete sich eine dicke Eiskruste und die Kamera – obgleich seit Stunden unter der Daunenjacke warm gehalten – versagte ihren Dienst. Dann plötzlich der Gipfel: Lange lagen wir uns in den Armen. Für jeden ging in diesem Augenblick ein langjähriger Wunsch in Erfüllung!

Nach unserer Rückkehr in die Schneehöhle hielt uns erneut schlechtes Wetter für einen weiteren Tag im Lager fest. Dann erst konnte die Überschreitung des Mount-McKinley-Massivs beginnen. Inzwischen hatten wir die gesamte Ausrüstung auf den 5600 Meter hohen Denali-Paß gebracht. Durch die teilweise steilen Bruchzonen des **Harper-Gletschers** gelangten wir am Nachmittag zu unserem jetzigen Lagerplatz. Gleich einem Adlerhorst liegt er hoch über dem **Muldrow-Gletscher.**

Ein Traum geht in Erfüllung: Gegen 2.30 Uhr erreichen wir bei minus 40 Grad den Gipfel des Denali.

... Draußen vor den Zelten hantiert David mit dem Kochgeschirr. Ich krieche aus meiner engen Behausung, und wieder diskutieren wir unsere ausweglose Situation. Die Hoffnung auf einen weiteren Abstieg scheint in grundlosem Neuschnee zu ersticken. Als es aufhellt, steht unser Entschluß umgehend fest: Wir wollen den steilen Abstieg wagen. Die komplette Ausrüstung muß nun umgepackt werden, denn ab hier können die Schlitten im steilen Gelände vorübergehend nicht benutzt werden. Der Karstens Ridge gleicht dem Bianco-Grat; in seinem oberen Teil

beträgt die Neuschneemenge etwa einen halben Meter, weiter unten im flacheren Teil wühlen wir durch bauchtiefe Pulverschneemengen. Inzwischen ist die Sicht wieder schlechter geworden; außerdem scheint der Grat beidseitig überwächtet zu sein. Im dichten Nebel komme ich zu weit in die Flanke – ein lauter Knall läßt mir den Schreck in die Glieder fahren: Unmittelbar unter mir reißt ein größeres Schneebrett ab und verschwindet donnernd in der unsichtbaren Tiefe. Als der Neuschnee dann auch noch Brusthöhe erreicht, entschließen wir uns zum Biwak.

Der nächste Morgen bringt schließlich bestes Wetter. In der Mittagszeit queren wir hinab zum Muldrow-Gletscher, über den unser Weg zurück in die Zivilisation führt. Stundenlang marschieren wir mit Schneeschuhen den flachen Gletscher hinaus, immer auf den **McGonagall-Paß** zu.

Jenseits dieses flachen Übergangs hat sich das Landschaftsbild völlig verändert: Anfangs über Moränenschutt, später dann über die Tundra leitet uns der schwach erkennbare Pfad hinaus zur **Nationalparkstraße**. Dieser letzte Teil der Überschreitung des Mount McKinley, der Rückmarsch über 35 Kilometer zur Nationalparkstraße setzt uns allen arg zu. Ausgebrannt von den enormen Strapazen am Berg und ausgezehrt von der Kälte der vergangenen Wochen trotten wir dem Ziel entgegen. Bis zum Abend des folgenden Tages müssen drei Flußläufe durchquert werden. Mitternacht ist längst vorbei, als wir einstimmig beschließen, nochmals ein Biwak zu beziehen. Tags darauf durchqueren wir frühzeitig das etwa einen Kilometer breite Flußbett des McKinley Rivers. Auf der anderen Seite plagen wir uns weglos und mühsam durch eine Wald- und Buschzone aufwärts. Zum wiederholten Male liege ich völlig erschöpft am Boden, als ich einen der Freunde nach mir rufen höre. Kurze Zeit später setze ich meinen schweren Rucksack neben mich auf die staubige Straße. Ich lasse mich rückwärts in die Sträucher fallen. Unser Mount-McKinley-Abenteuer ist zu Ende.

Mount-McKinley-Guide

Charakter: Sehr anspruchsvolle Bergfahrt im Expeditions- stil auf einen der kältesten Berge der Erde. Hervorragende Kondition, körperliche Leidensfähigkeit sowie grenzenloser Teamgeist und Höhenverträglichkeit sind Grundvorausset- zungen. Bezogen auf die körperlichen Anforderungen zählt die Überschreitung des Mount McKinley zu den anspruchs- vollsten Tourenvorschlägen dieses Buches – sie gehört sicherlich zu den ganz großen Unternehmungen in den Bergen der Welt. Touren im Gebiet des Mount McKinley verlangen nach Aussagen verschiedener Spezialisten eine höhere Leistungsfähigkeit wie die Besteigung eines hohen Westalpengipfels bei schlechtesten Wetterverhältnissen im Hochwinter.

Anreise: Von Anchorage (internationaler Flughafen – größte, aber nicht Hauptstadt Alaskas) entweder mit der Bahn (Alaska Railroad) oder mit Bus/Pkw auf guter Straße Richtung Fairbanks in etwa 4 Stunden bis Talkeetna (Bahnticket rechtzeitig vorbestellen).

Ausgangspunkt: Ab Talkeetna mit dem Gletscherflugzeug (Airtaxi) zum Basislager auf dem Kahiltna-Gletscher (Flugdauer etwa 30 – 45 Min.; nur bei guter Witterung möglich); vorherige Buchung unbedingt empfehlenswert (Adressen siehe »Organisation«).

Besteigungsdauer: Aufgrund sehr wechselhafter Witterung 2½ – 3 Wochen.

Stützpunkte: Keine festen Stützpunkte am Berg. Das Basislager am Kahiltna-Gletscher ist während der Saison dauernd besetzt. Von hier aus gibt es auch Funkverbindung zur Außenwelt. Im üblichen Hochlager unterhalb der Steilflanke zur West Buttress wird ärztliche Versorgung angeboten!

Beste Zeit: Etwa Anfang/Mitte Mai bis Ende Juli. Keiner der genannten drei Monate gilt als besonders günstig, sind doch die langjährigen Wetterbeobachtungen viel zu unterschied- lich.

Organisation: Am besten ein halbes Jahr, spätestens jedoch 60 Tage vor Reisebeginn bei der Verwaltung des National- parks eine Besteigungserlaubnis beantragen. Formulare sind anzufordern bei: *United States Department of the Interior, National Park Service, Denali National Park and Preserve, Talkeetna Ranger Station, Post Office Box 588, Talkeetna, Alaska 99676, U.S.A.*

Seit 1995 wird hierfür eine Gebühr von 150 US-Dollar erhoben. Es werden auch Besteigungen von autorisierten Unternehmen vor Ort angeboten. Deren Adressen und die der Flugagenturen findet man in »Climbing«, einem amerikanischen Bergsteiger-Magazin. Seit 1994 ist es laut Verordnung der zuständigen Behörden sowie der Parkver- waltung ausländischen Expeditionsgruppen nicht mehr ge- stattet, ohne »Alaska Guide« Besteigungen durchzuführen. Das heißt im Klartext, daß damit gleichzeitig nicht ortsansässigen Bergführern das Führen von organisierten Gruppen untersagt ist!

Ausrüstung: Beste Expeditionsausrüstung ist Grundvoraus- setzung: komplette Eisausrüstung, bestmögliche Wärme- schutzkleidung (auch Gesichtsmaske), bewährte Expeditions- bergschuhe mit Spezial-Wärme-Innenschuh oder die hier oft verwendeten Spezial-Gummistiefel (K-Boots, in Anchorage erhältlich), Kunststoff-Transportschlitten (in Talkeetna er- hältlich) und leistungsstarke Benzinkocher mit genügend Brennstoff von sehr hoher Qualität sind unbedingt erforder- lich (0,25 – 0,33 Liter Brennstoff pro Person und Tag). Benötigt werden ferner Steigklemme(n), Schneesäge(n) sowie gefriergetrocknete Spezialverpflegung; all diese Spezi- alausrüstung ist in Anchorage erhältlich. Nicht zu vergessen ist ein guter, vor allem auch genügend großer Expeditions- Rucksack (Fassungsvermögen: mindestens 80 Liter). Wichtig: Bei einer Traversierung des Berges sollte für die tiefer gelegenen Regionen unbedingt Mückenschutzmittel, eventu- ell auch ein Kopfnetz, mitgeführt werden. Auch sehr leichte Trainingsschuhe für die Flußdurchquerungen sind sehr nützlich.

Besonderheiten: Besondere Aufmerksamkeit ist der Wet- terentwicklung zu widmen, denn das berüchtigte »white out«, ein extrem kalter Höhensturm, hat schon viele Bergsteiger in arge Bedrängnis gebracht. Auch in den »wärmeren« Sommermonaten können Temperaturen bis minus 40 Grad auftreten. Eine intensive physische wie psychische Vorberei- tung ist unumgänglich. Die Flußdurchquerung des McKinley Rivers kann nur in den frühen Morgenstunden durchgeführt werden, später ist der Wasserstand dafür in der Regel zu hoch. Nach der Überschreitung des Berges besteht die Möglichkeit, mit einem »Shuttlebus« die 150 km Distanz bis zum Eingang des Nationalparks zurückzufahren (ebenfalls seit 1995 gebührenpflichtig).

Literatur und Karten:

Eckehard Radehose: »Traumberg Mount McKinley«, Expediti- ons-Report im Eigenverlag.

G. Randall: »Mount McKinley Climber Handbook«, 1993.

Jonathan Waterman: »High Alaska«, (Denali – Mount Foraker – Mount Hunter), The American Alpine Club, Inc. New York.

»Mount McKinley«, topographische Karte 1: 50 000, herausgegeben von Bradford Washburn, produziert vom Eidgenössischen Amt für Landestopographie Bern; sehr empfehlenswert.

»Mount McKinley National Park«, amtliche, sehr gute Übersichtskarte im Maßstab 1: 250 000.

MOUNT FORAKER, 5303 m

Lange Zeit waren die hohen Berge der Welt Erlebnisgaranten für Grenzbereiche, Ungewißheit und Abenteuer – heute hat sich vieles verändert. Während am **Mount McKinley** Hunderte von Bergsteigern ihrem Traumziel entgegenziehen, ist der einstige Charakter einer außergewöhnlichen Expedition mit beinahe polarer Atmosphäre dem einer Modetour gewichen. Ganz anders sind jedoch die Bedingungen am gegenüberliegenden **Mount Foraker**.

Fast 1000 m niedriger als sein begehrter Nachbar – dafür aber um so anspruchsvoller – scheint dieser gewaltige Eiskoloß von den Bergsteigern einfach übersehen zu werden. Bis heute ist der Mount Foraker daher ein Expeditionsziel im wahrsten Sinne geblieben. Weit über 1 000 Bergsteiger versuchen jährlich, den Gipfel des Mount McKinley zu erreichen. Nur etwa 30 – 40 wählen den Mount Foraker als Ziel. Ist die Gipfelchance am McKinley in den vergangenen Jahren auf über 50 Prozent gestiegen, so liegt sie am Foraker bei nicht einmal 25 Prozent. Sehr erfahrenen Bergsteigern bietet der Mount Foraker also ein technisch anspruchsvolles und extremen Witterungsbedingungen ausgesetztes Expeditionsziel ersten Ranges.

Der Berg weist eine Vielzahl von Routen auf, die jedoch alle hohe körperliche, teilweise auch alpintechnische Anforderungen stellen. Die Basis des hier vorgestellten Südostgrates dagegen ist relativ problemlos zu erreichen, die bergsteigerischen Schwierigkeiten halten sich in Grenzen, und so wird dieser klassische Gratanstieg – 1963 von einer amerikanischen Expedition erstbegangen – heute als Normalanstieg bewertet.

Erkundungsvorstoß zum Gipfel

Cliff Hudson, einer der erfahrenen Gletscherpiloten im McKinley-Massiv, bringt uns in zwei Flügen zu unserem Ausgangspunkt auf den **Kahiltna-Gletscher**. Als es das Wetter erlaubt, transportieren wir unsere Ausrüstung auf die etwa 8 km entfernte andere Seite des Gletschers – trotz der bewährten Plastikschlitten eine mühsame Schlepperei. Am Rand einer ausgedehnten Spaltenzone unterhalb des **Südostgrates** entsteht unser Basislager. Während zwei von uns die restlichen Lasten über den Gletscher ziehen, erkunden wir schon das obere Gletscherbecken und die oberhalb anschließende, ziemlich steile Eisflanke. Über sie erreichen wir den Grat unterhalb eines kombinierten Steilaufschwunges, wo wir einen geeigneten Platz für Lager I finden – eine komfortable, zweistöckige Eishöhle.

Der nächste Morgen bringt bestes Wetter. Bei ungewöhnlich hohen Temperaturen steigen wir über eine Firnrampe auf, um dann durch ein steiles Couloir zu einem kombinierten Sekundärgrat zu gelangen. Was folgt, ist schwere Spurarbeit durch mittelsteiles Gelände von kurzen Eisklettereinlagen unterbrochen, bis wir vor einer breiten Randspalte stehen, die den ganzen Hang durchzieht. Wir glauben, diesen heiklen Abbruch am günstigsten ganz rechts überlisten zu können. Während des Abstiegs sollte sich jedoch zeigen, daß dies keineswegs die leichteste, jedoch die eistechnisch sicher interessanteste Variante war: Delikates Gleichgewichtsspiel an der fast senkrechten Schneewand, dazu die schweren Rucksäcke sowie ein messerscharfer, von der Sonne aufgeweichter Wächtengrat erinnern uns an zurückliegende Graterlebnisse in den Anden. An der Schulter eines großen Grataufschwunges legt sich die Neigung etwas zurück. Das Blankeis ist trügerisch, nur von einer

Rechts: Die Mitternachtssonne taucht den eisstrotzenden Gipfel des Mount Foraker in ein traumhaftes Licht.

dünnen Firnschicht überzogen erfordert es größte Aufmerksamkeit. Nach 10 Stunden anstrengenden Aufstieges beschließen wir auf etwa 3600 m, eine Schneehöhle zu graben und unser Lager II einzurichten. Über das erreichte Ziel sind wir mehr als zufrieden, war doch die heutige Etappe als Erkundungsvorstoß gedacht. Das Wetter zeigt sich immer noch von seiner besten Seite, und allmählich reift der Plan, morgen einen Gipfelversuch zu starten. Die mitgeführte Ausrüstung haben wir ganz bewußt so zusammengestellt, daß ein frühzeitiger Gipfelangriff möglich ist.

Bei klarem Himmel und großer Kälte starten wir also tags darauf einen weiteren »Erkundungsvorstoß« – diesmal in Richtung Gipfel. Die Ausrüstung ist auf ein notwendiges Minimum reduziert: Biwak-bekleidung, etwas Proviant, Kocher mit einem Liter Benzin sowie die übliche Eisausrüstung. An einer steilen, mit Blankeis versehenen Passage treffen wir auf alte Fixseile, die meist im Eis festgefroren sind. Der folgende Grat ist lang und flach, jedoch rechtsseitig stark überwächtet, so daß wir uns äußerst vorsichtig in der linken Steilflanke mit 1500 m Luft unter den Sohlen bewegen.

Der vom Sturm hartgepreßte Schnee erlaubt uns zwar zügiges Vorwärtskommen, trotzdem müssen die Standplätze mit Pickelverankerungen und Schneehaken abgesichert werden. Eine interessante Kletterstelle in fast senkrechtem, rauhreifüberzogenen Eis beschließt den scharfen Grat. Hier verändert er seine Richtung nach links und wird deutlich breiter. Die Bedrohung

Mount-Foraker-Guide

Charakter: Sehr anspruchsvolle Unternehmung im Expeditionsstil. Selbst der Normalweg (Südostgrat) erfordert große Erfahrung, enorme Kondition und Orientierungssinn. Die Schwierigkeiten liegen erheblich über denen der West-Buttress-Route auf den Mount McKinley.

Allgemeines: Ziemlich genau 10 km westlich der Landepiste auf dem Seitenarm des Kahiltna-Gletschers erhebt sich der mächtige Eiskoloß des Mount Foraker. Die klassische Route über den Südostgrat wurde 1963 erstbegangen, 1974 wurde eine Zustiegsvariante eröffnet, die über den weiter westlich gelegenen Gratrücken verläuft und sich auf etwa 2700 m mit der erstgenannten Route vereinigt. Ab dem Basislager sind bei einer Kletterlänge von etwa 8,5 km 3100 Höhenmeter zu überwinden. Einige steile Passagen können nach starken Schneefällen äußerst lawinengefährdet sein.

Anreise: Siehe Mount McKinley (Seite 49).

Ausgangspunkt: Siehe Mount McKinley (Seite 49).

Besteigungsdauer: Je nach Witterungsbedingungen, Eisverhältnissen und Akklimatisationszustand 7 – 20 Tage.

Stützpunkte: Das Lager am Landeplatz auf dem Kahiltna-Gletscher ist während der Sommermonate (Mai bis Juli) besetzt. Von hier aus gibt es auch Funkverbindung zur Außenwelt. Am Berg empfehlen sich Schneehöhlen, sie bieten meist guten Schutz vor Schlechtwettereinbrüchen. Gute Lager- bzw. Biwakplätze finden sich an der klassischen Route (»southeast toe«) auf etwa 2450 m oder an der Variante (»southwest toe«) auf etwa 2570 m. Am oberen Südostgrat liegen die günstigen Plätze auf 3530 m, 4000 m und 4200 m.

Beste Zeit: Mai und Juni, eventuell noch Juli.

Organisation: Siehe Mount McKinley (Seite 49). Auch für den Mount Foraker muß sich der Aspirant spätestens 60 Tage vor Reisebeginn bei der Nationalpark-Verwaltung registrieren lassen und eine Besteigungsgebühr von 150 US-Dollar entrichten.

Ausrüstung: Siehe Mount McKinley (Seite 49). Ski und Schneereifen können nur bis zum Basislager am Fuß des Südostgrates verwendet werden. Zur Sicherung sollten genügend Schneehaken und Firnanker mitgenommen werden. Gegebenenfalls kann es sinnvoll sein, Fixseile zu verlegen. Auch Markierungsfähnchen können von großem Nutzen sein.

Besonderheiten: Siehe Mount McKinley (Seite 49). Der Berg ist aber alpintechnisch erheblich anspruchsvoller als beispielsweise der Mount McKinley auf seiner Normalroute. Sicheres Gehen im steilen Eis – auch mit sehr schwerem Gepäck – ist Grundvoraussetzung.

Literatur und Karten:

Jonathan Waterman: »High Alaska«, (Denali – Mount Foraker – Mount Hunter), The American Alpine Club, Inc. New York.

Topographische Karten 1: 63 360, Blätter »Talkeetna« D3 und D4.

»Mount McKinley National Park«, amtliche, sehr gute Übersichtskarte im Maßstab 1: 250 000.

Flugaufnahme des Mount Foraker: Der Südostgrat führt direkt auf den Betrachter zu.

durch weit ausladende Wächten besteht aber weiterhin. Auf 4700 m ist der Fuß des Gipfelhangs erreicht. Im harten Firn kommen wir trotz relativ schlechter Höhenanpassung rasch vorwärts. Die letzten 300 Höhenmeter fordern dann aber doch die letzten Kraftreserven: Knietiefer Pulverschnee verlangt uns harte Spurarbeit ab, ehe wir nach 12 Stunden auf der breiten Gipfelkalotte des Mount Foraker stehen.

Hier oben empfängt uns ein beißender Südwest-Sturm. Bereits seit Mittag lag tief unter uns über dem Kahiltna-Gletscher eine geschlossene Wolkendecke, die während der vergangenen Stunden stetig höher stieg – ein unmißverständliches Zeichen für einen nahenden Wettersturz. Schnellstmöglicher Abstieg ist also angesagt. Bald verschlucken uns die heranrasenden Wolken; in Sturm und dichtem Nebel verlieren wir die Spuren unseres Aufstiegs, finden sie wieder, verlieren sie dann endgültig. An Ort und Stelle müssen wir uns so rasch als

möglich eingraben: Notbiwak auf 4400 m Höhe. Drei volle Tage tobt der Schneesturm, dann kommt wieder die Sonne und erlaubt uns den weiteren Abstieg zur nächsten Schneehöhle und damit zu Proviant und Brennstoff.

Unsere Verfassung ist besser, als die Umstände es erwarten lassen. So steigen wir weiter ab bis zum Lager I – ein langer und schwieriger Weg. Es ist schon spät, und die tiefstehende Sonne zaubert lange Schatten in der Ebene, drüben am **Mount Hunter** taucht sie die Gipfelkuppe in goldenes Licht. Gegen 2.00 Uhr kommen wir im Dämmerlicht zu unserem Lager.

Der folgende Tag dient der Regeneration und dem Packen der Ausrüstung. Das Wetter sieht nicht gut aus, und so wollen wir versuchen, den Berg in einem Zuge zu räumen. So trägt tags darauf jeder von uns zwischen 40 und 50 Kilo durch die Eisflanke hinunter ins Gletscherbecken zu unseren deponierten Schneereifen. Es ist schwülwarm, und innerhalb der vergangenen Tage haben sich die Spaltenverhältnisse teilweise grundlegend verändert. Über den flachen Gletscher mühen wir uns zurück zum **Airstrip**. Dort überfällt uns erneut schlechtes Wetter, und so warten wir wieder drei Tage, ehe wir endlich ausfliegen können ...

Nach Angaben von Hermann Huber

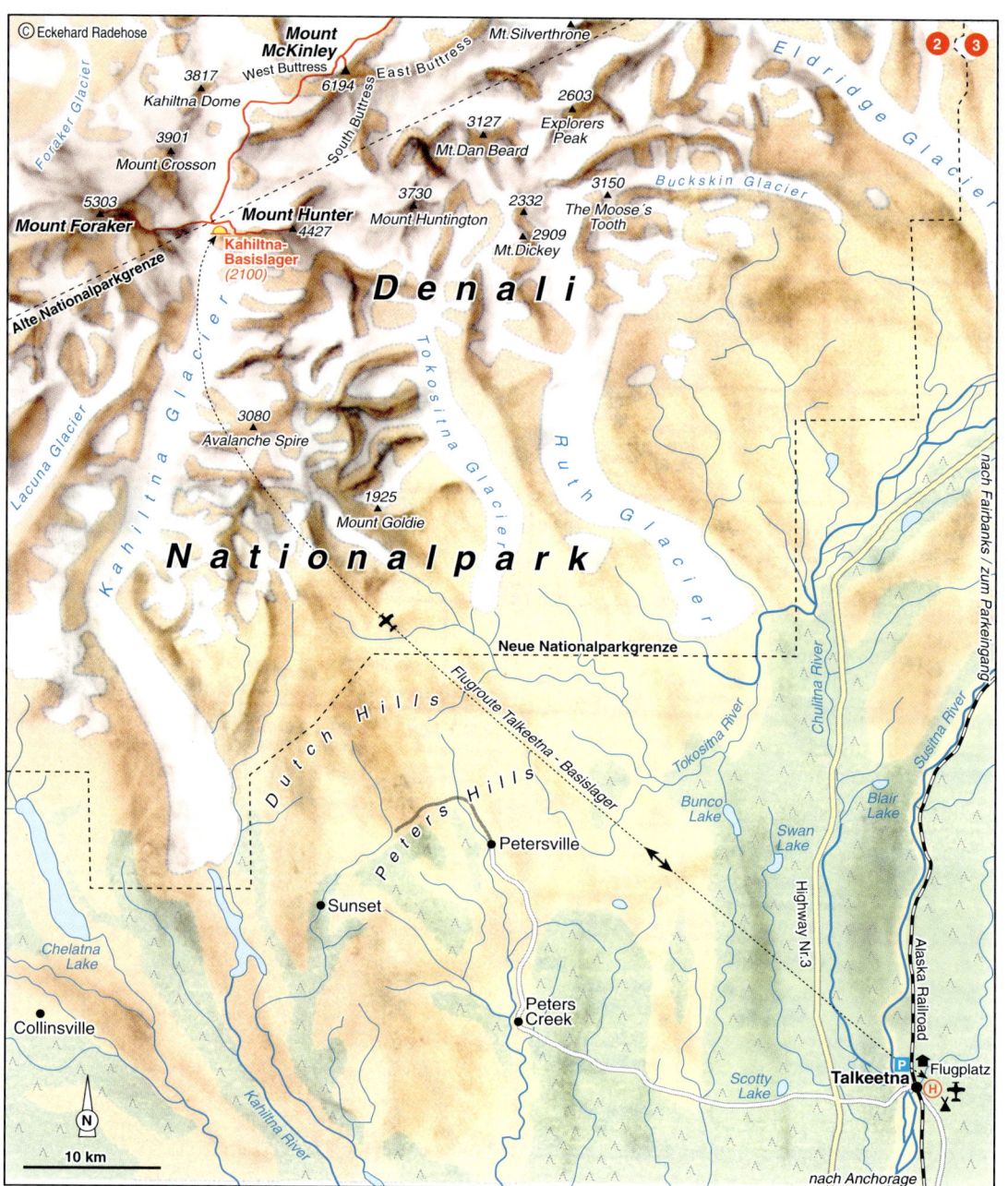

MOUNT HUNTER, 4427 m

Es gibt nicht wenige Bergsteiger, die Schwierigkeit, Erlebniswert und Bekanntheitsgrad eines Berges seiner Höhe zuschreiben. Daß diese Kriterien nicht unbedingt zutreffend sind, beweist besonders eindrucksvoll der **Mount Hunter**: Von allen Gipfelzielen dieses Buches ist er als »nur« Viertausender einer der niedrigsten; betreffend der Anforderungen zählt er sicher zu den schwierigsten der in diesem Band vorgestellten Berge.

Die Besteigung des Mount Hunter bietet Expeditionsbergsteigen pur! Jonathan Waterman schreibt in seinem Buch *High Alaska*: »Der Mount Hunter ist der steilste, spektakulärste Berg **Alaskas** und wahrscheinlich der schwierigste auf dem nordamerikanischen Kontinent!« Ähnlich wie der gegenüberliegende **Mount Foraker** wird der Mount Hunter nur sehr selten versucht. Die Erfolgsquote liegt äußerst niedrig; in manchen Jahren scheitern alle Mannschaften. Die Erstbesteigung gelang Anfang Juli 1954 Heinrich Harrer, dem bekannten Erstbegeher der Eiger-Nordwand, mit zwei amerikanischen Bergsteigern.

Bei einem Höhenunterschied von 2400 m und einer Kletterlänge von 8,5 km ist die hier beschriebene Route über den Westgrat zwar ziemlich lang, doch dürfte sie die leichteste und auch vor objektiven Gefahren sicherste sein.

Bergsteigen während der Nacht – die Mitternachtssonne macht's möglich: Mount Hunter vom Kahiltna-Gletscher.

Spitzentanz in der Senkrechten

»Immer wieder versuche ich, den Schaft des Eisbeils über mir zu verankern; harschiger Schnee rieselt zwischen meinen Beinen hindurch in die Tiefe. Kletterei in senkrechtem Schnee: Hätte mir vor kurzem noch jemand von derartig heiklen Passagen erzählt, ich hätte nur lachend den Kopf geschüttelt. Nur noch mein Wille kann mich vor einem Sturz bewahren, im Kampf um jeden Zentimeter Höhe. Mit den Eisgeräten bohre ich Löcher für die Hände, unten finden die Steigeisen im trockenen, losen Harsch keinen Halt. Das Ergebnis ist entmutigend, viel zu langsam schiebe ich den Körper höher, versuche alle Fixpunkte so wenig wie nur möglich zu belasten. Trotz 20 Grad Kälte bin ich völlig durchgeschwitzt und außer Atem. Eines ist sicher: Schwieriger kann und darf es nicht mehr werden! Erst senkrechtes Eis, dann ebenso steiler Schnee, die einzige Zwischensicherung, ein wackliger Eishaken, liegt 25 Meter unter mir. Auch jetzt noch – Monate später – kommen mir die zwei Stunden, die ich für diese Schlüsselseillänge benötigte, wie eine Ewigkeit vor ...«

Diese Zeilen von Bernd Ritschel über seine Westgrat-Besteigung des Mount Hunter sagen fast alles über die Schwierigkeiten dieses Berges aus. Wenn die Eis- und Schneeverhältnisse am Berg schlecht sind, kann eine Besteigung sicher unmöglich werden. Die Tiefdruckgebiete, meist vom **Golf von Alaska** kommend, sind in der Regel von starken Stürmen begleitet. Diese bringen nicht selten binnen weniger Tage ungeheure Schneemengen mit sich. Es liegt auf der Hand, daß ergiebige Schneefälle an solch steilen, abweisenden Bergen wie

Während der Nacht klart es auf, ein wolkenloser Gipfeltag bricht an. Vor großartig wilder Kulisse steigen wir empor.

dem Mount Hunter zuzeiten erhebliche Lawinengefahr nach sich ziehen. Aufgrund der tiefen Temperaturen kann es dann lange dauern, bis sich der Schnee gesetzt hat, und halbwegs brauchbare Bedingungen vorherrschen. Es heißt also, flexibel zu sein; bei schlechten Verhältnissen sollte man gegebenenfalls umdisponieren und ein anderes, leichteres Ziel ansteuern.

Doch lassen wir Bernd Ritschel vom weiteren Hergang seiner Expedition berichten: »Wir sind zu dritt: Mike Trautmann, unser holländischer Freund Edward Bekker und ich. Nach einer Trainingstour zum 3903 m hohen **Mount Crosson**, dessen Gipfel wir im Schneesturm erreichten, steht unser Plan: Wir wollen versuchen, den Mount Hunter über seinen Westgrat anzugehen. Im Basislager verstauen wir unsere Ausrüstung und Verpflegung für die kommenden acht Tage Ungewißheit in unsere Rucksäcke. Nachmittags steigen wir mit schwerem Gepäck in vier Stunden zum Fuß des **Westgrates** auf und errichten hier auf etwa 2400 m das erste Biwak. Am nächsten Morgen gegen 4.00 Uhr klettern wir seilfrei die ersten 600 Höhenmeter über 40 – 55 Grad steile Hänge bis zum Gratbeginn hinauf. Es schneit leicht und Nebel behindert immer wieder die Sicht. Oben angekommen benutzen wir einen nach Nordwesten gerichteten Seitengrat, der uns nach zehn Seillängen in einer Höhe von 3215 m auf den Hauptgrat führt. Die Flanken links und rechts des Grates stürzen bis 70 Grad steil nach unten, die Schneide selbst ist beidseitig stark überwächtet. Zur Sicherung verwenden wir hier 50 cm lange Schneehaken, die sich gut bewähren.

Wir queren nach links. Nun wird's problematisch; es folgen die schwierigsten und gefährlichsten Seillängen der gesamten Unternehmung: senkrechte Eispassagen, ebenso steiler Schnee (Harsch und feiner Pulver) sowie Kletterei durch eine kurze Seraczone. Auch die folgenden Gratabschnitte bringen immer wieder senkrechte Aufschwünge bei teilweise äußerst schlechten Eis- bzw. Schneeverhältnissen.

Sicherungen sind hier mehr moralischer Art, im Hintergrund der Mount Hunter.

Die Sicherungen sind mehr moralischer Art, die Schneehaken hätten im Lockerschnee niemals einen Sturz halten können. Nach zwölfstündiger Kletterei erreichen wir einen Sattel auf 3240 m. Nach weiteren drei Stunden schwerster Arbeit beziehen wir eine Schneehöhle. Wir sind völlig erschöpft und durchnäßt. Die fast schlaflose Nacht verbringen wir mit Schneeschmelzen und Kochen. Während der Nacht klart es auf, ein wolkenloser Gipfeltag beginnt. Drei Stunden dauert es, bis wir endlich aufbrechen können. Das erste Stück klettern wir seilfrei, dann zwingt uns 55 bis 60 Grad steiles Blankeis zu zeitraubender Sicherungsarbeit. Nach den ersten Steilpassagen müssen wir fast ausnahmslos knie-, teilweise oberschenkeltief spuren. Die insgesamt 1300 Höhenmeter bei fast vier Kilometern Gratlänge verlangen von uns alles. Im letzten Gratabschnitt vor dem Gipfel herrscht 30 bis 40 Grad steiles Gelände vor, hier und da durch Steilaufschwünge erschwert. Die Gipfelwand von rund 200 Meter Höhe bäumt sich noch einmal auf 50 bis 60 Grad auf; auch hier herrschen schlechteste Verhältnisse. Erst den letzten Gratabschnitt zum Gipfel, eine herrliche Passage, können wir seilfrei gehen. Gegen 17.00 Uhr stehen wir alle drei müde auf dem höchsten Punkt. Für jeden von uns war es die bisher schwierigste und vor allem gefährlichste Bergunternehmung.«

Oben und rechts:
Unterwegs am Westgrat des Mount Hunter –
zwischen Traum und Wirklichkeit.

Kurz vor Mitternacht erreichen wir bei Sonnenuntergang die Biwakhöhle. Beim Trocknen verschwindet einer der Schlafsäcke durch eine plötzliche Windböe in der Tiefe der Nordwand. Wir funken hinunter zur **Kahiltna Base**, dem **Airstrip**, um wenigstens nach einem Ersatzschlafsack für unser Basislager zu fragen. Dabei erfahren wir, daß sich eine Schlechtwetterfront angekündigt hat. Wir müssen also schnellstens absteigen. Teilweise können wir gesichert abklettern, manchmal seilen wir auch ab.

Am Ende des Grates können wir hinunter auf unser Basislager sehen: Eine Eislawine hat auf 200 m Breite und 500 m Länge alles meterdick mit riesigen Eisblöcken verschüttet. Später stehen wir am Ort des Geschehens: Wir finden ein paar Zelteinzelteile im Pocketformat; Transportschlitten und Kocher sehen aus, als hätten sie eine Müllpresse durchlaufen. Die Freunde sitzen neben mir, sind fassungslos. Grinsend kommt mir mein Lieblingswort über die Lippen: Glückspilz!«

Nach Angaben von Bernd Ritschel

Mount-Hunter-Guide

Charakter: Schwierige, äußerst anspruchsvolle Bergfahrt im Expeditionsstil. Die Besteigung des Mount Hunter wird zusätzlich noch erschwert durch sehr schlechte Witterungsbedingungen sowie ungünstige Verhältnisse; daher gehört dieser Anstieg zu den schwierigsten dieses Buches.
Allgemeines: Der Westgrat auf den 4427 m hohen Mount Hunter ist 8,5 km lang, der Höhenunterschied zwischen Basis und Gipfel beträgt gut 2400 m. Hinsichtlich der objektiven Gefahren gilt er als relativ sicher. Dadurch, daß der Gletscher-Landeplatz auf dem Seitenarm des Kahiltna-Gletschers nur etwa fünf Kilometer vom Bergfuß entfernt ist, kann er leicht erreicht werden. Aufgrund widriger Wetterverhältnisse (Neuschnee, Sturm und Kälte) sowie entsprechend schlechter Bedingungen wird der Gipfel sehr selten, in manchen Jahren überhaupt nicht bestiegen.
Anreise: Siehe Mount McKinley (Seite 49).
Organisation: Siehe Mount McKinley (Seite 49).
Besteigungsdauer: Je nach Verhältnissen 7 – 14 Tage.

Stützpunkte: Das Lager am Landeplatz auf dem Kahiltna-Gletscher, 2150 m, ist während der Sommermonate (Mai bis Juli) besetzt. Von hier aus gibt es auch Funkverbindung zur Außenwelt. Vorgeschobenes Basislager (Biwak) am Fuß des nordwestlich vorgelagerten Seitengrates auf etwa 2400 m. Brauchbare Biwakplätze gibt es am Grat auf 2800 m, 3210 m und 3420 m.
Beste Zeit: Etwa Ende Mai bis Juli.
Organisation: Siehe Mount McKinley (Seite 49).
Ausrüstung: Siehe Mount McKinley (Seite 49). Zusätzliche Eisgeräte (Eisbeil, Eishammer), Steinschlaghelm, zur Sicherung genügend Firnanker und Schneehaken (mindestens 50 cm lang), Doppelseil empfehlenswert, Abseilachter.
Besonderheiten: Besondere Beachtung verdient die Zusammenstellung der Ausrüstung. Sie sollte wegen der Steilheit der Route nicht allzu schwer sein, jedoch muß sie allen technischen und auch witterungsbedingten Gegebenheiten Rechnung tragen. Auf die Wetterentwicklung ist unbedingt zu achten.
Literatur und Karten: Siehe Mount McKinley (Seite 49).

MOUNT SANFORD, 4949 m

Alyeska bedeutet großes, weites Land. Die Bezeichnung stammt von der Urbevölkerung **Alaskas**, den Aleuten-Eskimos, und wurde Mitte des 18. Jahrhunderts von den eingewanderten Weißen übernommen. In der Tat, dieses weitgehend menschenleere, fast unüberschaubar große Land bietet auch den Bergsteigern Möglichkeiten der Superlative.

Ein sicherlich ungewöhnliches, aber interessantes Abenteuer stellt eine Skibesteigung des erloschenen Vulkans **Mount Sanford** dar. Er bildet den nördlichen Eckpfeiler der stark vergletscherten **Wrangell Mountains** und wurde von Bradford Washburn und Terris Moore im Jahr 1938 erstbestiegen. Das riesige Gebiet der Wrangell Mountains und das der benachbarten **Saint Elias Mountains** wurde 1980 zum

Nationalpark and Preserve erklärt. In diesem größten Schutzgebiet der USA befinden sich 9 der 16 höchsten Gipfel Nordamerikas. Die weiten Flanken des Mount Sanford bieten Skiabfahrten über 3000 Höhenmeter; unter amerikanischen Bergsteigern gelten sie als die großartigsten der gesamten USA.

Ski-Abenteuer am Ende der Welt

Das Reiseziel Alaska redete mir ein ehemaliger Schweizer im Kletterparadies des Yosemite Valley ein: »Komm' mal nach Alaska, das ist etwas anderes, als in der Nachmittagssonne klettern«. Wird schon so sein, dachte ich. Er trug immer Shorts, auch wenn es im Tal ab und zu schneite. Die meisten Menschen in Alaska leben

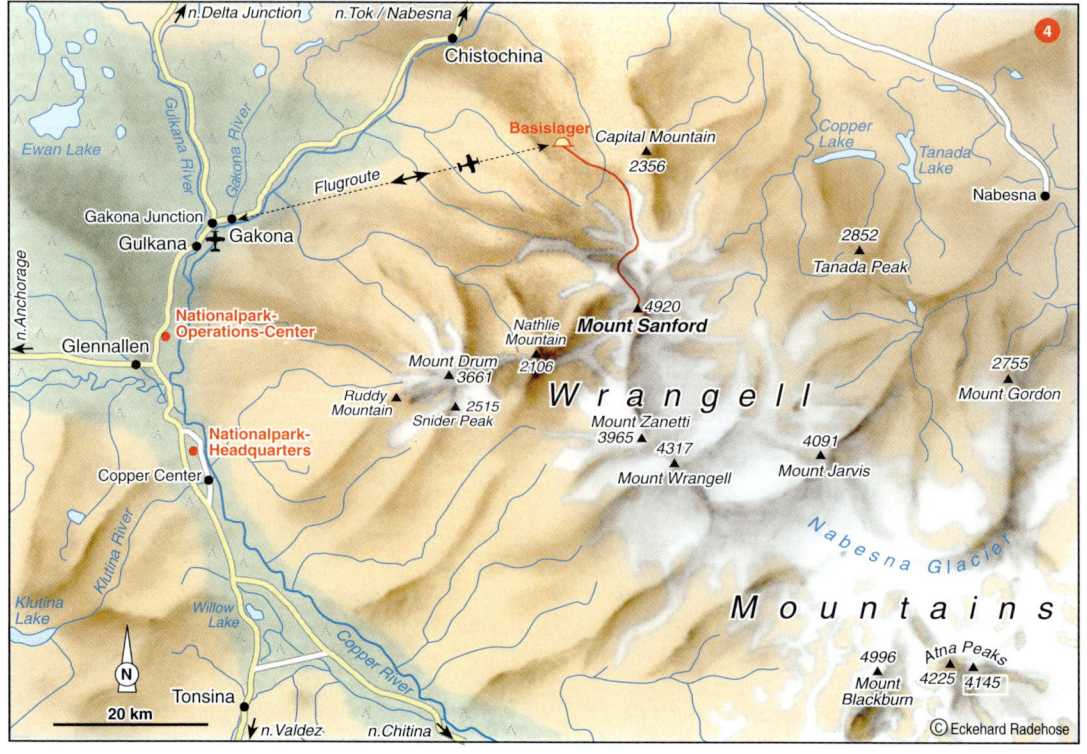

Die weiten Flanken des Mount Sanford bieten Skiabfahrten über 3000 Höhenmeter.

einen besonderen, eher unkonventionellen Lebensstil. Man ist freier, ungezwungener. All' das sollte ich demnächst kennenlernen. Daß mein erster Alaska-Besuch der Auftakt zu fünf wilden Sommern werden sollte, traute ich mich damals nicht einmal zu denken.

Erinnerungen an meine erste Reise werden wach: Mein Freund Christian und ich sind noch sehr unerfahren mit der Durchführung von Bergbesteigungen im Expeditionsstil. Bei Nick, einem Alaska Guide, ziehen wir vorübergehend ein. Er wohnt in **Anchorage** in der intakten Wohnung eines kleinen Reihenhauses, dessen zweite Hälfte abgebrannt ist. Leider habe ich meinen Führerschein samt dazugehöriger Übersetzung daheim in der Schweiz vergessen. Ohne Führerschein kein Mietauto, ohne Auto keine praktische Führerscheinprüfung vor Ort. Die Anreise mit dem Expeditionsgepäck zu unserem Ziel, dem Mount Sanford, ist zu einem Problem geworden.

Durch Zufall lernen wir einen Einheimischen kennen, der uns freundlicherweise sein Auto zur Verfügung stellt. Der alte orangefarbige VW ist ziemlich verbeult, und auf meine Bemerkung hin, daß ich zunächst ohne Bewilligung fahren müsse, meint der Besitzer trocken: »Das spielt überhaupt keine Rolle, das Auto ist ohnehin nicht versichert«.

Zwei Tage später habe ich die Alaskan Driver Licence in meinen Händen, und wir tuckern im vollgepfropften Käfer gemütlich, zwei Paar Ski fast wie ein Airbag-Vorläufer quer vor dem Beifahrer verstaut, auf dem **Glenn Highway** durch das **Matanuska Valley** in Richtung **Glennallen**. Der Highway scheint sich in den eisgepanzerten Flanken des **Mount Drum** (3661 m) zu verlieren. Mit Jack Wilson, unserem Piloten in **Gakona**, der uns zur Basis des Mount Sanford fliegen wird, haben wir zuvor in Anchorage Kontakt aufgenommen. Im Vergleich zu den Flügen von **Talkeetna** zum Mount McKinley, ist der Preis für den 15minütigen Flug unverhältnismäßig hoch.

Einzeln setzt uns Jack auf einer Geröllpiste ab. In vier Tagen möchten wir wieder von ihm abgeholt werden. Offensichtlich ein Zeitpunkt, der Jack völlig unrealistisch erscheint, denn andere Expeditionen vor uns benötigten sieben bis neun Tage für den Mount Sanford. Wir verabschieden uns von unserem Piloten, justieren die Höhenmesser gemäß der Karte auf 1000 m und starten nach kurzem Umpacken der Ausrüstung unseren Aufstieg zum Mount Sanford. Nur eine Stunde lang müssen die Ski getragen werden, dann ist das Gras der Tundra meist schneebedeckt, und wir können bereits auf die Ski umsteigen. Etwa fünf Stunden marschieren wir über die weite Tundra; wir begegnen Schneehühnern und einem Fuchs. Dann mühen wir uns eine steile Flanke hinunter, und eine unangenehme Querung bringt uns in ein weites Gletschertal. Wir besitzen keinerlei Informationen über den Zustieg zum Berg; die Routenwahl stützt sich einzig auf

Mount-Sanford-Guide

Charakter: Wie der benachbarte Mount Drum (3661 m) ist der erheblich höhere Mount Sanford ein idealer Skiberg mit starker Vergletscherung. Die Besteigung ist alpintechnisch relativ leicht, trotzdem hat die Unternehmung aufgrund der Abgeschiedenheit und der oft widrigen Witterungsbedingungen Expeditionscharakter. Gutes Orientierungsvermögen ist unbedingt erforderlich. Der Berg liegt in der Luftlinie 320 km von Anchorage entfernt und befindet sich als nördlicher Eckpfeiler der Wrangell Mountains im größten zusammenhängenden Nationalpark der USA.

Anreise: Von Anchorage (internationaler Flughafen) am besten mit einem Leihwagen über Palmer auf dem Glenn Highway (Staatsstraße Nr.1) nach Glennallen. Je nach Flugmöglichkeit entweder bis hierher oder besser etwa 20 – 25 km nach Norden bis Gulkana bzw. Gakona.

Ausgangspunkt: Mit dem Flugzeug in 15 – 20 Minuten zum Ausgangspunkt an der Nordseite des Mount Sanford.

Besteigungsdauer: Einige Schlechtwettertage eingerechnet sind etwa 7 – 10 Tage ab dem Ausgangspunkt als realistisch anzusehen.

Stützpunkte: Keine festen Stützpunkte vorhanden.

Beste Zeit: Für eine Skibesteigung April bis etwa Mitte Juni.

Organisation: Problemlos individuell durchführbar. Am besten rechtzeitig – etwa ein halbes Jahr vorher – bei der zuständigen Verwaltung des Nationalparks um eine Besteigungserlaubnis anfragen. Für den Mount Sanford ist dies der National Park Service, Wrangell-Saint Elias National Park and Preserve, Post Office Box 29, Glennallen, Alaska 99586, U.S.A. Es ist sehr empfehlenswert, frühzeitig Kontakt zu einem autorisierten Piloten aufzunehmen; Adressen vermittelt der National Park Service in Glennallen oder der sehr gute Straßenführer »Milepost«. Es werden auch Besteigungen von autorisierten Unternehmen vor Ort angeboten: Eine gute Adresse ist Ultima Thule Outfitters, 1007 »H« Street, Anchorage, Alaska 99501, U.S.A. Weitere empfehlenswerte Adressen findet man in »Climbing«, einem amerikanischen Bergsport-Magazin.

Ausrüstung: Beste Expeditionsausrüstung ist Voraussetzung. Komplette Gletscherausrüstung, gute Wärmeschutzkleidung, leistungsstarke Benzinkocher mit genügend Brennstoff sind unbedingt erforderlich. Tourenski mit Zubehör (Harscheisen, Ersatzfelle, Reparaturwerkzeug), Skitourenschuhe, wenn möglich mit besonders warmem Aveolit-Innenschuh. Etwa 100 Markierungsfähnchen, eventuell Funkgerät, gefriergetrocknete Spezialverpflegung, Expeditionsrucksack mit großem Fassungsvermögen (mindestens 80 Liter).

Besonderheiten: Besondere Aufmerksamkeit muß der Wetterentwicklung gewidmet werden. Durch den nahen Golf von Alaska ist das Wetter sehr wechselhaft. Alle Bergsteiger sind angehalten, sämtliche Abfälle wieder mitzunehmen, da in den Nationalparks strenge Vorschriften gelten.

Literatur und Karten:
Topographische Karte 1: 250 000, Blatt »Gulkana« – gute Übersichtskarte.
Topographische Karten 1: 63 360, Blätter »Gulkana« A1/A2/B1/B2.

Der Aufstieg zum Mount Sanford führt vorbei an faszinierenden Séracs.

unseren Instinkt und auf die Beobachtungen während des Fluges. In einer Höhe von etwa 1700 m stellen wir unser kleines Zelt auf. Sieben Stunden waren wir unterwegs, für heute sollte das reichen.

Mit den ersten wärmenden Sonnenstrahlen starten wir am nächsten Morgen gegen 7.00 Uhr die zweite Etappe. In einer Höhe von 1800 Metern beginnen wir mit dem Stecken der Bambusfähnchen. Dazu zeichnen wir eine Marschskizze mit der jeweili-

gen Höhe dieser Markierungen und tragen die Marschzahl des Kompasses ein. Das Wetter ist in diesem küstennahen Gebiet sehr wechselhaft, oftmals wird die Sicht äußerst schlecht. Die Orientierung wird dann sehr schwierig, zumal sich mit veränderndem Luftdruck auch der Höhenmesser stark verändert.

Wir überqueren einige Spaltenzonen und erreichen eine Höhe von 3000 m. Beim Spuren in einem weiten, flachen

Gletscherbereich sacke ich plötzlich bis zu den Ellbogen ein. Als ich mich abstützen möchte, breche ich weiter ein und sehe in die schwarze Tiefe der Spalte. Erst als sich Christian mit seinen Ski quer über die Gletscherspalte stellt, kann ich mich rollend aus meiner mißlichen Lage befreien.

Riesige, dunkle Feuchtwolken ziehen auf. Wir gehen am Seil weiter. Auf 3600 m schaufeln wir in einer großen, zugewehten Gletscherspalte einen Zeltplatz frei. Langsam sinkt die Sonne gegen den Horizont und die dunklen Gewitterwolken lösen sich auf. Der Wind und die Kälte machen uns zu schaffen. Elf Stunden Gehzeit und 1900 Höhenmeter Aufstieg, dazu meist schwere Spurarbeit liegen hinter uns. Die gleißenden Sonnenreflexe in der erhabenen Einsamkeit hoch über den endlosen Wäldern und Tundren mit ihren Sümpfen und Flußläufen stimmen mich zufrieden.

Es folgt eine kalte Nacht in dem vom Kondenswasser nassen, manchmal windgerüttelten Zelt. Um 7.00 Uhr kommt wieder die Sonne. Wir freuen uns darauf, endlich wieder aktiv zu sein und heiße Getränke zu kochen. Heute bleiben Zelt und entbehrliche Ausrüstung zurück. In einer Höhe von 4400 m kochen wir Tee. Ein eisiger Wind fegt uns den Schneestaub in alle Ritzen, und nicht umsonst ist hier wohl alles blank gefegt. Die Steigfelle rutschen weg, doch ohne Ski können wir unseren Zeitplan nicht einhalten; zudem würde der Rückweg wesentlich zäher. Im Windschatten einer Wächte des Gipfelplateaus wollen wir nochmals rasten. Wir stellen die Rucksäcke ab, hohle Klänge verheißen nichts Gutes. Fluchtartig verlassen wir diesen Platz. Später erzählten uns amerikanische Bergsteiger, im Sommer käme man aufgrund komplizierter Spaltensysteme dort in der Regel gar nicht durch.

Wir steigen weiter, mühen uns über das Plateau, bis wir auf der anderen Seite Richtung **Mount Blackburn** in die Tiefen der Täler blicken können – wir sind auf dem weiten Gipfel. Die Höhenmesser zeigen 4980 m. Es ist bereits 16.00 Uhr. Jede abrupte Bewegung verursacht Kopf-

schmerz – wir sind noch nicht ausreichend akklimatisiert. Also ziehen wir die Felle ab und treten die Abfahrt an. Erst unterhalb der vereisten Zone treffen wir auf brauchbare Verhältnisse. In 2½ Stunden erreichen wir unseren Lagerplatz. Der Abend ist herrlich. Es ist wärmer geworden – hoffentlich hält das Wetter. Bläulich matt zeichnen sich in der Ferne die hohen Gipfel der **Alaska Range** ab.

Ein neuer Tag bricht an, doch diesmal weckt uns nicht die Sonne. Das Rütteln der Zeltwände ist das gleiche wie an den vorangegangenen Tagen, doch heute stecken alle Gipfel im Nebel. Wir fahren am Seil ab; die verdeckten Spalten hatten uns während des Aufstiegs zu sehr beeindruckt. Sicht und Schneebeschaffenheit werden schlechter, doch wir können mit einer Ausnahme alle Markierungsfähnchen wiederfinden. Gegen Mittag rasten wir am Platz unseres ersten Lagers. Durch Naßschnee pflügen wir weiter durch das Tal hinab, vorbei an einer gerissenen Bergziege. Kurz unterhalb einer Kuppe stoßen wir auf große, ganz frische Bärenspuren. So deutlich sich die Ballen und Krallen abzeichnen, so sehr macht sich Unwohlsein in uns bemerkbar. Trotz des nassen Schnees und der stumpfen Ski gleiten wir zügig abwärts. Jetzt könnte Meister Petz kommen, denken wir. Oder doch nicht?

Christian fährt rasant in bläulichem Wasserschnee. Bisher waren diese Tümpel mit entsprechendem Tempo gut zu durchqueren, diesmal jedoch sinkt er einen Meter tief ein und steht bis zum Bauch im Bach. Glücklicherweise gehen die Bindungen nicht auf, die Ski wären verloren gewesen.

Die Tundra hat uns wieder, wir sind sehr müde. Die Ski auf den Schultern marschieren wir über die letzten Grasflächen und gegen 18.00 Uhr erreichen wir endlich die kleine Hütte neben der Landepiste. Der Pilot hat an unseren Zeitplan nicht geglaubt. Erst nach eineinhalb Tagen können wir ausfliegen.

Rolf Haas, Basel

MOUNT LOGAN, 5959 m

Neuerdings gehört er ja nicht mehr zu den Sechstausendern. Bescheiden und zurückhaltend, wie sich die Kanadier gerne sehen, ist der **Mount Logan** seit 1993 mit 5959 m neu vermessen worden. Viel Besuch bekommt er auch nicht. Während am **Mount McKinley** pro Jahr etwa eintausend Aspiranten antreten, sind es am Mount Logan vielleicht fünfzig und oft weniger.

Hier hört sich aber die Bescheidenheit auf. Der Mount Logan ist ein Gigant, wahrscheinlich das größte Bergmassiv des Planeten – mit einem Gipfelplateau von über 20 km Länge und 3 – 5 km Breite, immer über 5100 m. Die Eisfelder der **Saint Elias Mountains** sind die größten der Welt, ausgenommen Grönland und Antarktis. Vom Mount Logan schaut man nicht auf Wälder und Tundra, sondern ausschließlich auf Eis und, an manchen Tagen, bis an den Ozean am Horizont. Die Szenerie ist polar, einem wilden Ozean gleich. Es gibt wenige Gegenden, die so abgelegen, wild und unzugänglich sind wie der Mount Logan. Der Berg hat keinen indianischen Namen; Sir William Logan war der Begründer des Geological Survey of Canada.

Der Mount Logan liegt auf 60 Grad nördlicher Breite im **Kluane National Park** im kanadischen **Yukon Territory**. Klimatisch ist er wohl noch extremer als der Mount McKinley, weil er viel näher am Meer liegt. Die geringere Dicke der Troposhäre in hohen Breiten macht sich auch hier bemerkbar, so daß die physiologische Höhe ungefähr 700 m höher ist als die tatsächliche.

Der Mount Logan wurde erst 1925 von einer kanadischen Gruppe unter der Leitung von Albert McCarthy bestiegen. Damals schaffte man das Expeditionsmaterial über 225 km von **Alaska** herbei, und zwar mit Hundeschlitten mitten im Winter. Die Hälfte des Weges führte über Gletscher. Im Mai war die Expedition schließ-

Unterwegs am Ostgrat des Mount Logan.

lich am Berg und erreichte nach dramatischen Schwierigkeiten mit Wetter, Orientierung und Höhe den Gipfel.

Der Mount Logan stellt ähnliche Anforderungen an seine Besteiger wie der Mount McKinley, ist aber ernster, abgelegener und vor allem viel weniger besucht. Es gibt keine Bergrettung im Kluane National Park, vor allem keine Hubschrauber, die höher als 3000 m fliegen können. Am Berg sind keine Park Rangers oder große Lager; jede

Klutlan Glacier

n.Anchorage

Kluane Lake

5

Burwash Landing

Destruction Bay

Donjek River

Steele Creek

Duke River

Silver City

n.Haines Junction / Whitehorse

Mount Wood
▲ 4842

4747 ▲ 4695
Mt.Slaggard

Mount Steele
▲ 5073

K l u a n e

Donjek Glacier

5226
Mount Lucania

Mount Walsh
4505

Sims River

2680 ▲

Walsh Glacier 2645 ▲

Mount Badham
3734

Logan Glacier

2552

N a t i o n a l p a r k

Flugroute

Kaskawulsh Glacier

Kaskawulsh Mountain

3881

McArthur Peak

King Peak
5173 ▲ 5959 4389

Mount Logan

Mt.Queen Mary

Basislager

3735
Mt.King George

S a i n t E l i a s M o u n t a i n s

Seward Glacier

Icefield Ranges

Lowell Glacier

Mt.Vancouver
4785

Hubbard Glacier

Mt.Alverstone
4439

3991 ▲ 3991
4577
Mt.Hubbard

Mt.Kennedy

Mount St.Elias
5489

Mount Augusta
4289

K A N A D A
A L A S K A

Agassiz Glacier

Seward Glacier

1524

4194
Mount Cook

Valerie Glacier

Turner Gl.

Hubbard

Glacier

Mt.Seattle
3069

Oily Lake

2579
Mount Jette

M a l a s p i n a G l a c i e r

Malaspina Lake

Yakutat Bay

West Nunatak Gl.

N

20 km

Golf von Alaska

© Eckehard Radehose

Lager IV in 3650 Meter Höhe am Ostgrat des Mount Logan.

Gruppe ist ganz auf sich gestellt. Bis 1993 lag die Mindestteilnehmerzahl einer Expedition bei vier Leuten, jetzt sind auch kleinere Gruppen zugelassen. Die Einsamkeit und das extreme Klima stellen sehr hohe Anforderungen an die Bergsteiger. Die technischen Schwierigkeiten auf der **King-Trench-Route** sind gering. Der **Ostgrat** bietet Felsstellen bis II und scharfe ausgesetzte Eisgrate. Der **Hummingbird Ridge** in der Südwand ist seit seiner Erstbegehung in den frühen sechziger Jahren nie zur Gänze wiederholt worden, obwohl es nicht an Bewerbern fehlte. Wer Neuland sucht, hat am Mount Logan und im Rest der Saint Elias Mountains auf Lebenszeit genug zu tun.

Alpenbergsteiger sollten die Höhe und Kälte des Berges im Frühjahr auf keinen Fall unterschätzen. Es ist empfehlenswert, das Material immer einen Tag vorauszutragen und dann im tieferen Lager nochmals zu schlafen. Höhenlungen- und -Hirnödeme treten häufig bei starken Bergsteigern auf, die eine schnelle Besteigung machen wollen. Proviant und Benzin sollten für 21 Tage ausreichen, auch wenn die Tour meistens nach sechzehn bis achtzehn Tagen abgeschlossen ist. Um das Material auf den unteren flachen Gletscher zu bewegen, sind Schlitten empfehlenswert.

Der Ostgrat – eine Nummer zu groß

Der Ostgrat am Mount Logan war für mich die erste große Unternehmung in Kanada. Ich war im Jahr zuvor eingewandert und noch kaum an die Dimensionen des Landes gewöhnt. Meine Vorstellungskraft reichte für eine Brenva-Flanke oder eine Laliderer Wand aus – der Mount Logan paßte nicht in den Rahmen. Der

Flug vom **Kluane Lake** dauerte mehr als eine Stunde. Andy Williams mußte mehrmals kreisen, um über die Front Ranges zu steigen. Der **Kaskawulsh Glacier** hat wohl ein Dutzend Mittelmoränen, die in sanften Kurven dem gewaltigen Tal folgen. Die Berge auf beiden Seiten sind hohe Dreitausender und Viertausender, aber sie wirken niedrig neben der enormen Breite des Gletschers. Nach einer halben Flugstunde begann das breite Logan-Massiv den Horizont zu füllen. Je näher der Berg kam, desto unbegreiflicher schien seine Größe. Der Ostgrat hat einen Höhenunterschied von 4000 Metern. Die technischen Schwierigkeiten sind mit denen des Brenva-Sporns am Mont Blanc zu vergleichen – und den kannte ich. Fast vier Brenva-Sporne übereinander, ohne irgendetwas, das Filippos Bar in Courmayeur auch nur entfernt ähnelt, in weitem Umkreis sind eine andere Geschichte.

Zwei Tage bis zum ersten Lager am Grat. Riesige Rucksäcke, Lawinen in der Eisflanke zum Grat hinauf, die Spalte am **Hubbard Glacier** groß genug für den

Die Aufstiegsroute über den Ostgrat auf den Mount Logan vom Hubbard Glacier.

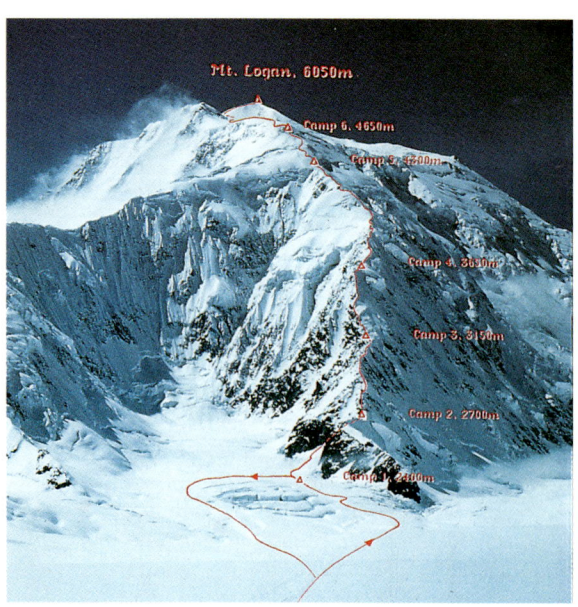

Supermarkt in Whitehorse. Und es blies schon so, daß wir uns in den Grat eingruben. Von hier bis zum Lager auf 3100 m waren einige Felsen zu klettern. Wir taten es im Schneesturm, immer in der Flanke, weil wir die Wächten am Grat nicht sehen konnten. Der Gedanke an Keith Flavelle, der hier zwei Jahre vorher durch eine Wächte gebrochen und bis auf den Gletscher gestürzt war, machte uns sehr vorsichtig.

In 3100 m Höhe lagerten wir auf einem enormen Eispilz, der über die steile Nordflanke hinaushing. Die Temperatur lag bei Sonnenschein so hoch, daß wir im Unterhemd die bewährte Schneehöhle gruben. Andy, mit dem wir jeden Tag Funkverbindung hatten, weigerte sich, uns den Wetterbericht zu geben. Ein oder zwei schöne Tage wurden regelmäßig von drei- bis fünftägigen Stürmen abgelöst. Während dieser Tage dösten wir im Schlafsack in unseren Schneehöhlen, mühsam unsere Wärme bewahrend und immer wieder aufgeschreckt von der »Musik« des Eises. Sphärenklänge wechselten mit Rülpsen und Knarren, während wir hofften, daß der Hängegletscher gut auflag.

Knife Ridge, Messergrat, nennt man den Abschnitt zwischen 3100 und 4000 m. Die Ausgesetztheit auf der Schneide ist enorm. Ohne Unterbrechung ziehen die jähen Flanken auf den **Hubbard Glacier** hinab. Kleine Wächten zwangen uns in die Flanke. Die Sonne schien, und wir traten den Neuschnee der letzten Tage in kleinen Lawinen ab, die lange später als Staubwolken weit auf den flachen Gletscher hinausschossen. Dort war immer viel Betrieb: Aus der furchterregenden Wand links von uns brachen jeden Tag massive Séracs ab und tobten über Felsen und blaues Eis in den obersten Gletscherboden. Siebzig Kilometer südlich mündet der Gletscher in den **Alsek River**.

Pünktlich schlug das Wetter wieder um, während wir unseren Weg den großen Hang zum Plateau hinauf suchten. Die Höhe ermüdete uns, die niedrigen Temperaturen kühlten uns aus. Der Mangel an

»Knife-Ridge«, die Schlüsselpassage am Ostgrat kurz oberhalb Lager IV.

Sauerstoff in den Höhlen, in denen dauernd der Kocher brannte, gab uns den Rest. Schließlich gruben wir uns auf 4900 m ein, direkt unter dem Rand des Gipfelplateaus, unter einem wilden Himmel. Wolken zogen gegeneinander in verschiedenen Höhen.

Der Luftdruck war ins Bodenlose gesunken, aber das Wetter klar, als wir aus der Höhle krochen. Ein Iglu als Latrine, so mußten wir feststellen, ist kein Ersatz für Hosen mit Reißverschluß im Schritt. Die Kälte war ständig präsent und erforderte andauernd Aufmerksamkeit. Fühle ich die Zehen, die ich bei jedem Schritt bewege? Oder muß ich stehenbleiben und die Beine schwingen, bis ein Minimum an Wärme in den Füßen ankommt? Die enorme Anstrengung beim Gehen schien keine Wärme zu produzieren. Ich fühlte mich kalt bis ins Innerste.

Der Horizont war gekrümmt und lag weit unten. Eisberge, schuppige Gletscher in steilen Flanken und die Weite der Eisfelder, die beim bloßen Gedanken an ihre Durchquerung erschöpfend macht, lagen im Kreis. Der Himmel füllte drei Viertel einer Kugel ohne Grenzen. Im Südwesten, neben dem **Mount Augusta**, ahnten wir den Ozean. Und kaum bemerkt schoß im Osten ein Pfeil von Zirren über den Himmel. Ich spurte durch die endlose Weite des Plateaus in windverblasenem Schnee, der Gipfel vor mir gegen den schwarzblauen Himmel. Seil und Gurte hatten wir zurückgelassen. War das notwendig, um etwas Gewicht zu sparen, oder lähmte die Höhe mein Urteilsvermögen? Ein Tritt ins Leere, blitzartiges Wegrollen zur Seite: Schneetrümmer klirrten in die Schwärze einer Spalte hinunter. Ich ging weiter, ohne hinunterzuschauen.

Stunden später setzten wir Schritt vor Schritt auf den Gipfelgrat. Wolken wirbelten, und der Wind fauchte die Südwand herauf. Bruce verlor einen Handschuh. Wir kehrten um, hundert Meter vor dem Gipfel. Mit Mühe fanden wir, zu viert am Seil, unsere Markierungen auf dem Plateau. Das ist der »white out«, in dem jeder Schritt ein Schritt ins Leere ist, und wo man nicht weiß, ob man nach dem nächsten Markierungsstab nach oben, nach unten oder horizontal schauen muß. Die Erschöpfung nach ein paar Stunden in diesem Wetter ist psychisch noch größer als physisch. Die enge kalte, verstunkene Schneehöhle unter dem lehnenden Sérac schien uns eine Oase der Geborgenheit. Ich bemerkte erst im warmen Wasser der **Takhini Hot Springs** bei **Whitehorse**, daß ich mir die Zehen erfroren hatte. Das Gefühl, überwältigt zu sein von der Größe dieser Berge, blieb mir lange.

Christoph Dietzfelbinger, Smithers

Mount-Logan-Guide

Charakter: Der Mount Logan ist der zweithöchste Berg des nordamerikanischen Kontinents – ein sehr harter und kalter Gipfel, äußerst abgelegen und anspruchsvoll. Hervorragende Kondition und noch mehr die Bereitschaft, auch längere Zeit unter sehr kalten und sauerstoffarmen Bedingungen zu leben, sind erforderlich. Es gibt eine Vielzahl von Anstiegsrouten am Mount Logan, dennoch überwiegen bisher unberührte Bereiche. Die King-Trench-Route ist technisch gesehen unschwierig, sie gilt heute als Normalroute. Ski können bis auf das Gipfelplateau benützt werden. An diesem Aufstieg im Kings Trench geringe Eisschlaggefahr, sonst keine objektiven Gefahren. Der hier beschriebene Ostgrat weist teilweise brüchigen Fels im II. Grad auf, ferner bietet er scharfe, ausgesetzte Eisgrate. Lawinengefahr zwischen 4000 und 5000 m. Die Südwandrouten haben den Charakter großer und schwieriger Himalaya-Unternehmungen. Neutouren sind in großer Zahl möglich.

Anreise: Von Vancouver oder Edmonton nach Whitehorse (Yukon). Von dort mit Auto oder Bus auf dem Alaska Highway nach Haines Junction. Anmeldung im Ranger-Büro etwa 15 km nördlich des Dorfes. Weiter auf dem Alaska Highway nach Silver City am Kluane Lake. Der derzeitig einzig zugelassene Gletscherpilot ist Andy Williams. Er fliegt von der Forschungsstation der University of Calgary bei Silver City, einer längst verlassenen Bergbausiedlung.

Ausgangspunkt: Für die King-Trench-Route fliegt man zum Quintino Sella Glacier, für den Aufstieg über den Ostgrat zum Hubbard Glacier (etwa 600.-S pro Person).

Besteigungsdauer: 16 bis 18 Tage sind realistisch. Proviant und Brennstoff für drei Wochen sollten mitgeführt werden. Es gibt keinerlei Stützpunkte am Berg oder im Umkreis von etwa 200 km.

Beste Zeit: Der März ist der trockenste Monat, jedoch noch sehr kalt. Dazu sind die Tage sehr kurz. Die meisten Besteigungen werden im Mai und Juni durchgeführt. Ab Anfang Juli verschlechtert sich das Wetter und die Verhältnisse auf den unteren Gletschern werden schlecht.

Organisation: Ein halbes Jahr vor Beginn der Tour sollte man sich in englischer oder französischer Sprache bei folgender Adresse anmelden: Superintendent Kluane National Park, Haines Junction, Yukon Territory, P.O. Box: 5495, Canada Y0B 1L0, Tel. (001-403) 634-2251 Fax (001-403) 634-2686.

Folgende Informationen sollten in der Anmeldung enthalten sein: Anzahl und Erfahrung der Teilnehmer auf hohen Bergen und in polaren Gegenden, Ausrüstungsliste, geplanter Zeitraum, ärztliches Attest (möglichst in englischer oder französischer Sprache). Besteigungen werden auch von einigen Bergschulen angeboten. Die nächstliegende ist »Bear Mountaineering School« in Smithers, Box 4222, British Columbia, Canada V0J 2N0 (deutschsprachiger staatlich geprüfter Berg- und Skiführer).

Ausrüstung: Siehe Mount McKinley (Seite 49). Nur das Beste ist gut genug, sehr warme Kleidung obligatorisch. Reißverschluß durch den Schritt oder »drop seat« sowie Dampfsperrsocken (»vapour barrier socks«) – das sind Plastikhüllen, die die Socken und die Innenschuhe trocken halten und den Fuß feucht und warm – sind sehr zu empfehlen. »MSR«-Kocher mit etwa ¼ Liter Benzin (»white gas«) pro Person und Tag. Ca. 200 Markierungs-Fähnchen. Wichtiger Hinweis: Die Auswahl an spezieller Bergausrüstung ist in Whitehorse sehr viel kleiner als in Anchorage. Sämtliches Material – außer Schlitten und Proviant – sollte von daheim mitgebracht werden.

Literatur und Karten:

Wolfgang Sinnwell: »Mount Logan – East Ridge«, Expeditions-Report im Eigenverlag, München 1994.

Verschiedene Beiträge in »The Canadian Alpine Journal«, Jahrgänge 1979 bis 1994.

»Mount Logan«, 1: 100 000, 1993. Herausgegeben vom Arctic Institute of North America, Calgary (Canada).

»Mount Logan, Exploration & Research«, 1: 100 000, 1993. Herausgegeben vom Artic Institute of North America, Calgary (Canada) – sehr empfehlenswert.

»Mount Logan map«, research and reference folio, 1: 75 000, 1993. Herausgegeben vom Artic Institute of North America, Calgary (Canada).

Canada National Topographic System, 1: 250 000, Nr.115B / 115C (»Mount-St.-Elias«) und 115G / 115F (»Kluane Lake«), 1: 50 000, Nr.115C/9 (»McArthur Peak«) und Nr.115C/10 (»King Peak«) – nicht sonderlich empfehlenswert. Bestellungen sind zu richten an: Canada Map Office, 615 Booth Street, Ottawa, Ontario (Canada), K1A 0E9.

COTOPAXI, 5897 m

Ganz sicher zählt der **Cotopaxi** zu den meistbestiegenen Bergen Südamerikas. Auch im Inneren dieses formschönen, stark vergletscherten Vulkans ist zu gewissen Zeiten einiges los – er besitzt den Nimbus, derzeit höchster aktiver Vulkan der Erde zu sein. Seit Beginn der Aufzeichnungen im Jahre 1534 kam es immer wieder zu verheerenden Ausbrüchen. Zur Zeit beschränkt sich seine Aktivität auf den regelmäßigen Ausstoß von Schwefelgasen und Wasserdämpfen, die aus seinem riesigen Krater emporsteigen.

Die Erstbesteigung gelang dem deutschen Geologen W. Reiß mit seinem kolumbianischen Begleiter A. M. Escobar bereits im Jahre 1872 über die Südwestflanke.

Durch die Nähe des **Oriente**, der feuchten Niederungen des **Amazonas-Urwaldes**, ist der Berg sehr anfällig für schlechtes Wetter; der Gipfel ist meist ab den Vormittagsstunden wolkenverhüllt. Obwohl seine Besteigung als schwere Hochtour charakterisiert wird, ist der Cotopaxi für den expeditionserfahrenen Alpinisten

Cotopaxi von Westen.

ein Berg zum »Mitnehmen«. Eine problemlose Anfahrtsstrecke, dazu ein sehr kurzer Anmarschweg und eine – bezogen auf die Höhe – hervorragend geführte Hütte in 4800 m Höhe machen es möglich. Selbstverständlich ist aber auch hier ohne die obligatorische Höhenanpassung nichts zu machen.

Aufstieg im Nebel

Ein kleiner Bus wühlt sich mit letzten Kraftreserven durch den feinen Vulkansand. Unsere kleine Gruppe ist unterwegs im **Parque Nacional Cotopaxi**, dem ersten Nationalpark auf dem Festland Ecuadors. Auf 4600 m erreichen wir endlich den Endpunkt der Piste und steigen sehr langsam den bequemen Weg hinauf zum **Refugio José Ribas**, der relativ komfortablen Unterkunftshütte. Gegen Mitternacht wollen wir aufstehen und so gehen wir schon sehr frühzeitig in die Lager.

Als ich schlaftrunken nach dem Wetter sehe, erlebe ich eine herbe Enttäuschung: Zäher Nebel umgibt die Hütte und es herrscht dichtes Schneetreiben. Trotzdem

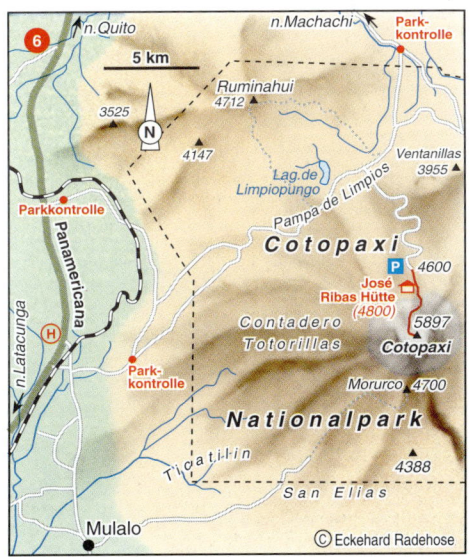

Unterwegs im »Windkanal«, kurz unterm Gipfel.

wollen wir den Aufstieg wagen, denn ich weiß, daß die Witterungsbedingungen hier sehr schnell wechseln können. Mit von der Partie sind zwei ecuadorianische Bergführer; sie kennen die Aufstiegsroute von früheren Besteigungen. Im Schein der Stirnlampen treten wir hinaus in die Nacht und steigen durch den Neuschnee mühsam die ersten 200 Höhenmeter hinauf zum Beginn des ersten Gletscheraufschwungs. Anseilen ist angesagt, denn schon bald wird es etwas kritisch. Die steile Bruchzone macht die Routenfindung in der Dunkelheit problematisch. Zudem nimmt die Energie unserer Stirnlampen-Batterien in der feuchten Kälte rapide ab. So stehen wir

Cotopaxi-Guide

Charakter: Schwierige Hochtour in mittelsteilem, bis 40 Grad geneigtem Gletschergelände. Spaltengefahr setzt den sicheren Umgang mit dem Seil voraus. Aufgrund seiner leichten Erreichbarkeit ist der Cotopaxi ein typischer Berg zum »Mitnehmen«, solide alpine Erfahrung und gute Akklimatisation vorausgesetzt.

Allgemeines: Der heutige Normalaufstieg über die NW-Flanke ist meist gut gespurt. Eine kurze Bruchzone sowie Passagen mit mehreren Gletscherspalten zwingen zur Vorsicht. Als freistehender Vulkan unweit des ecuadorianischen Urwaldes mit seinen heißen Niederungen hat der Berg seine eigenen Wettergesetze. Man braucht etwas Glück, um einen wolkenlosen Tag zu erwischen. Wegen der allgemein starken Quellwolkenbildung empfiehlt es sich, sehr früh – möglichst zwischen 1.00 und 2.00 Uhr morgens – aufzubrechen. Ab Mittag ist der Berg meist wieder in Wolken verborgen, dazu wird es wegen der Strahlungshitze sehr warm.

Anreise und Ausgangspunkt: Von Quito, der Hauptstadt Ecuadors mit internationalem Flughafen, auf der Panamericana nach Süden, bis nach etwa 60 km die Abzweigung nach links (Osten) in den Cotopaxi-Nationalpark erreicht wird. Vorbei an den Gebäuden der Parkverwaltung, dann rechtshaltend bis zu einer Hütte auf etwa 4400 m – Parkplatz und Ausgangspunkt. Bei günstigen Verhältnissen kann man weitere 200 Höhenmeter bis zum Ende der Piste auf 4600 m fahren.

Besteigungsdauer: Gute Akklimatisation vorausgesetzt braucht man zwei Tage.

Stützpunkt: Refugio José Ribas (4800 m). Die Hütte bietet 50 Personen Platz und verfügt über fließendes Wasser und elektrischen Strom. Ein Hüttenwart übernimmt auch die Zubereitung der mitgebrachten Speisen, sonstige Verpflegung ist nicht möglich. Die Hütte ist ganzjährig geöffnet.

Beste Zeit: Prinzipiell das ganze Jahr über möglich. Erfahrungsgemäß sind Dezember und Januar am günstigsten, auch Mai und Juni sind empfehlenswert.

Organisation: Die Besteigung ist problemlos auch individuell durchführbar, allerdings kann die Routenfindung bei schlechten Witterungsverhältnissen schwierig werden. Viele Reiseveranstalter bieten den Cotopaxi in Verbindung mit dem Chimborazo an, aber auch bei Trekking-Agenturen in Quito ist eine Buchung möglich.

Ausrüstung: Normale Gletscherausrüstung ist erforderlich. Skistöcke sind sehr empfehlenswert. Wegen des nächtlichen Aufbruchs ist eine funktionierende Stirnlampe unbedingt notwendig. Wegen der häufig feuchten Kälte kann die Funktionstüchtigkeit der Batterie stark beeinträchtigt sein. Für die Hüttenübernachtung ist ein Schlafsack empfehlenswert. Proviant für die Hütte muß mitgebracht werden.

Besonderheiten: Rascher Wetterwechsel behindert häufig die Bergsteiger. Der Berg hüllt sich sehr schnell in Wolken, wird dafür aber manchmal auch unerwartet wieder frei. Die nächtliche Orientierung auf dem Gletscher kann unter Umständen problematisch sein.

Literatur und Karten:

Marco Cruz: »Die Schneeberge Ecuadors«, erschienen im Eigenverlag, Riobamba (Ecuador), 1983 (vergriffen).

E. Rachowiecki: »Climbing and Hiking in Ecuador«.

Topographische Karte 1: 50 000 Blatt »Cotopaxi« Nr. N III-S1, 3991-N, Blatt »Sincholagua« Nr. N III-D3, 3992-III, herausgegeben vom Instituto Geografico Militar in Quito.

Gähnende Spalten lauern besonders beim mittäglichen Abstieg im Nebel.

oberhalb des Gletscherbruches schon bald orientierungslos in einem weiten Becken. Noch ist die Nacht nicht gewichen, und es schneit ohne Unterbrechung – man spricht von Umkehr. Mein Optimismus ist ungebrochen, irgendwie bin ich von einer Besserung des Wetters überzeugt. Tatsächlich finden wir alte Spuren und können so den Aufstieg einstweilen fortsetzen. Immer wieder müssen Spalten umgangen oder auf fragwürdigen Brücken überquert werden.

Langsam wird es hell. In drei Seilschaften steigen wir den steilen Gletscher hinauf. Die Kälte und die für die hohen Berge Ecuadors typische sehr hohe Luftfeuchtigkeit lassen unsere Bärte und das Seil vereisen. Unterhalb der **Yana Sacha** kehrt eine Gruppe um, wir aber wollen noch nicht aufgeben. Der Schneefall hat mittlerweile aufgehört, doch noch immer umgibt uns dichter Nebel. Zudem kommt auch

noch starker Wind auf, der uns die Eiskristalle ins Gesicht bläst. Das Gelände wird steiler, meine beiden Seilpartner sind müde und mutlos geworden. Noch einmal versuche ich sie zu motivieren – nur noch 100 Höhenmeter! Prompt erreichen wir wenig später den höchsten Punkt des Cotopaxi und liegen uns in den Armen. Wie bestellt klart es auf, die Sonne kommt hervor und die umliegenden Berge Ecuadors werden frei. Uns steht das Glücksgefühl in den Augen geschrieben.

Während des Abstiegs wird das Wetter immer besser. Die starke Strahlungshitze der Äquatorsonne läßt den Neuschnee rasch naß werden, so daß wir teilweise grundlos einsinken. Die Spaltenzone verlangt noch einmal größte Vorsicht, sorgsam sichern wir uns in diesem Bereich. Danach stehen uns nur noch harmlose Hänge bevor.

CHIMBORAZO, 6268 m

Indiofrau vom Stamme der Otavalo.

Der Berg bildet ein wuchtiges Massiv mit insgesamt fünf selbständigen Gipfeln. Nach neuesten Messungen ist er nur noch 6268 m hoch, dennoch bleibt er der höchste Berg Ecuadors. Ähnlich wie sein genau 100 Kilometer entfernter Kontrahent, der **Cotopaxi,** wird er sehr häufig

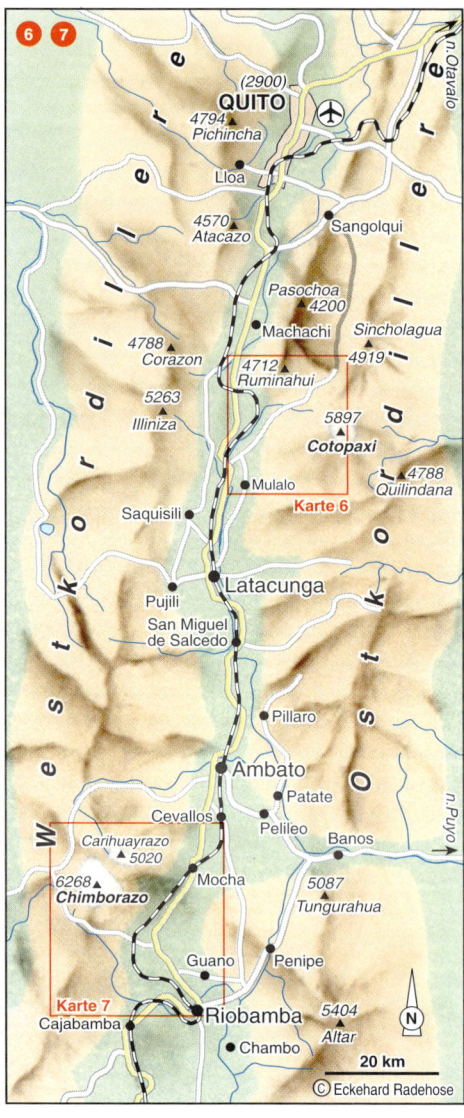

Noch zu Beginn des 19. Jahrhunderts hielt man den **Chimborazo** für den höchsten Berg der Welt. Kein geringerer als Alexander von Humboldt startete bereits im Jahre 1802 den Versuch, den Gipfel von Westen her zu besteigen. Er kam damals bis auf eine Höhe von fast 5900 Metern – für die damalige Zeit eine herausragende Leistung. Edward Whymper gelang es schließlich am 4. Januar 1880, zusammen mit seinen beiden Führern Jean-Antoine und Louis Carrel erstmals zum Gipfel vorzustoßen.

Was nun den fragwürdigen Status des höchsten Berges der Welt angeht, so erklärt sich diese augenscheinliche Diskrepanz im Vergleich zu den Himalaya-Riesen relativ einfach: Bedingt durch die Tatsache, daß die Erde in der Realität keine Kugel, sondern ein Ellipsoid ist, befindet sich der Gipfel des Chimborazo vom Erdmittelpunkt um genau 2056 Meter weiter entfernt als der Mount Everest.

Die Westseite des doppelgipfeligen Chimborazo: links der Cumbre Veintimilla, rechts der höhere Cumbre Whymper.

bestiegen. Es gibt eine Menge verschiedener Anstiegsrouten. Alle fordern den westalpin erfahrenen und bestens akklimatisierten Bergsteiger. Die frühere Normalroute von **Pogyos** ausgehend über das Kar **Nido de Condores** gilt als leichtester und ungefährlichster Aufstieg auf den Chimborazo. Trotzdem ist die **Whymper-Route**, die der Erstbesteiger damals für seinen Aufstieg wählte, heute die wohl meistbegangene. Die Gründe hierfür sind einfach zu erklären: Erstens führt eine gut ausgebaute Straße über acht Kilometer vom **Cruz del Arenal** bis etwa 4800 m hinauf ins

Valle de los Carrel, zweitens wurde 1979 etwa 200 Höhenmeter weiter oben die **Whymper-Hütte** eingeweiht, die nun einen idealen Stützpunkt darstellt.

Unterwegs auf Whympers Spuren

Wie schon so oft war der Morgen vollkommen klar. Doch jetzt, zur nachmittäglichen Stunde, sind die Berge wolkenverhangen und wieder einmal regnet es. Wir kommen vom Cotopaxi und über **Ambato** nähern wir uns unserem nächsten Ziel, dem Chimborazo. Immerhin – beina-

he 2200 Höhenmeter steigt die Straße von **Ambato** bis zum Endpunkt unterhalb der **Whymperhütte** an. Im Kriechgang müht sich der Bus aufwärts. Über die kleine Siedlung **Pogyos** kommen wir in den **Arenal,** eine fast wüstenartige Landschaft im Windschatten des Chimborazo. Wir fahren die letzten Kilometer hinauf zum Ausgangspunkt – 4810 Meter zeigt mein Höhenmesser an.

Im Nebel steigen wir die letzten 200 Meter hinauf zur komfortablen Hütte. Frühzeitig gehen wir schlafen, leider ist das Wetter noch immer zweifelhaft. Kurz vor Mitternacht blinkt ein phantastischer Sternen-

Aufblick von der Whymper-Hütte auf die Westseite des Chimborazo.

Chimborazo-Guide

Charakter: Anspruchsvolle Eistour in meist steilem Gletschergelände. Die Schwierigkeiten hängen sehr stark von den Firn- bzw. Eisverhältnissen ab. Sicheres Gehen mit Steigeisen im Steilgelände ist Voraussetzung. Mit 8 bis 10 Stunden dauert der Aufstieg relativ lang und bewegt sich dazu in einer Höhenlage zwischen 5000 und 6300 m. Nur wer auch mental stark ist, eine sehr gute Motivation und Kondition sowie eine gute Höhenanpassung mitbringt, kann auf einen Gipfelerfolg hoffen.

Allgemeines: Die Whymper-Route ist heute aufgrund der idealen Zufahrtsmöglichkeit und dem kurzen Anstieg zur Hütte in Mode gekommen. Trotzdem darf nicht vergessen werden, daß das riesige Massiv des Chimborazo mit einer großen Anzahl von interessanten Aufstiegsrouten aufwartet. So sind allein in dem sehr guten Führer von Marco Cruz sechs verschiedene Möglichkeiten beschrieben.

Anreise und Ausgangspunkt: Von Quito, der 2800 – 3000 m hochgelegenen Hauptstadt Ecuadors auf der Panamericana nach Süden bis Ambato, 128 km von Quito entfernt. Von hier über Huachi Chico nach Pogyos und weiter bis zum Cruz del Arenal. Hier zweigt die Piste ab, die weitere acht Kilometer hinaufführt bis zum Ausgangspunkt. Etwa 65 km ab Ambato.

Besteigungsdauer: 1 bis 2 Tage ab Ausgangspunkt.

Stützpunkt: Refugio Edward Whymper (5000 m). Die Hütte bietet 50 Personen Platz. Ferner sind Kochmöglichkeiten, sanitäre Anlagen, fließendes Wasser und elektrischer Strom vorhanden. Die Hütte ist vom Endpunkt der Straße in einer knappen Stunde erreichbar.

Beste Zeit: Das ganze Jahr über möglich. Dezember und Januar sowie Mai und Juni sind günstig.

Organisation: Die Unternehmung ist für den erfahrenen Bergsteiger individuell problemlos durchzuführen. Örtliche Trekking-Agenturen in Quito oder Riobamba und die zahlreichen Reiseveranstalter, die eine Besteigung des Chimborazo in ihrem Programm anbieten, helfen jedoch, organisatorische Schwierigkeiten auszuschalten.

Ausrüstung: Es genügt normale Westalpen-Ausrüstung. Besonders wichtig allerdings ist die Mitnahme einer guten und funktionstüchtigen Stirnlampe wegen des nächtlichen Aufstiegs. Für die Übernachtung in der Hütte empfiehlt sich ein Schlafsack sowie die Mitnahme von Gaskocher und genügend Proviant. Bei schlechten Verhältnissen (Blankeis) kann für größere Gruppen ein Fixseil hilfreich sein.

Besonderheiten: Unbedingt sehr früh aufbrechen – spätestens gegen 1.00 Uhr nachts. Es empfiehlt sich, bereits am Vortag den unteren Teil der Aufstiegsroute zu erkunden, da die Orientierung in der Dunkelheit schwierig sein kann.

Literatur und Karten:

Marco Cruz: »Die Schneeberge Ecuadors«, erschienen im Eigenverlag , Riobamba (Ecuador), 1983 (vergriffen).

E. Rachowiecki: »Climbing and Hiking in Ecuador«.

Topographische Karte 1: 50 000, Blatt »Chimborazo«, Nr. 3889-IV J 721, Edition 1-DMA.

Topographische Karte 1: 100 000, Blatt »Chimborazo«, herausgegeben vom Instituto Geografico Militar in Quito.

himmel über der Hütte, es ist kalt. Eine Stunde später verlassen wir das Haus, und vor uns liegen 1300 anstrengende Höhenmeter. Ich weiß aus Erfahrung, daß wir acht, neun oder gar zehn Stunden brauchen werden, ehe wir den Gipfel erreichen. Mit den Stirnlampen gehen wir durch das weite Kar des oberen Carrel-Tals flach in nördlicher Richtung aufwärts, bis das Gelände endlich steiler wird. Wir legen die Steigeisen an, bald danach das Seil. Die nächtliche Finsternis verhüllt die endlosen Gletscherhänge über uns. Die Steilheit ist beeindruckend – ohne ein einziges Flachstück geht's hinauf. Die Verhältnisse sind gut: Nahezu ideal greifen die Steigeisen im harten Firn. Im Osten wird es allmählich heller. Bald treffen uns die ersten wärmenden Sonnenstrahlen. Über einen letzten Steilhang erreichen wir nach mühsamen 8 Stunden den **Cumbre Veintimilla,** nicht den Haupt-, nur den Vorgipfel. Kurze Pause, erstmals klicken die Kameras. Drei Freunde sind bereits unterwegs zum Hauptgipfel, langsam folge ich ihnen, erst wenige Meter hinab in einen breiten Sattel. Dann führt die Spur im gleißenden Sonnenlicht durch glitzernden Neuschnee hinauf auf den höchsten Punkt

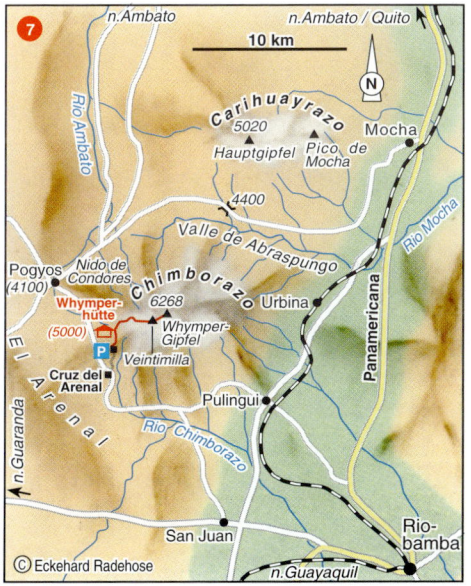

Während des Abstiegs wird es unerträglich heiß. Schon wenig später umgibt uns dichter Nebel.

des Chimborazo, den **Cumbre Whymper.** Das Wetter ist traumhaft: Weite Teile des Hochlandes liegen unter einer Wolkendecke verborgen, nur die höchsten Berge Ecuadors ragen aus dem Nebelmeer.

Während des Abstiegs wird es unerträglich heiß. Anfangs umspielen Wolkenfetzen den Berg, eine Stunde später hüllen uns schon dichte Nebelschwaden ein. Unten im Kar ist die Sicht so schlecht, daß wir nur durch mühsames Suchen zur Hütte zurückfinden.

ALPAMAYO, 5947 m

»La montana mas bella del mundo«, ein besonderes Prädikat unter all den Schönheiten dieser Erde. Diese makellose Pyramide aus Schnee und Eis gilt als der schönste Berg der Welt. Natürlich ein höchst subjektiver Eindruck, den aber erstaunlich viele Bergsteiger teilen: Bei versierten Alpinisten ist sein Gipfel begehrt wie kaum ein anderer.

Trotzdem dauerte es bis ins Jahr 1957, bis die ersten Bergsteiger diesen knapp 6000 m hohen Gipfel erreichen sollten. Nach mehreren Versuchen – 1948 von einer Schweizer Gruppe und 1951 von einer französisch-belgischen Mannschaft, die bis zum Nordgipfel vordrang, gelang 1957 einer deutschen Expedition unter Günter Hauser am Südgrat der große Wurf.

Die heute übliche **Ferrari-Route** durch die steile Südwestwand wurde erst 1975 von einer italienischen Gruppe unter der Leitung von C. Ferrari eröffnet. Die früher

Die Bergsteiger befinden sich genau gegenüber der gleichmäßigen Eispyramide des Alpamayo.

La montana mas bella del mundo – Farbenspiele in der Südwestwand.

begangenen Gratanstiege werden wegen ihrer enormen Gefährlichkeit aufgrund weit ausladender Wächten kaum mehr begangen.

Natürlich ist der **Alpamayo** äußerst fotogen. Doch nur, wer die Anmarschroute durch die **Quebrada de los Cedros** wählt, bekommt die faszinierende Pyramidenform des Alpamayo zu Gesicht. Mit ein wenig Zeit und Muße hat man die Möglichkeit, im Rahmen des An- und Rückmarsches eine phantastische Rundtour zu unternehmen. Allerdings muß vollständigkeitshalber erwähnt werden, daß die Route durch das Quebrada de los Cedros länger und auch bezüglich der Höhenproblematik

gefährlicher ist als der übliche Zugang durch das **Quebrada Santa Cruz**. Besonders bei etwaigen Krankheitsfällen ist der mühsame Rückmarsch mit größeren Gegenanstiegen ein nicht zu unterschätzendes Problem.

La montana mas bella del mundo

Wir sind am Ende der Schotterpiste oberhalb **Cholin** angelangt. Nach tagelanger Hockerei auf diversen Sesseln und Stühlen nun endlich der Beginn des Laufens. Dann unsere erste Zeltnacht; für die folgenden zwei Wochen werden diese dünnwandigen Behausungen unsere Zu-

fluchtsstätten sein. Steile Grashänge ziehen vor uns gen Himmel. Die **Laguna Culli-cocha** (4625 m) ist unser erstes Tagesziel. Als gegen Mitternacht die letzten Esel mit ihren Tragelasten ins Camp gezerrt werden, wissen wir endlich, daß uns ein Freilager ohne jegliche Ausrüstung unter dem kühlen, klaren Andenhimmel erspart bleibt.

Noch leicht gezeichnet von der nächtlichen Eselstour ziehen wir am nächsten Tag weiter. Über einen 4800 m hohen Paß – übrigens dem einzigen Zugang ins Quebrada de los Cedros – steigen wir hinab ins Tal. Wir tauchen ein in die Einsamkeit und

In der Gipfelwand des Alpamayo knapp unterhalb des Ausstiegs: Der Anstieg über die Ferrari-Route steilt bis 60 Grad auf.

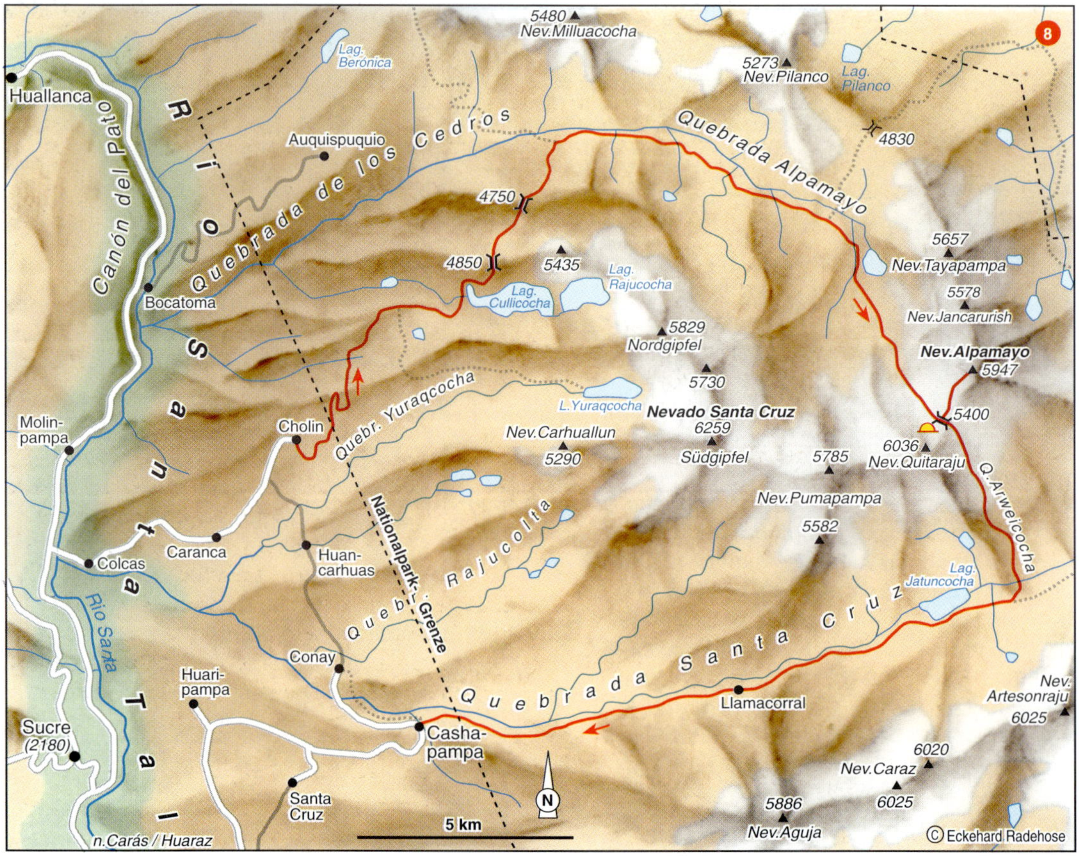

Stille der Andenwelt. Ein paar Indio-Familien leben in diesem herrlichen, abgeschiedenen und weltentrückten Tal – ob glücklich oder unglücklich, ich vermag es nicht zu beurteilen. Ganz sicher hat dieses Leben nichts mit der Romantik unseres Bergurlaubes zu tun. Es ist vielmehr die Realität eines harten Überlebenskampfes!

Spannung ist angesagt, als wir am nächsten Tag das Tal weiter hinaufziehen. Wir sehen zum ersten Mal den Alpamayo – jene phantastische Eispyramide, unser großes Ziel. Steil führen die Pfadspuren hinauf ins Ausgangslager. Selbst die geschickten Vierbeiner benötigen nun unsere, wenn auch bescheidene Schub- und Zugkraft.

Die nächsten Tage gehören der Vorbereitung und Organisation der Besteigung. Durch eine steile Schotter- und Felsrinne erreichen wir eine traumhaft schöne Aus-

Ein spannendes eisiges Durcheinander bietet der verzwickte Zustieg zum Alpamayo.

Traumberg Alpamayo – nur wer den beschwerlichen Zustieg durch das Quebrada de los Cedros auf sich nimmt, genießt diesen Anblick.

sichtswarte, einen Logenplatz der **Cordillera Blanca.** Noch liegt ein großes Fragezeichen zwischen uns und unserem Traumziel gegenüber: Ein arg zerrissener Gletscher, ein spannendes und eisiges Durcheinander. Doch wir finden einen Weg durch das Labyrinth und können unterhalb des Alpamayo unsere Zelte aufschlagen. Ganz nahe sind wir ihm nun schon auf den »Pelz« gerückt. Und er hat noch nie gebrummt. Vielleicht ein gutes Omen?

Zwei Tage später hat die gesamte Mannschaft ihre Gipfelfotos »im Kasten«! Unsere Spuren in der steilen SW-Wand sind als feine Linien im Firn erkennbar. Einige Schneeflocken, etwas Wind, und sie werden für immer verweht sein.

Auch den benachbarten **Quitaraju** können wir noch besteigen: Was für ein Geschenk! Seine makellose Eiswand hat mir ständig ins Zelt geleuchtet. Wir haben auch sie durchstiegen, im Auf- und Abstieg.

Dann müssen wir endgültig zurück ins Grüne. Wir schleppen unsere Ausrüstung hinauf zum Paßübergang. Bald verschwindet der Alpamayo hinter der Gratkante. Wir steigen hinunter in die langen Schatten des Alpamayo und Quitaraju. Später liegen wir im Gras neben klarem, frischem Wasser, träumen von den jungen Erinnerungen ...

Unsere Karawane zieht weiter das **Quebrada Arweicocha** hinaus. Noch ein letztes Mal campieren wir im wunderschönen Quebrada Santa Cruz. Wir haben eine tolle Runde hinter uns; nur langsam gewöhnen wir uns wieder an die hektische Betriebsamkeit der Stadt **Huaraz.**

Heinrich Gruber

Alpamayo-Guide

Charakter: Für viele Bergsteiger gilt der Alpamayo als schönster Berg der Welt. Phantastische Eistour auf einen vielgerühmten, ja weltbekannten Gipfel der Cordillera Blanca. Die hier vorgestellte Ferrari-Route durch die Südwestwand liegt in den Morgenstunden weitestgehend im Schatten. In den Anden entsprechen die Bedingungen einer Südwand denen einer Nordwand in unseren Breiten. Etwa 300 Meter Wandhöhe, im oberen Teil bis 60 Grad steil, die große Höhe von fast 6000 m, dazu die schattige Aufstiegsroute verlangen sehr erfahrene Eisgeher, die im Steileis sicher unterwegs sind.

Allgemeines: Die Anmarschrouten durch das Quebrada de los Cedros und das Quebrada Santa Cruz treffen unterhalb der steilen Gipfelwand (Südwestwand) zusammen.

Anreise: Von Lima (internationaler Flughafen) mit dem Bus etwa 400 km nach Huaraz, dem Hauptort des Rio-Santa-Tales und bergsteigerischem Zentrum der Cordillera Blanca. Nachtfahrt empfehlenswert, Fahrzeit etwa 8 bis 9 Stunden.

Ausgangspunkt: Für die Route durch das Quebrada Santa Cruz ist Cashapampa (etwa 2900 m) der Ausgangspunkt. Von Huaraz durch das Rio-Santa-Tal bis Caraz, dort Abzweigung nach Cashapampa. Von Huaraz etwa 4 Stunden. In Cashapampa können Tragetiere angemietet werden. In drei Tagesmärschen erreicht man das Hochlager unter der Südwestwand. Von Cashapampa etwa 50 km. Für die Route durch das Quebrada de los Cedros fährt man durch das Rio-Santa-Tal weiter bis Colcas. Dort abzweigen und steil hinauf nach Cholin. Von hier weiter aufwärts bis zum Ende der Schotterstraße. Hier erster Lagerplatz. Diesen Platz könnte man auf einer Trekkingroute auch von Cashapampa aus erreichen.

Besteigungsdauer: Von den jeweiligen Ausgangspunkten etwa ein bis zwei Wochen je nach gewählter Route. Für die Gipfeletappe (Hochlager – Gipfel und zurück) ist mit etwa 8 Stunden Zeitaufwand zu rechnen, günstige Bedingungen vorausgesetzt.

Stützpunkte: Keine festen Stützpunkte am Berg und beim Anmarsch. Daher Expeditionscharakter mit entsprechender Ausrüstung. Das Hochlager entsteht meist auf etwa 5400 m in dem Sattel zwischen Alpamayo und Quitaraju.

Beste Zeit: Mai bis Juli.

Organisation: Keine besonderen Formalitäten erforderlich. In Huaraz gibt es mehrere Trekking-Agenturen. Außerdem wird der Berg mittlerweile von diversen Reiseveranstaltern als geführte Unternehmung angeboten.

Ausrüstung: Beste Westalpen-Ausrüstung, dazu gute Eisausrüstung. Zwei Eisgeräte, 2 Steigklemmen (Eiskletterei bis 60 Grad). Gute Standplatzsicherungen über Firnanker oder Aluminium-Rohre mit 50 cm Länge notwendig. Für organisierte Gruppe eventuell Fixseile. Zelte mit entsprechendem Zubehör sowie Kochausrüstung sind obligatorisch.

Besonderheiten: Beim Anmarsch über das Quebrada de los Cedros sollte der Eseltransport für den Abstieg durch's Quebrada Santa Cruz zuvor organisiert werden.

Literatur und Karten:

John Ricker: »Yuraq Janka – The classic climbing Guide to the Cordilleras Blanca and Rosko«.

Ph. Baud: »Les cordilleras du peru« (dreisprachig: englisch, französisch, spanisch).

Oskar E. Busch: »Peru – Trekkingführer«, Bergverlag Rother, München.

Herbert Ziegenhardt: »Cordillera Blanca«, Expeditions-report im Eigenverlag.

Übersichtskarte etwa 1: 220 000 »Cordilleras Blanca & Huayhuash«, Informacion Turistica kuntur S.R.L.

Alpenvereinskarte 1: 100 000, Blatt 0/3a »Cordillera Blanca – Nord«.

HUANDOY NORTE, 6395 m

Die Huandoy-Gruppe mit ihren vier Gipfeln ist das beherrschende Bergmassiv zwischen den bekannten Lagunen von **Llanganuco** und **Paron**. Der Hauptgipfel des Massivs, der **Huandoy Norte**, ragt als dritthöchster Berg der **Cordillera Blanca** in den Andenhimmel und bietet neben dem **Huascaran** eines der begehrtesten, aber nicht unbedingt am häufigsten bestiegenen Bergziele.

»Listo, son los quatros Huandoyes – Huandoy es el Rey de Cordillera Blanca.« Andächtig sprach unser Freund Humberto diese Worte beim Anblick dieses imposanten Bergmassivs: »Der viergipfelige Huandoy ist der König der Cordillera Blanca.« Humberto lebt in **Huaraz**, dem Chamonix von Peru. »Wenn mein Vater im Gebirge

Geschafft: Die Gruppe hat den Gipfel des Huandoy Norte erreicht.

Cashapampa in der nördlichen Cordillera Blanca: Während der Papa als vielbeschäftigter Arriero ins Alpamayo-Basislager oder im Quebrada Santa Cruz unterwegs ist, versorgt das kleine Mädchen die Tragetiere.

unterwegs sein kann, dann ist er glücklich«, erklärt mir später Humbertos Sohn Maximo.

Der Huandoy ist kein leichter Sechstausender: Steile Felswände stürzen nach Süden zur türkisfarbenen Laguna Llanganuco ab. Extreme Felskletterer waren hier aktiv. Die Franzosen unter Rene Desmaison hatten damals Erfolg in der Südwand. Der Ausstieg am Gipfelgrat wurde in phantastischen Aufnahmen dokumentiert.

»Spaziergang« zum Gipfel

Auch uns ergeht es ähnlich als wir am schmalen Gipfelgrat des Huandoy Norte stehen. Überwältigend wirkt das Panorama und immer wieder suchen unsere Augen den **Alpamayo**, unser nächstes Ziel. Auch der höchste Berg Perus, der Huascaran, den wir vor einigen Jahren ersteigen konnten, bietet eine besonders eindrucksvolle Kulisse.

Stunden zuvor: Immer wieder den Kopf in den Nacken legend sind wir angespannt

durch den engen, stark eisschlaggefähr-
deten Eisschlauch nach oben gehastet. Da
die Sicherungsmöglichkeiten meist illusorisch waren, und der Sicherheitsfaktor der
Eisschrauben eher moralischer Art war,
hätte ein Sturz verhängnisvoll enden können. Angst wäre hier fehl am Platze
gewesen, die Realität zwang zur ständigen
Konzentration und zum eiligen Aufstieg.
Die Standplätze dienten eher als Rastpunk-
te, die aber zum Verschnaufen dringend
notwendig waren.

Auf dem oberen Plateau zwischen den
vier Huandoy-Gipfeln fanden wir einen
idealen Platz für unsere Hochlagerzelte.
Nach der nervlichen Anspannung fühlten
wir uns hier oben wie in einem weißen
Paradies. 5900 m zeigte unser Höhenmesser, jetzt schien es nur noch ein Spaziergang zum Gipfel zu sein. Bald stellten sich

der richtige Atem- und passende Gehrhyth-
mus ein. Volle drei Stunden nahm uns
schließlich der geplante »Spaziergang« in
Anspruch, ehe wir das einsame Gipfel-
glück auf diesem grandiosen Berg genießen konnten.

Doch damit nicht genug, denn auch der
mittägliche Abstieg bedeutete noch ein
ordentliches Stück Arbeit: Unter der glü-
henden Äquatorsonne kostete er uns so
manchen Schweißtropfen. Inzwischen war
auch der Schnee tief aufgeweicht, und der
Rucksack schien von Stunde zu Stunde
schwerer zu werden.

Gipfel wie der Huandoy sind kaum ohne
Biwakausrüstung zu besteigen; daher muß
übermäßig viel Material mitgeschleppt
werden. Längst haben wir alle Flaschen
leergetrunken, der Hals ist wie ausgetrock-
net.

Huandoy-Guide

Charakter: Anspruchsvolle Bergfahrt im Expeditionsstil auf einen eindrucksvollen Gipfel der Cordillera Blanca. Die Weiße Kordillere, eines der kontrastreichsten tropischen Hochgebirge der Erde, bietet Raum für bergsteigerische Aktivitäten aller Leistungsstufen. Der Huandoy Norte ist der höchste Punkt des viergipfeligen Massivs. Sein Normalanstieg stellt geringere technische Anforderungen als die drei Nebengipfel, kann aber keineswegs als leicht eingestuft werden. Er führt im unteren Teil durch eine stark dem Eis- und Steinschlag ausgesetzte Wandstufe. Danach geht es problemlos zum Gipfel.

Anreise: Siehe Alpamayo (Seite 82).

Ausgangspunkt: Von Huaraz mit Allrad-Fahrzeug durch das Rio-Santa-Tal etwa 60 km talabwärts bis Yungay. Von hier auf einer dürftigen Schotterstraße zum Eingang des Parque Nacional Huascaran (Eintritt 3.-$) und weiter an den Lagunen Chinancocha und Orconcocha (3860 m) vorbei bis zum Ende des Llanganuco-Tales. Nach der ersten Kehre abwärts in Richtung Pisco-Lager, welches nach etwa drei Stunden erreicht wird. Hier Basislager in 4500 m Höhe.

Besteigungsdauer: Zwei bis vier Tage, je nach Wetter und Akklimatisationszustand der Bergsteiger.

Stützpunkte: Hochlagerzelte im Pisco-Lager. Während der Besteigung sollte man vom System des verschiebbaren Hochlagers Gebrauch machen. Es empfiehlt sich ein Zwischenlager bei etwa 5300 m und ein Hochlager bei etwa 6000 m einzurichten. Von dort dauert der Gipfelaufstieg über weite Firnhänge etwa drei Stunden.

Ausrüstung: Expeditionsausrüstung erforderlich und komplette Eisausrüstung (den andinen Verhältnissen angepaßt auch mit Firnanker), Steinschlaghelm, Hochlagerzelte mit Zubehör, Expeditionsbergschuhe, Seesäcke für den Materialtransport auf Tragetieren. Verpflegung läßt sich im Lande organisieren, Hochlagerverpflegung sollte aus Europa mitgebracht werden.

Besonderheiten: Der Normalweg führt im unteren Bereich durch eine stark eis- und steinschlaggefährdete Wandzone. Für diese Passage unbedingt die kalten Morgenstunden nützen, nachmittags sollte man hier aus Sicherheitsgründen alle Aktivitäten einstellen und gegebenenfalls ein Biwak beziehen.

Literatur und Karten:

Ph. Baud: »Les cordilleras du peru« (dreisprachig: englisch, französisch, spanisch).

Oskar E. Busch: »Peru – Trekkingführer«, Bergverlag Rother, München.

Herbert Ziegenhardt: »Cordillera Blanca«, Expeditions-Report im Eigenverlag.

Übersichtskarte etwa 1: 220 000 »Cordilleras Blanca & Huayhuash«, Informacion Turistica kuntur S.R.L.

Alpenvereinskarte 1: 100 000, Blatt 0/3a »Cordillera Blanca – Nord«.

Carta Nacional 1: 100 000, Blatt Carhuaz, Hoja 19-h, IGM, Lima, Peru 1973.

Das Huandoy-Massiv beim Abstieg vom Chopicalqui.

Die Zeit drängte, wurden die Eisverhältnisse mit der zunehmenden Tageserwärmung doch immer instabiler. Die Seracs knackten und krachten, der Normalweg war mit Eistrümmern von der Größe eines Kühlschranks gesäumt – mit einer gesunden Portion Gottvertrauen und der nötigen Eile würde der Abstieg hoffentlich gelingen.

Letztendlich kamen alle wieder gesund und glücklich im Basislager an. Eine Lehre allerdings hatten wir erhalten: Eine weitere Nacht im Hochlager hätte den Abstieg durch die untere Wandzone sehr viel sicherer gestaltet, als unser überstürztes Manöver.

Herbert Ziegenhardt

CHOPICALQUI, 6354 m

Einige wenige Bergsteiger bezeichnen den **Chopicalqui** auch als Ostgipfel des **Huascaran**. Dies trifft ganz sicher nicht zu, denn der Berg ist ein hoher, selbständiger und dazu prachtvoller Sechstausender der Extraklasse.

Er bietet dem Alpinisten sehr markante Anstiege über vier ausgeprägte Grate. Dabei gilt der Westgrat als Normalroute auf den Chopicalqui. Dieser elegant geschwungene Eisgrat drängt sich als Akklimatisationstour für den Huascaran geradezu auf. Darüber hinaus bietet sich dieser

Anstieg für all jene, denen der Huascaran zu anstrengend erscheint, als ideale Alternative an. In jedem Falle wird der Westgrat auf den Chopicalqui gut trainierten Bergsteigern viel Freude bereiten.

In Folge der tropischen Sonneneinstrahlung können die Schneeverhältnisse am Grat und in den angrenzenden Flanken allerdings sehr unterschiedlich sein. Führt die Aufstiegsroute anfangs durch die schattige Südseite, so hält sie sich – zumindest im oberen Bereich – direkt an die sonnige Nordseite des Grates.

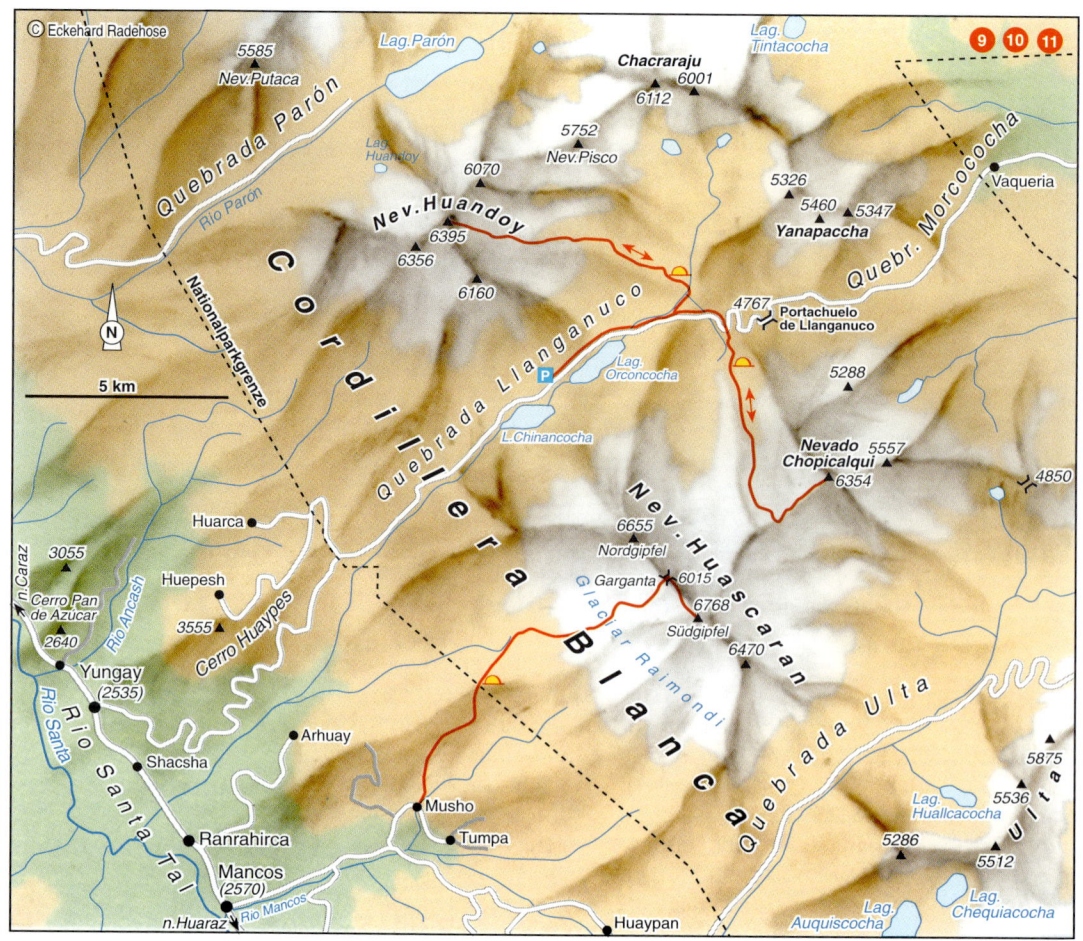

Aus dem Eisbruch des Nevado Ulta blicken wir auf unser Traumziel, den Chopicalqui; die geplante Aufstiegsroute über den Westgrat streicht nach links ab.

Genußklettern pur

Es ist früh am Morgen, die Nacht war sehr kalt. Die Gipfelgrate des Huascaran liegen bereits in der Sonne, als wir in 5600 m Höhe aus dem kleinen Biwakzelt kriechen. Aus Gewichtsgründen hatten wir keine Schlafsäcke mitgenommen – nicht gerade eine taktische Meisterleistung, wie uns heute nacht zähneklappernd bewußt wurde. Gestern mittag raubte uns der von

Osten einfallende Nebel jegliche Sicht. Deshalb mußten wir im Biwak bessere Verhältnisse abwarten.

Schnell stopfen wir das Nötigste in den Rucksack und brechen auf. Anfangs gehen wir seilfrei, immer südlich des Grates in der weiten Flanke. Erst als eine breite Querspalte den Weiterweg versperrt, seilen wir uns an und weichen nach rechts zu einer Schneebrücke aus. Jenseits nimmt die Neigung auf etwa 50 Grad zu – zwei

Seillängen im kalten Pulverschnee bringen uns direkt auf den Grat. Endlich stehen wir in der wärmenden Sonne. Über die Nordseite geht es weiter hinauf. Oben zwingen uns die Wächten erneut in die flachere Südseite. Aufschwung um Aufschwung klettern wir höher – der Grat bietet höchsten Genuß, er ist abwechslungsreich und landschaftlich grandios. Dann der Gipfel: Er liegt etwa 100 m weiter nördlich und besteht aus einer einzigen Riesenwächte.

Wir sind allein, genießen die Aussicht und die Ruhe. Unübertroffen beeindrukkend ist der Blick auf die etwa sieben Kilometer breite Ostwand des höchsten Berges von Peru, des alles überragenden Huascaran. Außerdem gefällt uns noch der viergipfelige **Huandoy**, den wir sicher bald einmal besuchen werden. So sind die Ziele für uns Bergsteiger nahezu unerschöpflich, ganz besonders hier in der phantastischen **Cordillera Blanca.**

Oben: Auf den letzten Metern zum Gipfel des Chopicalqui.
Rechts: Fast verloren wirken die beiden Bergsteiger am gigantischen Südgrat des Huascaran.

Herbert Ziegenhardt

Chopicalqui-Guide

Charakter: Beliebte Bergfahrt auf einen markanten und obendrein einen der höchsten Gipfel der Cordillera Blanca. Der Berg ist über die Straße von Yungay durch das Llanganuco-Tal und weiter über den Paß nach Colcabamba leicht zugänglich.
Allgemeines: Die Route über den Westgrat gehört zu den lohnendsten Anstiegen in der Cordillera Blanca.
Anreise: Siehe Alpamayo (Seite 82).
Ausgangspunkt: Von Huaraz durch das Rio-Santa-Tal etwa 60 km talabwärts bis Yungay (2480 m). Ab hier mit dem Allrad-Fahrzeug in das Llanganuco-Tal und in einigen Kehren auf der Paßstraße zur Portachuelo Llanganuco. Wenig später zweigt man in das Quebrada Yurac Urau ab, wo das Basislager auf etwa 4300 m errichtet wird.
Besteigungsdauer: Zwei bis vier Tage, je nach Wetter und Akklimatisationszustand der Bergsteiger.
Stützpunkte: Basislager auf etwa 4300 m im Quebrada Yurac Urau. Hochlager auf etwa 5000 m unter einer Felswand oder weiter oben auf dem Gletscher in Richtung Grataufschwung bei etwa 5600 m.
Beste Zeit: Etwa Ende Juni bis Mitte August.

Organisation: Problemlos von Huaraz aus zu organisieren. Dort bieten zahlreiche Trekkingunternehmen ihre Dienste an. Wer Kosten sparen möchte, kann die Besteigung natürlich auch auf eigene Faust durchführen. Dazu sind allerdings Spanischkenntnisse Grundvoraussetzung.
Ausrüstung: Eisausrüstung, Hochlagerzelt mit entsprechender Ausrüstung (Matte, Schlafsack, Kocher).
Besonderheiten: Früher Aufbruch zum Gipfel ist unbedingt notwendig, denn ab den Mittagsstunden wird der Schnee sehr weich.
Literatur und Karten:
Ph. Baud: »Les cordilleras du peru« (dreisprachig: englisch, französisch, spanisch).
Oskar E. Busch: »Peru – Trekkingführer«, Bergverlag Rother, München.
Herbert Ziegenhardt: »Cordillera Blanca«, Expeditions-Report im Eigenverlag.
Übersichtskarte etwa 1: 220 000 »Cordilleras Blanca & Huayhuash«, Informacion Turistica kuntur S.R.L.
Alpenvereinskarte 1: 100 000, Blatt 0/3a »Cordillera Blanca – Nord«.
Carta Nacional 1: 100 000, Blatt Carhuaz, Hoja 19-h, IGM, Lima, Peru 1973.

HUASCARAN, 6768 m

Das wuchtige Bergmassiv des doppelgip-feligen **Huascaran** überragt das **Rio-Santa-Tal** um fast 4500 m. Natürlich ist dieser höchste Berg Perus ein überaus begehrtes und auch interessantes Ziel für die Bergsteiger aus aller Welt.

Beinahe unvorstellbar ist die Tragödie, die sich am 31. Mai 1970 am Fuß des Eisriesen abspielte: Infolge eines schweren Erdbebens, das in der gesamten Region viele Menschenopfer forderte und dazu schwere Schäden anrichtete, lösten sich am Nordgipfel des Huascaran riesige Mengen an Eis- und Felsmassen. Mit unglaublicher Wucht und rasender Geschwindigkeit donnerte die Lawine über die darunterliegenden Berghänge, überwand dabei selbst größere Gegensteigungen und löschte schließlich die Stadt **Yungay** aus. Allein 20 000 Einwohner fanden hier den Tod. Für immer verschollen blieben auch die 15 Teilnehmer einer tschechischen Expedition, die zur selben Zeit unterhalb des Huascaran lagerten.

Das wuchtige Bergmassiv des doppelgipfeligen Huascaran überragt das Rio-Santa-Tal um fast 4500 Meter.

Durch nationale wie auch internationale Initiativen wurde Yungay an einem sicheren Ort in unmittelbarer Nähe der verschütteten alten Ortschaft wieder neu aufgebaut.

Doch blättern wir weiter zurück in der Geschichte des Berges: Mehrere Versuche waren nötig, ehe 1932 der Hauptgipfel bestiegen werden konnte. In der Folge war eine ganze Reihe sehr namhafter Alpinisten an den Wänden und Graten des Huascaran tätig.

Der Berg weist schwierige, teilweise sogar sehr anspruchsvolle Routen auf. Dabei stellt besonders die Überschreitung des Hauptgipfels eine wunderbare Unternehmung dar: Aufstieg über den Südostgrat, anschließend eine dreieinhalb Kilometer lange Grattraversierung über P. 6410 zum Hauptgipfel (Südgipfel) und Abstieg über die **Garganta**, den 6010 m hohen Sattel zwischen Nord- und Südgipfel, auf dem Normalweg.

Beim Abstieg in die Garganta beflügelt uns der Gedanke ans Grüne.

Beim Aufstieg in die Garganta sind oberhalb von Lager I tückische Spaltenzonen zu überwinden.

Der Anstieg von **Musho** über die Westseite in die Garganta ist die heutige Normalroute. Die Routenführung durch den zerklüfteten Gletscher ist extremen Veränderungen unterworfen; in manchen Jahren ist diese Passage nur äußerst mühsam zu bewältigen. Trotzdem wird dieser Normalweg auf den höchsten Berg Perus häufig unterschätzt, und sehr oft ereignen sich tödliche Unfälle.

Bleibt noch die riesige Gipfelkuppe zu erwähnen. Eine ganze Kompanie Soldaten könnte dort Aufstellung nehmen. Und es stimmt in der Tat ...

Am Ziel der Wünsche

... Endlose Weite umgibt mich, als ich auf dem höchsten Punkt des Huascaran ankomme, ein riesiger weiter Raum, gefüllt mit glasklarer, eisiger Luft. Mein Partner hat wenige Minuten vor mir den Gipfel erreicht. Endlich sind wir hier am höchsten Punkt unseres Wünschens und Träumens. Wir haben phantastisches Wetter und kalte

Zehen! Vereiste Bärte zieren unsere Gesichter.

Ach ja – die Dias! Die Kamera! Ein paar Erinnerungen brauche ich schon – nur ein paar Bilder! Vom sitzenden und rastenden »Gipfelstürmer« richte ich mich wieder auf zum Zweibeiner und beginne zunächst meinen Partner auf Zelluloid zu bannen, von allen Seiten und mit ständig wechselndem Hintergrund. Hundert und mehr Gipfel bilden die Kulisse, hundert neue Möglichkeiten, Ideen und Wünsche! Dort – der **Alpamayo** und der **Quitaraju**: Zwei weiße Träume, zwei frische Erinnerungen!

Blühende Kakteen: Motivation auf unserem überstürzten Abstieg.

Huascaran-Guide

Charakter: Anspruchsvolle Bergfahrt im Expeditionsstil auf einen der höchsten Gipfel der westlichen Hemisphäre. Topkondition und Akklimatisation sind absolute Grundvoraussetzungen für ein gutes Gelingen. Im Gletscherbereich können kurze Passagen bis zu 50 Grad steil sein. Starke Temperaturunterschiede zwischen Tag (mittags sehr heiß) und Nacht (-25 Grad und kälter).

Allgemeines: Die hier vorgestellte Normalroute über die Garganta bietet zwar keine großen alpinistischen Schwierigkeiten, dennoch sollte sie auf keinen Fall unterschätzt werden! Vor allem der Abschnitt zwischen dem üblichen Hochlager I und Hochlager II ist aufgrund der Eisverhältnisse des Gletschers großen objektiven Gefahren ausgesetzt. Die Eis- bzw. Spaltenverhältnisse ändern sich fortwährend, so daß die allgemeinen Schwierigkeiten im vorhinein nur sehr schwer zu abzuschätzen sind. Diese Passage sollte deshalb möglichst in kürzester Zeit und dazu in den frühen Vormittagsstunden überwunden werden. Das Gipfelplateau ist sehr groß und die letzten Hänge zum Gipfel sind sehr mühsam.

Anreise: Siehe Alpamayo (Seite 82).

Ausgangspunkt: Von Huaraz durch das Santatal bis zur Ortschaft Mancos. Von dort auf einer einfachen Piste bis Musho (3020 m) am Fuße des Huascaran. In Musho muß in einem Büro der Naturpark-Verwaltung die Besteigung des Huascaran angemeldet werden. Die Rückmeldung nach der Rückkehr vom Berg ist ebenso notwendig. Hier können auch Trageriere und Treiber für den Materialtransport zum Basislager (4 – 5 Std.) angemietet werden.

Besteigungsdauer: Nach erfolgter Akklimatisation sollte eine Woche für die Besteigung veranschlagt werden.

Stützpunkte: Die gesamte Aufstiegsroute muß im Expeditionsstil bewältigt werden. Üblicherweise entsteht auf etwa 4250 m das Basislager. Etwa 4 – 5 Stunden oberhalb des Basecamps wird auf etwa 5080 m, alternativ auf etwa 5350 m das Hochlager I errichtet. Hochlager II (etwa 5850 m) liegt kurz unterhalb der Garganta, des markanten Sattels zwischen Nord- und Südgipfel. Manchmal werden auch drei Hochlager errichtet.

Beste Zeit: Mai bis Juli, auch der August bietet noch brauchbare Verhältnisse.

Organisation: Für die Besteigung sind außer der Anmeldung in der Naturpark-Verwaltung keine weiteren Formalitäten erforderlich. In Huaraz organisieren mehrere Trekking-Agenturen die Besteigung des Huascaran. Der Berg wird auch regelmäßig von verschiedenen Reiseveranstaltern angeboten.

Ausrüstung: Gute Expeditionsausrüstung ist erforderlich, dazu selbstverständlich eine perfekte persönliche Ausrüstung, die anspruchsvollen Westalpentouren gerecht würde. Mit Nachttemperaturen von -25 Grad C muß gerechnet werden. Eventuell sind Markierungsfähnchen zu empfehlen.

Besonderheiten: Die umgebenden Gipfel wie beispielsweise der Chopicalqui eignen sich besonders gut für die Akklimatisation. In Musho ist eine Anmeldung beim Büro des Naturparks »Huascaran« vorzunehmen. Die anzugebenden Personalien dienen auch den örtlichen Behörden, um bei eventuellen Unfällen bzw. beim Ausbleiben von Andinisten Hilfe leisten zu können.

Literatur und Karten: Siehe Alpamayo (Seite 82).

Nach unserer Rückkehr ins Rio-Santa-Tal erstrahlt der Westgipfel des Huandoy im Abendlicht.

Allmählich wird es uns zu kalt und wir beginnen abzusteigen. Hinunter in wärmere Regionen, vielleicht bis ins Grüne? In einem Zug? Diese Idee beflügelt uns. Im Nu ist alle Müdigkeit vergessen. Schnell packen wir in der Garganta, der markanten Einsattelung zwischen **Pico Norte** und **Pico Sur** unsere Ausrüstung und steigen weiter ab. Unterhalb der Garganta eilen wir durch die Bruchzonen, weil eben diese Passage bis zum nächsten Lagerplatz großen objektiven Gefahren ausgesetzt ist. Und auch deshalb, weil wir uns auf's Gras freuen, auf ein bißchen Wärme, auf frisches Wasser. Erst weit unten bei den letzten Schneefeldern seilen wir uns aus und rasten auf unseren Rucksäcken. Dann folgen noch endlose Gletscherschliffe, unser Ballast drückt und schiebt uns talwärts.

Zwei Tage später wandern wir hinunter ins Tal. Es ist noch früher Morgen. Die Sonne lugt gerade über den Huascaran, schickt die ersten Strahlen auf den Weg vor mir. Ein buntes Gemisch von Gefühlen durchströmt meinen Kopf und meinen Körper: Freude, Wehmut, Dankbarkeit ..., eben ein buntes Durcheinander.

Musho – die ersten Vorboten unserer oft recht lauten Zivilisation knattern und rauchen mir entgegen. Doch wären die Wochen in Peru ohne unsere Zivilisation möglich gewesen?

Heinrich Gruber

TOCLLARAJU, 6034 m

Von den Sechstausendern der **Cordillera Blanca** bieten wenige Gipfel besonders einfache Zustiege. Der **Tocllaraju**, im südöstlichen Teil des Gebirges gelegen, ist nur wenige Kilometer von **Huaraz** entfernt. Eine gemütliche Wanderung führt in zwei Tagen durch ein wunderschönes Tal zum Basislager. Von hier ist der Gipfel in weiteren zwei Tagen zu erreichen. Die weiträumige, dazu stark vergletscherte Südflanke erfordert unbedingt Erfahrungen im Begehen von Gletschern sowie Gespür für die richtige Routenfindung. Der Gipfelaufbau ist sehr steil, und auf den letzten 100 Metern bedarf es moderner Eistechnik, da die Gipfelwand einige senkrechte Kletterstellen aufweist.

Die charakteristischen vier Jahreszeiten – für uns Mitteleuropäer Normalität – existieren in diesem Teil Südamerikas nicht. Während der Monate Mai bis September herrscht in Peru Winter. Dies ist aber die Trockenzeit – die beste Zeit also für Bergtouren. An der Küste ist es zwar meist kühl und nebelig, aber das Bergland weist besonders schöne und klare Tage auf. Zwischen den ausgesprochen kalten Nächten und der Hitze des Tages – verursacht durch die starke Sonneneinstrahlung – existieren starke Temperaturschwankungen.

Huaraz (3050 m) ist Treffpunkt für Bergsteiger aus aller Welt. Wir fahren das **Rio-Santa-Tal** hinunter bis **Paltay** (2900 m). Mit dem Geländewagen geht es anschließend hinauf zur **Hacienda Collón** auf 3350 Meter.

Wenn die Seesäcke und Proviantkisten auf die störrischen Esel und Maultiere geladen werden, spielt sich dort ein immer wieder interessantes und unterhaltsames Schauspiel ab. Vorbei an einigen Indiogehöften zieht unsere Karawane hinein in das **Quebrada Ishinca**. Über den roten Blüten der Misteln auf den Quenuabäumen ragen zu beiden Seiten des Tales steile und

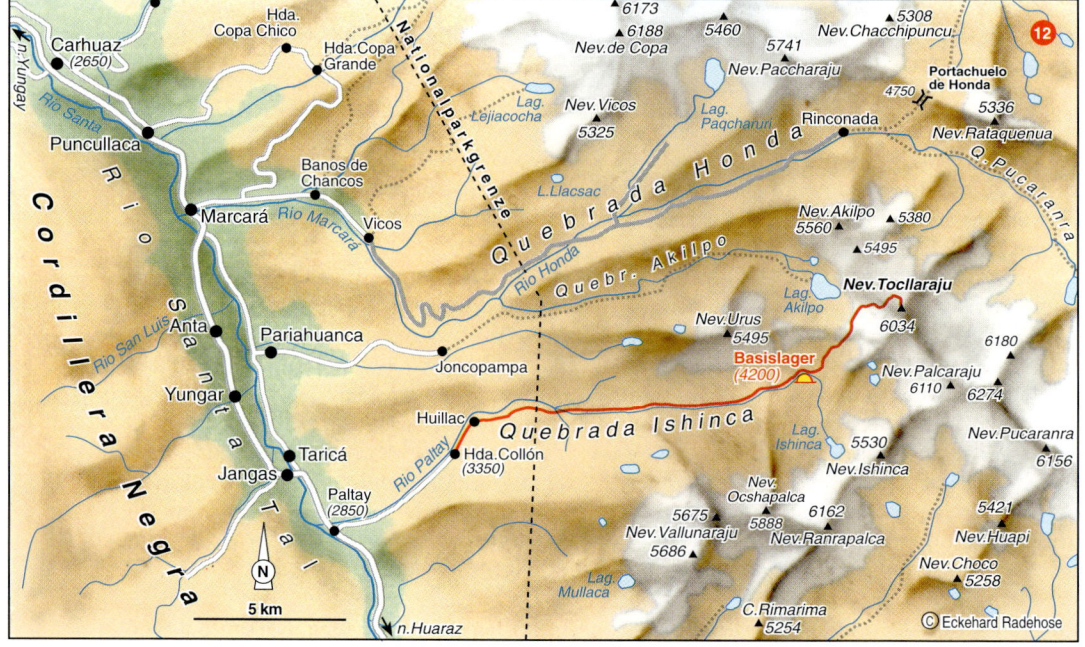

Unmittelbar vor den gewaltigen Stirnmoränen des Tocllaraju- und Palcaraju-Gletschers errichten wir das Basislager auf 4300 m. Im Nordosten ist unverkennbar der beeindruckende Nevado Tocllaraju zu sehen.

abweisende Granitwände empor. Mit zunehmender Höhe wird zu unserem Erstaunen die Vegetation immer intensiver. Bis wir schließlich in einer Höhe von 4000 Metern die Weideregion erreichen, sind wir etwa vier Stunden unterwegs. Zwischen großen Felsblöcken werden die Zelte aufgestellt. Unmittelbar vor den mächtigen Moränenrücken im Talschluß, über denen sich die abweisenden Eiswände von Tocllaraju und **Palcaraju** erheben, wird am nächsten Tag auf 4300 m das Basislager errichtet. Aus Gründen der Höhenanpassung wandern wir noch am selben Tag hinauf zur weithin sichtbaren Moräne im Talschluß. Hier liegt eingebettet auf etwa 4650 m ein Gletschersee. Die

Aussicht von hier auf die majestätischen Fünf- und Sechstausender und auf die zahlreichen Gletscherseen ist grandios. Bizarrer Büßerschnee und grell schimmernde Hängegletscher kleben drohend an den Felswänden. Doch unsere Blicke werden immer wieder von unserem Hauptziel, dem gewaltigen Tocllaraju, angezogen.

Unser Organismus hat sich noch nicht ausreichend auf die ungewohnte Höhenlage eingestellt. Wie immer ist die Phase der Höhenanpassung besonders mühevoll. Zuerst besteigen wir den 5495 Meter hohen **Nevado Urus,** am folgenden Tag den **Nevado Ishinca** (5530 m), der dem Urus gegenüberliegt. Die letzten 60 Meter zum

Gipfel erfordern gute Sicherungsarbeit mit Firnankern bzw. Eisschrauben. Weit reicht der Blick von seinem Gipfel über die Berge der Weißen Kordillere; im Nordwesten ist sogar der mächtige **Huascaran** auszumachen.

Bislang hat sich das Wetter von seiner besten Seite gezeigt. In der Mittagszeit des nächsten Tages steigt unsere Gruppe mit schweren Rucksäcken hinauf in Richtung Tocllaraju. Neben der üblichen Bergausrüstung haben wir heute auch Zelte, Liegematten, Schlafsäcke und Küchenausrüstung dabei. Westlich des Gipfelaufbaus gewinnen wir anfangs auf Steigspuren an Höhe. Später dann mühen wir uns über Blockgelände aufwärts bis zum flachen Beginn des Gletschers.

Gut 4 Stunden sind wir unterwegs, bis wir auf 5300 m das Hochlager errichten. Bald wird die Sonne untergehen. Wir beginnen Schnee zu schmelzen. Das Farbenspiel der untergehenden Sonne verzaubert die Umgebung – ein Bild von besonderer Schönheit, danach ist es im Nu eisig kalt.

Wir befinden uns auf dem Plateau unterhalb des Ishinca-Gipfels und sind von Licht und Schatten am Nevado Tocllaraju sehr beeindruckt.

Bereits vor zwei Stunden sind wir im Hochlager aufgebrochen. Noch immer ist es Nacht. Jetzt stehen wir vor einem riesigen Bergschrund, der uns den Weiterweg versperrt. Den Kopf weit in den Nacken gelegt suchen wir mit den Stirnlampen nach der besten Möglichkeit, um auf den oberen Rand der Spalte zu gelangen. Nach einer kurzen Querung zeigt sich endlich eine begehbare Eisrippe. Jetzt helfen nur noch die Eisgeräte, um die »Oberlippe« des Schrundes zu erreichen. Zwei Firnanker dienen als Haltepunkte für ein Fixseil, an dem sich die Seilgefährten nun hochziehen. Über den abwechslungsreichen Gletscher steigen wir hinauf bis zum Nordwestgrat des Tocllaraju. Erfahrung und Spürsinn für die richtige Routenfindung sind hier gefragt. Es ist empfindlich kalt, zudem bläst uns ein beißender Wind ins Gesicht. Sturmhauben und große Skibrillen schützen vor dem Wind, der nun genau von vorne über den Grat fegt. Als wir diesen endlich erreichen, geht hinter dem Nevado Ishinca die Sonne auf. Bald treffen auch uns die ersten Sonnenstrahlen, doch leider bleibt es eisig kalt. Das Atmen fällt heute besonders schwer. Mund und Nase sind winddicht vermummt, und zudem nähern wir uns der 6000-Meter-Grenze. Überaus mühsam spuren wir im tiefen Schnee. Immer häufiger legen wir Pausen zum Verschnaufen ein. Schließlich stehen wir vor der steilen, abweisenden Gipfelwand. An mehreren Stellen ist sie senkrecht. Es gibt keine ausgesprochene Schwachstelle. Am Beginn des ersten Wulstes bereiten wir einen Standplatz vor. Dann klettern wir sehr kräftezehrend einige Meter wie an einem gefrorenen Wasserfall empor, bis durch kurzes Queren leichteres Gelände erreicht wird. Gut, daß nach jeder schwierigen Passage ein Standplatz zum Ausrasten folgt. Diesmal bin ich froh, als die Seilgefährten beim Umhängen der Zwischensicherungen etwas mehr Zeit benötigen. Ans Fotografieren denkt niemand mehr, jeder leistet Schwerarbeit, holt das Letzte aus seinem Körper heraus. Nochmals ein kräftiger Zug am Eisbeil, dann am Pickel und wir steigen über die herausragende Wächte: Der Weg zum Gipfel ist frei.

Etwa 200 m Fixseil haben wir bis hierher in der Gipfelwand befestigt. Wenige Meter noch und wir reichen uns nach sechsstündigem Aufstieg die Hände. Ein großartiges Panorama mit den krassen Gegensätzen zwischen der **Cordillera Negra** und der Cordillera Blanca, den grünen Tälern und dem majestätischen Gipfel des Huascaran ist unser Lohn. Im Norden reicht der Blick bis in die weiten Niederungen des Dschungels.

Der Abstieg an den Fixseilen geht zügig voran, nur deren Abbau erfordert für die beiden Letzen von uns noch harte Arbeit. Ein geübter Eiskletterer kann sicher ohne Seilhilfe von oben mit zwei Eisgeräten abklettern. So gelingt es, sämtliche Sicherungshaken wieder mitzunehmen. Noch am selben Tag wird das Hochlager abgebaut und ins Basislager abgestiegen. Beim Hinauswandern durch das reizvolle **Ishinca-Tal** schweift unser Blick oftmals zurück zur eleganten Pyramide des Nevado Toclla-

Vom Ende der Moräne aus haben wir beim Aufstieg ins Hochlager diesen beeindruckenden Blick auf den Nevado Tocllaraju.

raju. Je weiter wir uns von diesem herrlichen Gipfel entfernen, desto größer wird die Freude über unseren großartigen Erfolg.

Arnold Hasenkopf

Tocllaraju-Guide

Charakter: Sehr anspruchsvolle Hochtour, die große Erfahrung beim Begehen von Gletschern und Spürsinn für die richtige Routenfindung erfordert. Das Beherrschen der Kletter- und Sicherungstechnik im Eis ist Voraussetzung.

Allgemeines: Der Nevado Tocllaraju ist ein besonders formschöner Eisberg inmitten einer herrlichen Umgebung. Landschaftlich großartiger Anmarschweg mit üppiger Vegetation. Das Gebiet um das Basislager am Schluß des Tales bietet mit den Fünftausendern Nevado Urus, 5495 m, und Nevado Ishinca, 5530 m, besonders günstige Möglichkeiten zur Höhenanpassung.

Anreise: Siehe Alpamayo (Seite 82).

Ausgangspunkt: Von Huaraz mit dem Taxi 15 km über die gut ausgebaute Überlandstraße das Rio-Santa-Tal hinunter bis Paltay, dann auf einfacher Schotterstraße in nordöstlicher Richtung hinauf zur Hacienda Collón (3350 m).

Besteigungsdauer: Ab Huaraz sollte man sich für den Weg zum Basislager zwei Tage Zeit nehmen. Die Besteigung des Tocllaraju erfordert ebenfalls zwei Tage. Ist man noch nicht an die Höhe angepaßt, so sind mindestens drei Tage für die Höhenanpassung im Basislager anzusetzen. Dies setzt allerdings voraus, daß zuvor die Höhenlage von Huaraz (3050 m) ohne jede Einschränkung vertragen wurde.

Beste Zeit: Mai bis September.

Organisation: Die Unternehmung ist problemlos individuell durchführbar. Es empfiehlt sich, über eine Trekking-Agentur in Huaraz zum Ausgangspunkt bei der Hacienda Collón rechtzeitig Tragetiere zu bestellen. Eine gute Adresse hierfür ist beispielsweise die *Agentur Pyramid Adventures, Av. Luzuriaga 530, Huaraz/Ancash, Tel.0051/44/721864, Fax 0051/44/722525.*

Ausrüstung: Komplette Westalpenausrüstung. Neben dem Pickel ist für jeden Teilnehmer ein Eisbeil nötig. Zudem sind einige Firnanker und Eisschrauben erforderlich. Komplette Zeltausrüstung mit Kochgeräten, auch Schnee- bzw. Lawinenschaufel. Es empfiehlt sich auch, einige Markierungsfähnchen mitzuführen.

Besonderheiten: Oberhalb des Basislagers liegt ein Moränensee, hinter dem ein größerer Gletscher sehr günstige Gelegenheiten zum Eiskletter-Training sowie zum Üben der Bergungstechniken bietet.

Literatur und Karten: Siehe Alpamayo (Seite 82).

SALCANTAY, 6271 m

Als höchster Berg der flächenmäßig relativ kleinen **Cordillera Vilcabamba** ist der **Salcantay** mit seinem 6271 m hohen Gipfel ein ganz besonderes Bergziel. All seine Anstiegsrouten haben durchwegs ernsthaften Charakter und verlangen von den Bewerbern die realistische Einschätzung der technischen Schwierigkeiten einerseits und der eigenen Leistungsfähigkeit andererseits. Ein Erfolg am Salcantay beschert zweifellos auch heute noch eine der ganz großen Routen in den Bergen Südamerikas. Nicht nur aufgrund seiner technischen Schwierigkeiten, sondern auch ganz besonders wegen seiner komplizier-

ten Erreichbarkeit wird der Salcantay niemals ein »Modeberg« werden.

Auf den »Riesen von Cuzco«

Unser Pilot beginnt den Landeanflug auf **Cuzco,** als wir plötzlich unser großes Ziel erstmals aus der Nähe sehen können: Der Salcantay gleitet für einen Augenblick an den Kabinenfenstern vorüber.

Wenig später landen wir in Cuzco. Die Hauptstadt des untergegangenen Inkareiches galt seinerzeit als »Nabel der Welt«. Es ist Juni und in Cuzco werden gerade die Vorbereitungen für das Inti-Raimi-Fest ge-

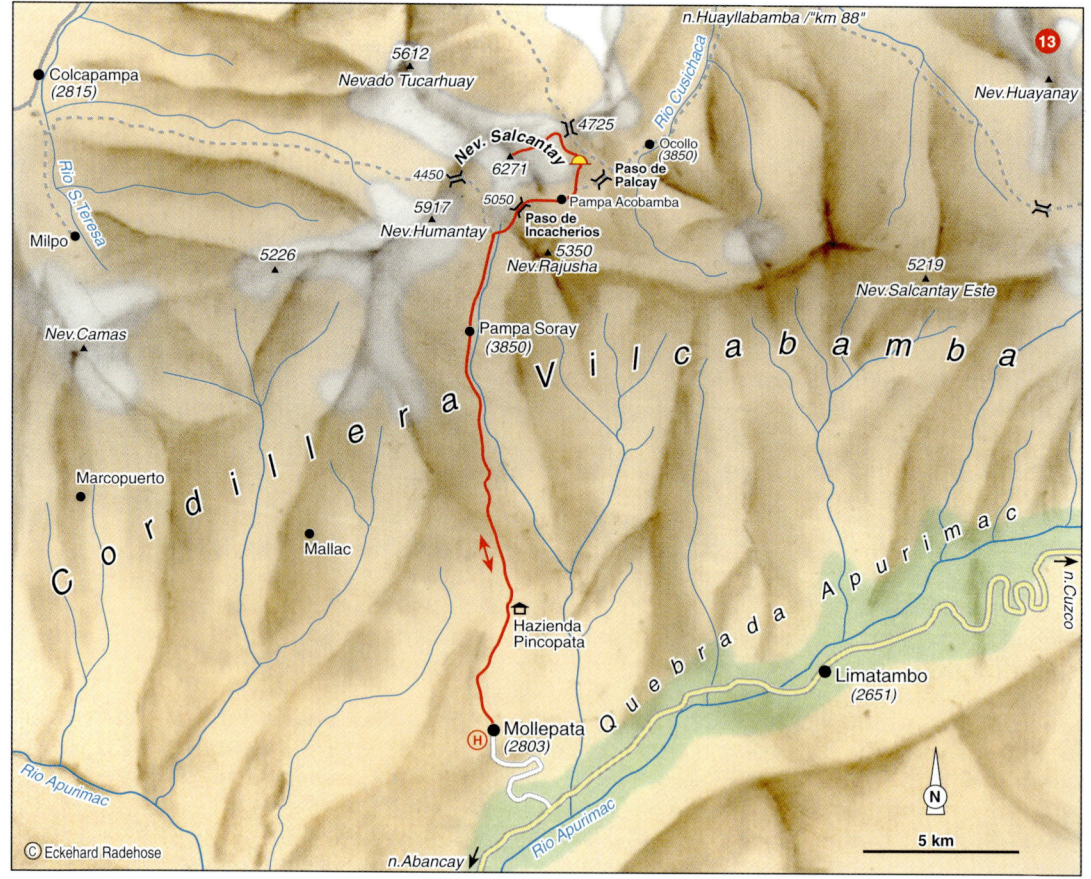

Salcantay, der Riese von Cuzco, vom Anmarsch ins Basislager; unter der Wolke der Gipfel.

troffen, welches alljährlich zur Sommer-
sonnenwende innerhalb der Inkafestung
Sacsahuayman zelebriert wird. Diesmal
dürfen auch wir das überaus farbenfrohe
Spektakel miterleben.

Einige Tage später besteigen wir die
Ladefläche eines Lastwagens, der uns in
das Bergdorf **Mollepata** bringen soll. Nachdem das Gefährt den Talkessel von Cuzco
verlassen hat, taucht der Salcantay hinter

einer Serpentine erneut auf: Der »Riese von
Cuzco« ragt in makellosem Weiß in den
strahlend blauen Andenhimmel – ein
prachtvoller Berg!

Wir dürfen auf dem kleinen Dorfplatz
von Mollepata campieren, direkt neben
einem Restaurant und der Polizeistation. Es
wird ein feuchtfröhlicher Abend, und wir
genießen das peruanische Nationalgetränk
»pisco sour« reichlich.

Am nächsten Morgen weckt uns die Sonne; mit den Nachwehen des gestrigen Abends im Kopf beladen wir die Tragetiere. Ein landschaftlich sehr schöner Aufstieg bis zur **Pampa Soray** bringt uns in einem Tagesmarsch bis unter die zweitausend Meter emporragende Ostwand des Salcantay. Wir sind begeistert von diesem kontrastreichen und doch romantischen Lagerplatz. Der weitere Zustieg zu unserem Ziel führt über einen steilen Maultierpfad stets angesichts der überwältigenden Kulisse. Dabei umrunden wir den Berg fast zur Hälfte und können so ausgiebig seine Grate und Wände studieren. Fazit: Einen leichten Anstieg wird es auf keiner Route geben.

Wir starten einen ersten Versuch am Südostgrat und stoßen dort bis in eine Höhe von 5900 m vor. In einer Eishöhle am steilen Grat biwakieren wir zu fünft. Der weitere Aufstieg über den labilen Wächtengrat scheint uns zu riskant, zumal irgendwo hier oben in den frühen fünfziger Jahren einer der Erstbezwinger der Eiger-Nordwand, Fritz Kasparek, ums Leben kam – wir kehren um.

Im Basecamp beraten wir über eine andere Aufstiegsmöglichkeit. Schließlich biwakieren wir unterhalb der Ostflanke des Berges. Tags darauf finden wir zwischen den Seracs einen Durchstieg. In einer Gletscherspalte wird ein zweites Biwak fällig, ein phantastischer Sonnenuntergang beendet diesen zweiten Tag. Nach einer durchfrorenen Nacht steigen wir am nächsten Morgen dem Gipfel entgegen. Gegen Mittag betreten wir abwechselnd den schmalen Gipfelaufbau des Salcantay, denn der Platz ist hier oben für fünf Personen zu

Auf den letzten Metern zum rechts oben gelegenen Gipfel.

klein. Die Tiefblicke über die wächtenge-
säumten Grate bis hinunter zur zweitausend Meter tiefer gelegenen Pampa Soray
sind überwältigend. Schon bald treten wir
den mühsamen und gefährlichen Abstieg
zu unserem letzten Biwakplatz an. Faul-
schnee zwingt uns zu einer weiteren Nacht
in der eisigen Spalte. Ein strahlender
Morgen vertreibt die Kälte und Unbilden
der Nacht. Im Basislager angelangt erwarten uns schon die Treiber mit ihren
Trageтieren. Das Timing war perfekt.

Herbert Ziegenhardt

**Bunte Trachten beherrschen das Inti-
Raimi-Fest in Cuzco.**

Salcantay-Guide

Charakter: Sehr anspruchsvolle Bergfahrt im Expeditionsstil auf einen alpinistisch hochinteressanten Gipfel. Teamgeist, sicheres Gehen im steilen Eis sowie entsprechende
Sicherungsmethoden sind absolutes Muß. Für gute Bergsteiger bietet der Salcantay eine lohnende Individual-Unterneh-
mung. Als Normalaufstieg gilt der Nordostgrat.

Allgemeines: Die Besteigung des Salcantay ist ideal zu
kombinieren mit einem Besuch der Ruinenstätten von Machu
Picchu. Die Anreise zum Berg führt durch eine Gegend, die
über Jahre hinweg durch die innenpolitischen Schwierigkeiten mit dem »Sendero Luminoso« von den Bergsteigern
gemieden wurde. Seit der Zerschlagung der Terrororganisati-
on ist die Region wieder recht sicher.

Anreise: Von Lima (internationaler Flughafen) mit den
nationalen Airlines »Aero Peru« oder »Faucett« nach Cuzco.
Von dort mit einem Lastwagen in etwa 5 Stunden Fahrzeit
über Limatambo bis Mollepata (2800 m). Alternativ kann ein
Kleinbus benützt werden, der täglich gegen 6.30 Uhr in
Cuzco startet und direkt bis Mollepata fährt, oder die
Touristenbahn Cuzco – Machu Picchu bis Kilometer 88.

Ausgangspunkt: Mollepata (2800 m) ist ein kleines
Andendorf am Ende der Fahrstraße. Von hier mit Trageтieren
zum Zwischenlager bei der Pampa Soray (3850 m). Weiter
über den 5050 m hohen Paso de Incacherias bis zur Pampa
Acobamba (4000 m), wo ein zweites Zwischenlager bezogen
werden kann. Von hier in Serpentinen bis zum 5200 m hohen
Paso de Palcay – kurz unterhalb steht für gewöhnlich das
Basislager. Aufgrund des relativ langen Anmarschweges ist
man dem   bisweilen »mafiosen« Geschäftssinn und den

Launen der Trageтier-Besitzer vollkommen ausgeliefert.
Besteigungsdauer: Wegen der notwendigen Erkundungen
am Berg müssen etwa 10 bis 14 Tage eingeplant werden.
Stützpunkte: Keine festen Stützpunkte am Berg. Hochla-
gerzelte für das Basislager erforderlich. Am Berg selbst
operiert man am besten mit Biwakausrüstung, denn das
geringe Gewicht bedeutet Schnelligkeit und somit Sicherheit.
Doch verlangen die kalten Nächte einige Zähigkeit.
Beste Zeit: Etwa Mitte Juni bis Ende Juli.
Organisation: Typische Unternehmung für Individualisten,
denn es muß alles selbst organisiert werden, da der Berg
bislang von keiner Agentur angeboten wird. Das kostet zwar
Zeit, macht aber auch Spaß.
Ausrüstung: Expeditionsausrüstung erforderlich. Dazu kom-
plette Eisausrüstung – den andinen Verhältnissen angepaßt
mit Firnanker. Bestmögliche Biwakausrüstung, Expeditions-
Bergschuhe mit gutem Innenschuh, Seesäcke für den
Trageтier-Transport, leistungsstarke Benzinkocher. Verpfle-
gung kauft man am besten im Land; für die Tage oben am
Berg gefriergetrocknete Nahrung aus Europa mitbringen.
Besonderheiten: Besondere Aufmerksamkeit ist der Tatsa-
che zu widmen, daß alles selbst organisiert werden muß.
Ohne Teamarbeit geht also nichts. Spanischkenntnisse sind
unverzichtbar.
Literatur und Karten:
Gute Informationen zum Anmarsch bietet der Trekkingführer
»Peru« von Oskar E. Busch, Bergverlag Rother, München.
Michael R. Kelsey: »Guide to the World Mountains« (siehe
Seite 40).
Carta de la Region Norte del Cuzco, Maßstab 1: 200 000,
IGM 1190 Av. Aramburu San Isidro, Lima.

15

n.Cotahuasi

C

o Nevado Coropuna

6377

5623

6171

5028
Cerro
Nino Orjo

6425

Hauptgipfel

5856

5224

5558

Cerro
Huajra Huire

5064

r

6305

6161

6234

5221

H
Basislager
(4750)

Laguna
Pallacocha

d

5313

4987
Cerro
Huayllajota

4823

4732

i

4706

Lag.
Caracara

4818

Cerro
Suin Jillpa

l

4910

Q. del Apacheta

4776
Cerro Paiche

l

Quebr. Tuallqui

Quebr. Buena Vista

Quebrada Cospanja

Machahuay

4612

4755

C.Minasnioc

4473

4413

Tuallqui

e

Viraco
(3200)

Huayllaura

r

4010

4588
Cerro
Puma Huinto

Rio de Huayllaura

A.de Cunya o de Huayllaura

a

Quebrada Jeshja

4558
Cerro
Nahuincha

C

3040
C.Curhuani

4233

Quinsapujio

h

3374

Pampacolca
(2950)

Llahuayoc

Ruruca

Tipan

Rio Chunchana

i

2933

4038

Sullunja

Pisco Pampa

Rata

l

4114

Buena Vista

Sihuarpo

Q. Santa Rosa

Rio Blanco

a

Quebr. de Rata

4013

3910

3328
Cerro Tambor

n.Caraveli

Pampa Acoypampa

Rio Grande

3922
Cerro
Huisca Chico

Pampa Chacra

Carmen
Alto

Ayahuala

Chiringay

Q. Huancucane

Sihuan

3662
Cerro
Huisca Grande

N

Chuquibamba
(2870)

Tuhuana

5 km

n.Arequipa

© Eckehard Radehose

COROPUNA, 6425 m

Auf manchen Landkarten Südamerikas wird die Höhe des **Nevado Coropuna** noch heute mit 6615 Metern angegeben. Das ist zurückzuführen auf die vermeintlichen Erstbesteiger H. Bingham und H. Tucker, die am 15. Oktober 1911 zusammen mit zwei Peruanern die Gipfel des Coropuna zu hoch vermaßen. Bingham entdeckte im Rahmen dieser Unternehmung der amerikanischen Yale-Universität knapp drei Monate zuvor die Inkastätte **Machu Picchu.** Von »vermeintlichen« Erstbesteigern muß man deshalb sprechen, weil vor allem auf den hohen Vulkangipfeln der Anden häufig Opfergaben, Grabstätten, ja sogar Mumien gefunden wurden, und somit eindeutig belegt ist, daß lange vor den ersten Andinisten die Gipfel oder die Ränder der Krater Ziele menschlicher Besuche waren, wenn auch aus gänzlich anderen Motiven.

In Europa erfuhren die Vulkane der mittleren Anden erst einen gewissen Bekanntheitsgrad durch das 1957 erschienene Buch »Die silbernen Götter« von Matthias Rebitsch, das die aufsehenerregenden Funde auf den Vulkanen der **Atacama-Wüste** schildert. Auch die beiden erloschenen Vulkane Coropuna und **Solimana,** beide auf peruanischem Boden, waren Ziel dieser Expedition.

Im südlichen Peru, in den über 4000 Meter hochgelegenen wüstenhaften Landstrichen zu beiden Seiten des **Rio Colca,** stehen die höchsten und bedeutendsten Vulkane der peruanischen Anden. Südlich des tiefeingeschnittenen **Colca-Cañons,** keine 100 Kilometer nördlich von **Arequipa,** ragen nebeneinander der 6288 m hohe **Nevado Ampato,** der aktive **Nevado Sabancaya** (5976 m), und der **Nevado Hualca** Hualca (6025 m) empor. Etwa 60 Kilometer nordwestlich des Rio Colca, der im weiteren Verlauf unter dem Namen **Rio Majes** nach Südwesten zur Pazifikküste fließt, steht der höchste Vulkan Perus, der 6425 m hohe Nevado Coropuna, und in seiner unmittelbaren Nachbarschaft, nur durch den **Rio Arma** getrennt, der 6093 m hohe Nevado Solimana.

Perus höchster Vulkan hat enorme Ausmaße: Sechs seiner Gipfelkuppen überragen die Sechstausend-Meter-Grenze. Der Umfang am Sockel des Berges in Höhe der Schneegrenze, die bei 5100 m liegt, beträgt etwa 50 Kilometer! Trotz seiner großen Höhe und Ausdehnung wirkt der eisbepackte Berg wie ein überdimensionaler Maulwurfshügel. Er hat nicht mehr die

Der Nevado Coropuna, höchster Vulkan Perus.

klassische Form eines Vulkankegels, auch einen Krater wird man vergeblich suchen.

Der Nevado Coropuna ragt aus einem fast gänzlich unbewohnten Hochplateau, welches nach Süden hin abrupt abbricht und in die trockene Küstenwüste übergeht. Nur zwei Ortschaften gibt es in der weiten Umgebung des Berges. Unterhalb der erwähnten südlichen Abbruchkante liegt **Chuquibamba,** das auch während der Anfahrt passiert wird, sowie nordwestlich im Graben des *Rio Cotahuasi* das gleichnamige Städtchen. Die sprichwörtliche Weltabgeschiedenheit dieses Teils von Peru wird bereits während der Suche nach einer Fahrtmöglichkeit offenkundig. Nur ein einziges Busunternehmen hält die Verbindung von Arequipa über *Aplao* und Chuquibamba nach Cotahuasi aufrecht: »Cruz del Sur«.

Spießrutenlauf im Büßerschnee

Gegen 4.30 Uhr morgens verläßt der Bus Arequipa. Der Fahrer drückt auf's Gaspedal, was das Zeug hält, und in völliger Dunkelheit rast er auf der fast noch leeren **Panamericana** anfangs in Richtung Küste. Die meisten Fahrgäste haben sich in wärmende Decken gehüllt und sind trotz des irrsinnigen Fahrstils in tiefen Schlaf gesunken. Die Peruaner sind solche Fahrweisen gewohnt, bekreuzigen sich vor Fahrtbeginn und schlummern dann vor sich hin. Ich bin der einzige »Gringo« im Bus, denn auch mein Bergfreund ist Peruaner.

Unser verhinderter Rennfahrer bringt uns rasch bis **Tambillo**, dann wird die Fahrt erheblich gebremst, denn nun verläßt der Bus die einstige »Traumstraße der Welt« und biegt ins Tal des Rio Majes ein. Hinter **Corire** ist der asphaltierte Streckenabschnitt beendet. Die Talflanken bestehen aus hellem Sand – Sand soweit das Auge reicht. Nur unten am Fluß gibt's saftiges Grün. Plantagen, Felder, Äcker, Bäume und Sträucher – der Fluß hat den Talboden in eine fruchtbare Oase verwandelt. Bis Aplao folgt die Straße dem Lauf des Rio Majes, führt stetig ansteigend an bizarren Erosionsgebilden der Wüste vorbei und windet sich durch abertausende haushoher Kandelaber- und Säulenkakteen aufwärts.

Büßereisfelder greifen weit von den Hängen des Coropuna in die Wüste hinab.

Rast am Aufstieg zum Coropuna: im Hintergrund West- und Nordgipfel.

Nach 250 Kilometern erreichen wir Chuquibamba. Der sonnenüberflutete Ort liegt in 2870 m Höhe unterhalb eines hufeisenförmigen Abbruchs der Hochebene mit Blick zurück über das Majes-Tal zur Küste.

Über unzählige Terrassenfelder windet sich die Straße höher. Lamakarawanen sind weit häufiger anzutreffen als Autos. In knapp 4000 Meter Höhe ist der Rand der Hochfläche erreicht. Binnen weniger Minuten hat sich das Landschaftsbild total verändert: Zog eben noch die Piste ihre Schleifen durch bewirtschaftetes Bauernland, beginnt nun schlagartig die graubraune, abweisende und leblos erscheinende Hochwüste. Hin und wieder sind schon die weißen Kuppen des Nevado Coropuna zu sehen. Nach neunstündiger Busfahrt gelangt man zum höchsten Punkt der Straße und hat damit den dem Vulkan nächstgelegenen Punkt an seiner Westseite erreicht. Von der Straße aus ist der Coropuna momentan nicht sichtbar, ebensowenig der See, der sich hinter dem Hang am Straßenrand verbirgt. Vom sandigen Ufer des blauen **Pallococha-Sees** in 4750 m Höhe ist der Nevado Coropuna in seiner vollen Größe sichtbar.

Der einzige kleine Zufluß, der den See mit Schmelzwasser speist, ist zugefroren. Herrschten vor wenigen Stunden noch Frühlingstemperaturen, so ist es jetzt bitterkalt und heftige Fallwinde tun ein übriges.

1700 Höhenmeter stehen uns bevor. Wälle aus erstarrter Lava und grundloser, feiner vulkanischer Sand erschweren unsere erste Etappe bis zur Schneegrenze zwischen 5100 und 5200 m. Die günstigste Aufstiegsroute erfolgt dort, wo der auslaufende Hang des Hauptgipfels am weitesten nach Westen reicht. Über diesen steilen Eishang mit seinen winzigen Felsinseln sollte man aufsteigen, weil es auf dieser Linie keine Spalten gibt. Das weniger geneigte Terrain zwischen Nord- und Hauptgipfel, das rein optisch etwas leichter wirkt, endet in einer Sackgasse vor einem mehrgeschossigen Eisbruch, der von

Immer ein Lächeln auf den Lippen: Mädchen aus Cashapampa in der Cordillera Blanca.

Ist dieser zeit- und kräfteraubende untere Abschnitt des Anstieges geschafft, wird das Steigen auf windgepeßtem Harsch zwar leichter, doch eisige Windböen erschweren das Atmen in der sauerstoffarmen Luft. Kleine Eispartikel bohren sich wie Nadelstiche ins Gesicht. Überfallartig toben die Fallwinde den Berg herunter. Genauso urplötzlich entstehen minutenlange, absolut windstille Phasen. Auf einer winzigen Felsinsel in etwa 6200 m Höhe, inmitten eines eisigen Steilhanges, rasten wir. Links zeigt sich wesentlich tiefer der gewaltige Eisbruch unterhalb des West-, 6171 m, und des Nordgipfels, 6377 m, der einen Zugang zum Sattel zwischen Nord- und Hauptgipfel vereiteln würde. Das letzte Stück über uns scheint erheblich steiler, als es von weiter unten abzuschätzen war. So gelingen nur noch wenige Schritte zügig hintereinander, dann ist wieder eine Verschnaufpause notwendig. Der Sturm nimmt zu; wir können uns kaum mehr verständigen. Sehr mühsam gelingen uns die letzten Meter – wir sind am Gipfel.

Von einem Lager in Höhe der Schneegrenze sind Aufstieg und Abstieg in einem langen harten Tag zu bewältigen – es bleibt aber auch fast keine andere Wahl.

unten nicht einsehbar ist. Wie weit herausgestreckte Zungen lecken Büßereisfelder nach den Lavahügeln oberhalb des Sees. Anfangs sind sie zum Teil umgehbar, danach jedoch zunehmend mühsamer, schließlich unumgänglich, weil der Sand in lockeres Geröll und scharfkantige Felsbrocken übergeht. Jeder Schritt durch die unterschiedlich hohen, manchmal bis zu den Schultern reichenden pfeilerförmigen Eiszapfen ist halsbrecherisches Gestolpere.

Oskar E. Busch

Coropuna-Guide

Charakter: Selten durchgeführte Unternehmung in einer wenig besuchten Region Perus. Die Besteigung über die Westseite ist technisch unschwierig. Bedingt durch die Länge der Tour, die Höhe und die oftmals sehr kalten Winde kann der Gipfelaufstieg überaus hart sein.
Allgemeines: Der Coropuna ist Perus höchster Vulkan, gleichzeitig dritthöchster Berg des Landes. Zwar entfällt ein längerer Anmarschweg, doch aufgrund des hochgelegenen Ausgangspunktes ist eine vorherige Höhenanpassung unbedingt erforderlich.
Anreise und Ausgangspunkt: Von Lima (internationaler Flughafen) entweder mit guten Überlandbussen etwa 1000 km auf der Panamericana nach Süden oder mit einem Innlandflug nach Arequipa, der größten Stadt im südlichen Peru. Von hier mit einem Busunternehmen in etwa

10stündiger Fahrt über Tambillo, Aplao und Chuquibamba bis zum Pallacocha an der Westseite des Nevado Coropuna, 4750 m (etwa 300 km von Arequipa), der auch Basislager und Ausgangspunkt darstellt.
Besteigungsdauer: Ab Ausgangspunkt einen Tag im Auf- und Abstieg! Wegen der sehr langen Tagesetappe ist unbedingt ein sehr früher Aufbruch nötig.
Stützpunkte: Keine festen Stützpunkte am Berg. Bergsteiger sind auf das Zelt angewiesen.
Beste Zeit: Etwa Anfang Juni bis Ende August.
Organisation: Problemlos individuell durchzuführen.
Ausrüstung: Normale Westalpenausrüstung.
Literatur und Karten:
Oskar E. Busch: »Peru«, Trekkingführer, Bergverlag Rother, München, 1996.
Topographische Karte 1: 100 000, Blatt 32-q »Chuquibamba«, Instituto Geografico Nacional Peru (IGN).

AMPATO, 6288 m

Der peruanische Süden ist mit außergewöhnlichen landschaftlichen Gegebenheiten gesegnet, und sein Bekanntheitsgrad hat in den letzten Jahren einen enormen Schub erfahren, denn mit dem **Cañon del Colca,** der wegen seiner schwierigen Erreichbarkeit bis vor wenigen Jahren ein unbekanntes Schattendasein führte, ist eines der größten Naturwunder der Erde zu einer Hauptsehenswürdigkeit des Andenlandes aufgestiegen. Erst nach dem Ausbau einer Straße ins Colca-Tal und der Aufnahme regelmäßiger Busverbindungen, rückte dieser weltabgeschiedene, faszinierende Landesteil ins Blickfeld und hat sich rasch zu einem touristischen Muß entwickelt. Das sonnenüberflutete Tal des **Rio Colca** ist von einer landschaftlichen Einmaligkeit gekennzeichnet, die selbst dem von der

Natur so reich beschenkten Peru herausragende Glanzpunkte beschert. Im westlichen Abschnitt des Cañons hat sich der Rio Colca über Jahrtausende sein Flußbett so tief gegraben, daß er nach peruanischer Meßweise zum tiefsten Canon der Erde wurde. Zwischen den Dörfern **Pinchollo** und **Cabane Conde** sind es zwar »nur« 1200 Höhenmeter hinunter bis zum eingezwängten Fluß, von den gegenüberliegenden Bergspitzen, die den Nordrand der Schlucht bilden, stürzen die Flanken jedoch sage und schreibe 2850 m hinab bis zum Fluß! In den Steilwänden der Colca-Schlucht haben Dutzende Kondore ihre Nistplätze, die sich am frühen Morgen von den ersten warmen Aufwinden höher und höher tragen lassen und dem Besucher ein weiteres einmaliges Schauspiel bieten. Die

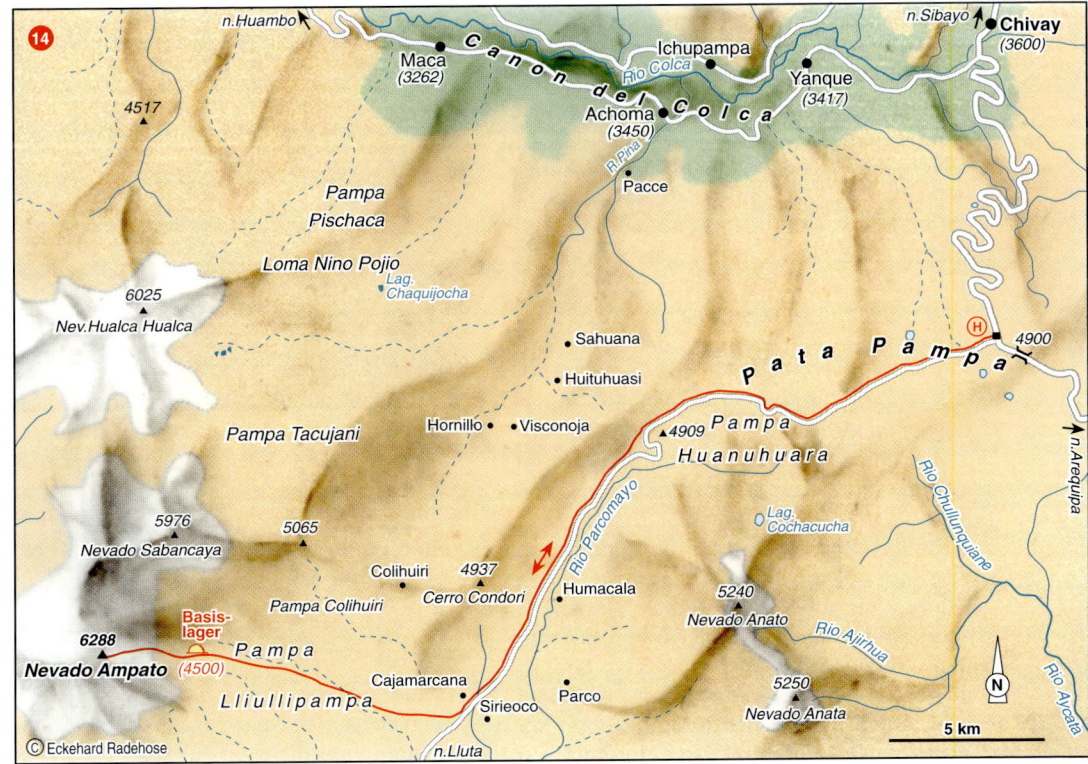

Landschaft in diesem Abschnitt des Colca-Tales ist von Tausenden, vor über 1500 Jahren errichteten und heute noch bewirtschafteten Terrassenfeldern, den sogenannten *andenes* geziert. Den weiteren Nordwestrand beschließt der höchste Vulkan Perus, der 6425 m hohe **Nevado Coropuna**. Nur wenige Kilometer südlich des Colca-Cañons ragen drei weitere eisstrotzende Vulkanriesen aus der kargen, nahezu unbesiedelten und durchschnittlich 4500 m hochgelegenen Wüste auf. Das Nebeneinander von Colca-Schlucht, Hochwüste und eisüberzogenen Vulkan-Riesen bietet landschaftliche Großartigkeiten, die einzigartig auf der Erde sind. Der erste dieser drei Berge steht kaum zehn Kilometer südlich des Rio Colca: die »Vulkanruine« des **Nevado Hualca Hualca**, 6025 m. Nach einer kleinen Lücke ragt der 5976 m hohe **Nevado Sabancaya** auf. Südlichstes und höchstes Glied dieser Vulkankette bildet der 6288 m hohe **Nevado Ampato.** Erst vor kurzem, im Herbst 1995, geriet der Nevado Ampato durch einen aufsehenerregenden Fund weltweit in die Medien. Der amerikanische Anthropologe und Bergsteiger Johan Reinhard, der schon an einigen Bergen der Anden auf der Suche nach Opfergaben aus der Inkazeit fündig wurde, entdeckte in Gipfelnähe des Nevado Ampato die 500 – 600 Jahre alte mumifizierte Leiche eines etwa 14jährigen Mädchens und kurze Zeit später zwei weitere Opferkinder in Kultstätten auf etwa 5800 m Höhe. Diese Sensation ist dem Umstand zuzusprechen, daß der Nachbarvulkan, der Nevado Sabancaya, seit vielen Jahren wieder aktiv ist, und die warme Vulkanasche den Eispanzer des Ampato in den letzten Jahren enorm zurückschmelzen ließ und die Opfer freilegte.

Mittlerweile stellt es kein Problem mehr dar, dem Colca-Cañon, seinen malerischen Dörfern mit den pittoresken Kolonialkirchen und seinen liebenswerten Bewohnern, deren Frauen in einer der farbenprächtigsten Trachten des Landes gekleidet sind, einen Besuch abzustatten und somit auch diese Vulkane per Autobus zu

erreichen. Viele Busunternehmen fahren von **Arequipa** nach **Chivay**, der 3600 m hoch gelegenen Provinzhauptstadt, und weiter nach Westen durch das Tal bis **Cabane Conde,** 3290 m.

Allein über der Wüste

Während der Fahrt zu diesen erdgeschichtlich einzigartigen Naturwundern zeigen sich auch die drei Vulkane. Die Fahrt

Durch die Einsamkeit der Hochwüste führt der Marsch ins Basislager des Ampato.

beginnt in Arequipa (2380 m), der größten Stadt im südlichen Peru, und die Straße windet sich gleich nach Verlassen der Stadtrandgebiete in unzähligen Kehren zwischen dem 6075 m hohen **Nevado Chachani** und dem 5822 m hohen Vulkankegel des **Misti** bis auf etwa 4300 m Höhe, durchschneidet anschließend eine weite

Pampa, ein Schutzgebiet für die seltenen Vicunas, und kreuzt danach die Bahnlinie Arequipa – Juliaca – Puno. Anschließend durchzieht sie erneut karges, teils sumpfiges Hochland mit großen Lama- und Alpakaherden, bevor der Autobus nochmals höher muß. Die Straße schlängelt sich erneut aufwärts, diesmal bis auf etwa

4900 m! Wenige Kilometer nach dem Scheitelpunkt der Fahrt und ehe sich die Piste hinunter nach Chivay zu senken beginnt, quert sie die weite **Pata Pampa.** Bis hierher sind es nach vier- bis fünfstündiger Fahrt – Pannen nicht eingerechnet – etwa 130 Kilometer. Man muß den Busfahrer rechtzeitig bitten anzuhalten, denn in dieser Hochwüste steigt normalerweise nie jemand aus. Während die eingestaubten Rucksäcke vom Busdach geholt werden, fragen uns einige mitreisende Einheimische entsetzt, was wir denn hier inmitten der Wüste wollen. Die *Gringos* müssen doch ein wenig *loco* (verrückt) sein, scheint ihr ungläubiges Lächeln und verständnisloses Kopfschütteln auszudrücken. Wir deuten nach Westen auf den Nevado Ampato und erzählen ihnen, daß wir diesen Vulkan besteigen wollen. Dann wünschen sie uns noch *buena suerte*, viel Glück.

Das Motorengeräusch verstummt, und die Staubwolke des weiterfahrenden Busses löst sich auf. Jetzt merken wir erst so richtig, wo wir sind: Sand, Felsen, Vulkane, Wolken und Himmel – absolute Stille. Schlagartig wird uns die Abgeschiedenheit und Einsamkeit bewußt. Lebensfeindliche

Immer wieder kreuzen große Lamaherden unseren Weg.

Sand- und Steinwüste in etwa 4800 m Höhe umgibt uns. Enorme Temperaturunterschiede zwischen Tag und Nacht stehen uns bevor, und auf Wasser werden wir erst am nächsten Tag stoßen. Nur hin und wieder ein paar Büschel des derben Ichu-Grases und einige lindgrüne Exemplare der knochenharten, harzigen und rucksackgroßen Llareta-Moose bringen vereinzelt Farbtupfer in die Kargheit der Landschaft. Sie wirkt abweisend aber auch faszinierend zugleich. Die drei sich in einer Linie von Norden nach Süden vor uns aufreihenden schneebedeckten Vulkane scheinen nur noch wenige Fußstunden entfernt zu sein. Doch die glasklare Luft läßt die Distanzen schrumpfen. Erst nach eineinhalb Tagen werden wir den Fuß des Nevado Ampato erreichen.

Auf dem Weiterweg haben wir einmal unglaubliches Glück: Eine Herde von zwanzig Vicunas zieht vor uns über die Hochwüste. Diese Tiere sind streng geschützt, denn aus dem seidigen, dichten Haarkleid ihres Felles wird die feinste und kostbarste Wolle der Welt gewonnen. Trotz eines seit 1973 bestehenden Handelsverbotes mit Vicuna-Wolle sind sie nahezu ausgerottet worden.

Bis zum Nevado Ampato geht es in südwestlicher Richtung ständig gemächlich bergab – dadurch selbst in der dünnen Höhenluft vorläufig ohne Anstrengungen. Die schon etwas tiefer gelegene sandige **Pampa Huanuhuara** läßt sich wahlweise durch einen kurzen, steilen Abstieg direkt durchqueren oder der Piste folgend umgehen. Die Sandpiste führt in das Dorf **Lluta** südwestlich des Nevado Ampato, aber auf ein Fahrzeug zu hoffen, ist illusorisch. Hinter der Pampa kommt man zum **Parcomayo-Bach** und damit wieder an Wasser. In Bachnähe ist die Trockenheit feuchten Weidegründen für Lamas und Alpakas gewichen, ein paar Hirten fristen in grasgedeckten Adobe-Hütten mit ihren luftgetrockneten Lehmziegeln ein entbehrungsreiches Dasein. Gelegentlich zeigt sich im Süden der Nevado Chachani, einer der Hausberge von Arequipa.

In nur noch knapp 4400 m Höhe verlassen wir die Straße nach rechts und stapfen durch schwarzen Lavasand auf den dem Nevado Ampato vorgelagerten, haushohen Wall aus lockerer Lavaschlacke zu. Bei den Hütten von **Cajamarcana** muß ein Bach überwunden werden und danach die sumpfige Weidefläche der großen Lama- und Alpakaherden.

Der Wall aus Lavagestein ist unüberwindbar, und wir müssen ihn umgehen, um schließlich am auslaufenden Südosthang des Nevado Ampato zu zelten. Im Laufe des letzten Tages zog sich der Himmel zu, Graupelschauer überraschten uns, gegen Abend und während der Nacht setzt sogar dichtes Schneetreiben ein. Verrückt – in einer der trockensten Gegenden der Erde gibt es Niederschläge, ausgerechnet dann, wenn wir unterwegs sind!

Der Neuschnee macht uns natürlich gerade beim anfänglichen Aufstieg auf den Vulkan zu schaffen, denn die noch mäßig geneigte Flanke entpuppt sich als Geröllhalde mit kniehohen Felsbrocken durchsetzt, und das alles größtenteils unter der Neuschneedecke verborgen. Es ist eher ein mühevolles Stolpern als ein zügiges Höhersteigen. Wieder setzt Schneetreiben ein. Berg, Wolken, Himmel und Schnee – eine weißgraue Einheit. Wegen der miserablen Sicht müssen wir häufig den Weiterweg erst erkunden, manchmal wieder umkehren, danach eine andere Route wählen, weil plötzlich ein wilder Eisbruch den Weiterweg vereitelt. Hin und wieder erkennen wir wenigstens den mächtigen Felssporn unterhalb des Gipfelaufbaus, der uns bisher die Aufstiegsrichtung wies. Das ist natürlich alles sehr zeitraubend. So müssen wir wohl eine Nacht mehr am Berg verbringen als eingeplant. Aus der Entfernung wirkte der Vulkanriese wesentlich harmloser. Bei der Umgehung des markanten Eisbruches auf 5500 m verlieren wir ein wenig an Höhe, steuern dann aber auf den linken Rand dieses zerborstenen Gletschers zu. Wir hoffen, hier zügiger höherzukommen. Die Wetterkapriolen haben

Wir beziehen das Hochlager auf 5900 Metern noch vor dem markanten turmhohen Felssporn im Hintergrund.

uns viel Zeit und Kraft gekostet, und so müssen wir in etwa 5900 m Höhe eine weitere Nacht verbringen. Zu dritt liegen wir in dem kleinen Igluzelt; an Schlaf ist in dieser Höhe sowieso kaum zu denken.

Das Wetter hat sich über Nacht beruhigt. Dennoch prägt kräfte- und zeitraubende Spurarbeit auch die letzte Etappe zum Gipfel. Am rechten Rand des turmhohen Felssporns folgen einige Kletterstellen, die durch den Neuschnee nicht ungefährlich geworden sind. Zwar schneit es nicht mehr, doch der Berg hat sich rasch wieder eingehüllt. In einer ausgesetzten Passage

versinken wir bis über die Knie im Schnee. Langsam kommen wir zu dem langgezogenen, verwitterten und nach Nordosten weggerissenen Kraterrand, der natürlich unter ewigem Eis und Schnee verborgen ist. Der Nevado Ampato hat keinen ausgeprägten Gipfel: Der höchste Punkt auf 6288 m befindet sich am südwestlichen Kraterrand. Die Wolkendecke löst sich wieder ein wenig auf, aber ausgerechnet in Richtung des tätigen Nachbar-Vulkans **Nevado Sabancaya** bleibt die Sicht versperrt.

Erst als wir uns nach dem Abstieg auf einen alternativen Rückweg in den Colca-Cañon machen, genießen wir phantastische Ausblicke auf den Nevado Sabancaya. Dazu boten sich uns zwei Möglichkeiten: Entweder an der Ostflanke nach **Achoma** oder **Maca** (etwa 1½ Tagesmärsche) oder um die Südseite des Nevado Ampato nach Norden an der 4310 m hochgelegenen **Laguna Mucurca** vorbei nach Cabane Conde, dem Endpunkt der Busverbindung von Arequipa in den faszinierenden Cañon del Colca (etwa drei Tage vom Nevado Ampato).

Unsere Begegnungen mit den Einheimischen sind immer wieder von freundlicher Zurückhaltung geprägt; hier eine Familie in der Cordillera Negra.

Oskar E. Busch

Ampato-Guide

Charakter: Anspruchsvolle Bergtour auf einen abgelegenen Vulkan im Süden Perus. Extreme Temperaturunterschiede zwischen Tag und Nacht – die Quecksilbersäule sinkt bereits während des Anmarsches zum Berg nachts unter minus 15 Grad ab.
Allgemeines: Die Umgebung ist nahezu menschenleere Hochwüste. Außer in den Dörfern des Colca- Cañons gibt es keine Übernachtungs- und Versorgungsmöglichkeiten.
Anreise: Von Lima (internationaler Flughafen) entweder mit guten Überlandbussen etwa 1000 km auf der Panamericana nach Süden oder mit einem Inlandsflug nach Arequipa, der größten Stadt im südlichen Peru. Von hier mit dem Bus in Richtung Chivay/Colca-Cañon zur Pata Pampa, etwa 4800 m, an die Abzweigung nach Lluta (von Arequipa etwa 5 Stunden).
Ausgangspunkt: Von der Pata Pampa etwa 1½ Tage Anmarsch zum Fuß des Berges in etwa 4500 m Höhe.

Besteigungsdauer: Jeweils etwa 1½ Tage An- und Rückmarsch. Am Berg ist die Errichtung von mindestens einem Hochlager, je nach Bedingungen auch zwei Lagern notwendig. Insgesamt sind also mindestens 5 – 6 Tage von der Straße weg einzuplanen.
Beste Zeit: Etwa Mai bis September.
Organisation: Durch inzwischen gute Anfahrtsmöglichkeiten heute problemlos auch individuell machbar.
Ausrüstung: Westalpenausrüstung erforderlich. Gute Wärmeschutzkleidung. Komplette Zeltausrüstung (Hochlagerzelt mit Zubehör, Kochausrüstung und Verpflegung).
Besonderheiten: Einsamer Gipfel mit einer traumhaft schönen Umgebung. Ein Besuch des Cañon del Colca ist ungemein lohnend.
Literatur und Karten:
Oskar E. Busch: »Peru«, Trekkingführer, Bergverlag Rother, München, 1996.
Topographische Karte 1: 100 000, Blatt 32-s »Chivay«, Instituto Geografico Nacional Peru (IGN).

ILLAMPU, 6368 m

Das Gebiet der nördlichen **Cordillera Real** ist eine wilde Bergregion mit meist steilen, abweisenden Eis- und Felsflanken. Sie wird beherrscht von den Sechstausendern **Illampu** (6368 m), **Yacuma** (6050 m) und **Ancohuma** (6427 m). Während letzterer von routinierten Alpinisten relativ einfach zu besteigen ist, verlangt der Illampu seinen Aspiranten schon erheblich mehr ab.

Man kann den Normalaufstieg über die Nordwestflanke und den anschließenden Gipfelgrat als »Königstour« der Cordillera Real bezeichnen. Für organisierte Gruppen ist die Besteigung des Illampu wegen der großen Schwierigkeiten und des damit verbundenen erhöhten Risikos nicht ideal. Selbständig operierende Bergsteiger hingegen – natürlich entsprechendes Können vorausgesetzt – dürfen hier alpinistische Sternstunden erwarten.

Königstour in der Cordillera Real

Das Wetter ist prachtvoll. Wir lagern am Bach neben der schmalen Straße, unmittelbar neben dem kleinen Ort **Ancohuma,** unserem Ausgangspunkt für die geplante Besteigung des Illampu. Am nächsten Morgen steigen wir auf schmalem Pfad entlang der rechten (orographisch linken) Talseite aufwärts. Der Weg führt anfangs ziemlich flach, später dann etwas steiler über einen begrünten Rücken hinauf zum Basislager. Während der letzten Etappe haben wir Einblick in den über uns liegenden Gletscherkessel mit der steil aufragenden Nordwestwand des **Pico del Norte,** des Illampu-Nordgipfels.

Heute genieße ich diesen Anmarsch, dieses unbeschwerte Steigen. Tragetiere transportieren die Hauptlasten. Nach insgesamt etwa vier Aufstiegsstunden stellen wir in ca. 4650 Meter Höhe die Zelte auf. Kuschelige Wiesenmatratzen, beste Wasserversorgung und eine herrliche Umgebung werten dieses Basislager auf zu einem »plaza romantica«.

Die Nacht bringt Neuschnee und der nächste Morgen Mißstimmung und Unschlüssigkeit in unser Team. Während einige Teilnehmer es vorziehen, erst einmal abzuwarten, starte ich mit einem Teil der Gruppe in Richtung Hochlager. Glücklicherweise bessert sich das Wetter und in den späten Nachmittagsstunden erreichen wir in 5600 m Höhe auf der rechten Seite des Gletscherkessels unter einem markan-

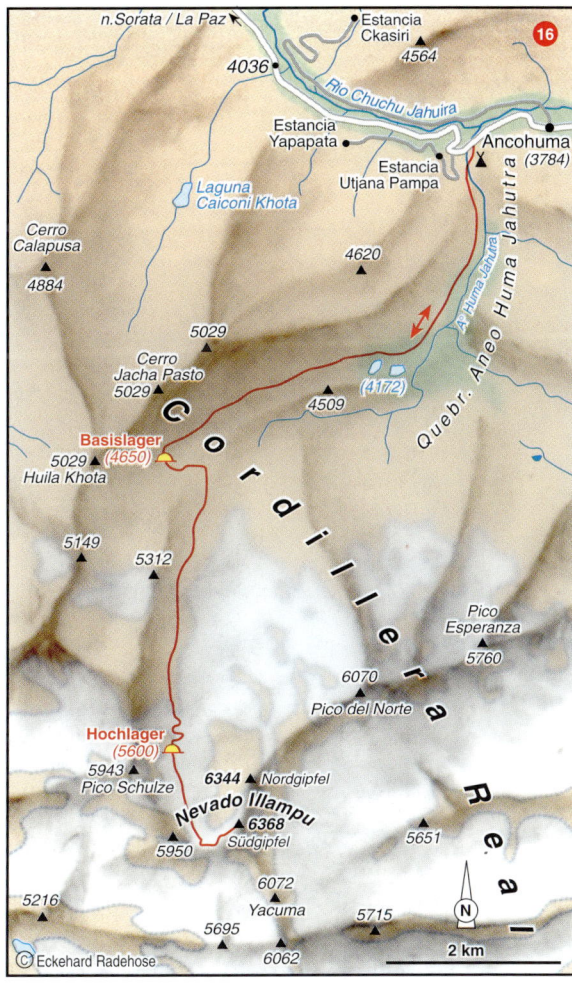

ten Felssporn – einem Ausläufer des **Pico Schulze** – einen günstigen Platz für die Errichtung unseres Hochlagers.

Um 4.30 Uhr wird geweckt – noch ist es Nacht, doch im Osten kündigt sich ein strahlender Andentag an. Gegen 6.00 Uhr sind wir abmarschbereit. Durch eine spaltenreiche Bruchzone steigen wir angeseilt hinauf in ein höhergelegenes Gletscherbecken unter der abweisenden Eisflanke der Nordwestwand. Bei der Randspalte treffen wir auf argentinische Bergsteiger, die am Vortag den Gipfel erreichen konnten. Ihre verankerten Fixseile hängen noch in der Wand und wir dürfen sie für unseren Aufstieg benützen. Mit den Steigklemmen steigen wir in der schattigen Flanke zügig höher. Erich und ich legen dabei neue Fixseile, die uns später den

Neben dem Normalweg bietet der Illampu auch lohnende Kletterrouten.

Illampu-Guide

Charakter: Selbst die Normalroute auf den Illampu ist eine schwere und anspruchsvolle, jedoch äußerst lohnende Hochtour. Die vergletscherte Nordwestwand ist über etwa 250 Höhenmeter 50 bis 55 Grad geneigt. Sicherer Umgang mit den Eisgeräten, gegebenenfalls gute Kenntnisse im Verlegen von Fixseilen sind Grundvoraussetzung für einen Gipfelerfolg. Gute Höhenanpassung ist unbedingt notwendig.

Allgemeines: Der Illampu ist der wahre »König« der gleichnamigen Kordillere. In der Cordillera Real wurde in letzter Zeit ein starker Rückgang der Gletscher verzeichnet. Die Eisverhältnisse unterliegen somit innerhalb kürzerer Zeiträume extremen Veränderungen; möglicherweise muß sogar eine Routenänderung vorgenommen werden.

Anreise und Ausgangspunkt: Von La Paz (internationaler Flughafen) mit Bus oder Mietwagen (möglichst allradgetriebenes Geländefahrzeug) über Achacachi (3821 m) nach Sorata (2678 m). Von hier auf ziemlich schlechter Piste über den 4658 m hohen Tiguani-Paß Richtung Ancohuma. Kurz vor dem kleinen Dorf, dort, wo die Piste den Bach überquert, beginnt der Aufstieg zum Basislager. Hier auch Zeltmöglichkeit.

Besteigungsdauer: Ab Ancohuma etwa 4 – 5 Tage.

Stützpunkte: Das Basislager entsteht auf etwa 4650 m in einem Talkessel nordwestlich des Pico del Norte. Das übliche Hochlager wird im rechten Teil des Gletscherbeckens unter einem markanten Felssporn des Pico Schulze errichtet.

Beste Zeit: Etwa Mitte Juni bis Ende August.

Organisation: In der Regel problemlos individuell durchzuführen. Die Besteigung sollte nur von erfahrenen Andinisten versucht werden. Sind Trägertiere für den Lastentransport ins Basislager vorgesehen, sollten diese zuvor in Ancohuma organisiert werden.

Ausrüstung: Komplette Eisausrüstung inklusive eines zweiten Eisgerätes. Gegebenenfalls kann für die steile Nordwestflanke ein Schutzhelm sinnvoll sein. Je nach Gruppenstärke eventuell Fixseile und Steigklemmen.

Besonderheiten: Infolge Tag- und Nachtgleiche sehr früher Aufbruch notwendig. Ansonsten kann die Einrichtung von einem weiteren Hochlager erforderlich werden. Wer sich nicht ganz sicher ist, ob er die lange Gipfeletappe an einem Tag bewältigen kann, sollte unbedingt Biwakausrüstung mitnehmen.

Literatur und Karten:
Herbert Ziegenhardt: »Königskordillere – Im Land der Inka«, Eigenverlag.
American Alpine Journal 1979.
Alpenvereinskarte 1: 50 000, »Cordillera Real«, Blatt Nord.

Abstieg erleichtern werden. Die Neigung von 50 bis 55 Grad, dazu die Morgenkälte und die Höhe von fast 6000 Meter verlangen hier einiges an körperlichem Einsatz. Endlich steigen wir in den schwach ausgeprägten Sattel aus und stehen somit in der wärmenden Sonne. Ich löse das Fixseil der Argentinier und lasse es die Wand hinunter. Um den Westgrat zu erreichen, steigen wir anfangs durch eine Serac-Zone und betreten dann den Grat. Die Tiefblicke sind überwältigend schön; unter uns erkennt man das Basislager, im Süden steht eindrucksvoll der höhere Ancohuma, und in der Ferne glänzt silbern der **Titicaca-See.**

Wir kommen gut voran und erreichen schon bald den Steilaufschwung des Gipfelaufbaus. Eine tiefe Randspalte hemmt erst einmal unseren Drang zum Gipfel. Eine fragwürdige Spaltenbrücke überspannt den düsteren Schlund. Zunächst versehen wir das fragile Gebilde mit einem Seilgeländer, um uns dann einzeln über diese heikle Passage hinweg zu sichern. Anschließend spure ich den sehr steilen und schmalen Gipfelgrat hinauf. Wenige Meter noch, dann stehen alle am Gipfel des Illampu, 6368 m hoch.

Die Aussicht ist einfach grandios: Die Cordillera Real – auch als Königskordillere bezeichnet – wird hier ihrem Namen wahrlich gerecht! Ich packe meine Trompete aus und blase den Zapfenstreich. Trotz der großen Höhe geht's erstaunlich gut.

Der Abstieg über den Westgrat verläuft ohne Zwischenfälle, erst an den Fixseilen bemerken wir erste Ermüdungserscheinungen. Die Konzentration läßt nach, doch gemeinsam schaffen wir auch diese heiklen Stellen. Als alle die Randspalte überwunden haben, bricht die Dämmerung herein. Gemeinsam steigen wir bis zum Hochlager ab. Müde, jedoch überglücklich über unseren Gipfeltag und den gemeinsamen Erfolg kommen wir erst spät zu den Zelten.

Nach Angaben von Peter Kaufmann

Sternstunden in der Cordillera Real: Am Gipfel des Illampu.

ANCOHUMA, 6427 m

Vom **Altiplano** aus betrachtet steht der dritthöchste Berg Boliviens als breit ausladendes, weißes Profil am wolkenlosen Horizont. Daher rührt auch der Name *hanko huma* in der Sprache der Aymara-Indianer, was soviel bedeutet wie »weißes Wasser«.

Von der **Cordillera Real**, der Königskordillere, fließt das kostbare Wasser hinunter zu den Siedlungen der Indianer, deren Leben einen ewigen Kampf um das karge Dasein bedeutet. Natürlich spielt das Wasser hierbei eine überlebenswichtige Rolle für die Bewässerung der kargen Böden, die teilweise noch bis etwa 4300 Meter – wie am **Huallata-Paß** – mit Kartoffeln bestellt werden. Ob in der dünnen, kalten Luft die Saat auch aufgeht bleibt der *pacha mama*, der »Mutter Erde« überlassen. Klimaveränderungen, die Trockenheit zur Folge haben, bringen Hunger und Elend über die Menschen.

Morgendlicher Aufstieg zum Ancohuma: Der Blick schweift hinaus in das Altiplano und zum Titicaca-See.

Zapfenstreich über der Cordillera Real: Ancohuma vom Gipfel des Illampu.

Sechstausender-Trilogie

Wir sind zu zweit. Meinem Freund Theo und mir gelangen in den letzten Tagen die Besteigungen des **Illampu** (6368 m) und des **Yacuma** (6050 m) – den beiden Nachbarn des Ancohuma. Nun wollen wir den dritten Sechstausender innerhalb einer Woche besteigen.

Über Schotter mühen wir uns hinauf bis auf 5300 Meter. Wir blicken zurück zur Lagune unter uns, wo einsam unser Zelt steht. Die Freunde sind schon nach **Sorata** abgestiegen. Bald betreten wir den **Anco-huma-Westgletscher** und queren die Eisfelder bis in eine Höhe von etwa 5800 m. Dann wird es schnell dunkel. Nur mit Mühe gelingt es uns, die vielen verdeckten Spalten zu umgehen. In der Finsternis hat es keinen Zweck mehr weiterzugehen. Der Entschluß zu einem Biwak in den aperen Felsen bei P. 5786 ist zwingend und

unumgänglich. Nach einer kalten Nacht gehen wir das weite Gletscherplateau, das vom **Ancohuma** nach Westen herabzieht, in einem großzügigen Bogen nach Norden hin aus. Bei etwa 6000 m setzt der Nordostgrat des Ancohuma an, über den wir zum breiten Gipfel aufsteigen.

Wir sind am Ziel: Unser Vorhaben, drei Sechstausender innerhalb einer Woche zu besteigen, ist geglückt. Das Gipfelpanorama ist überwältigend – der Blick reicht vom Illampu im Norden über den **Oriente**, den Osten Boliviens, bis zu den Gipfeln der mittleren Cordillera Real; im Süden erkennen wir den markanten **Illimani** und die Vulkan-Silhouette des **Sajama** in der Westkordillere, die glitzernde Wasserfläche des Titicaca-Sees im Westen vollendet den Landschaftsgenuß. Hoch oben schwebt ein Condor vorbei.

Herbert Ziegenhardt

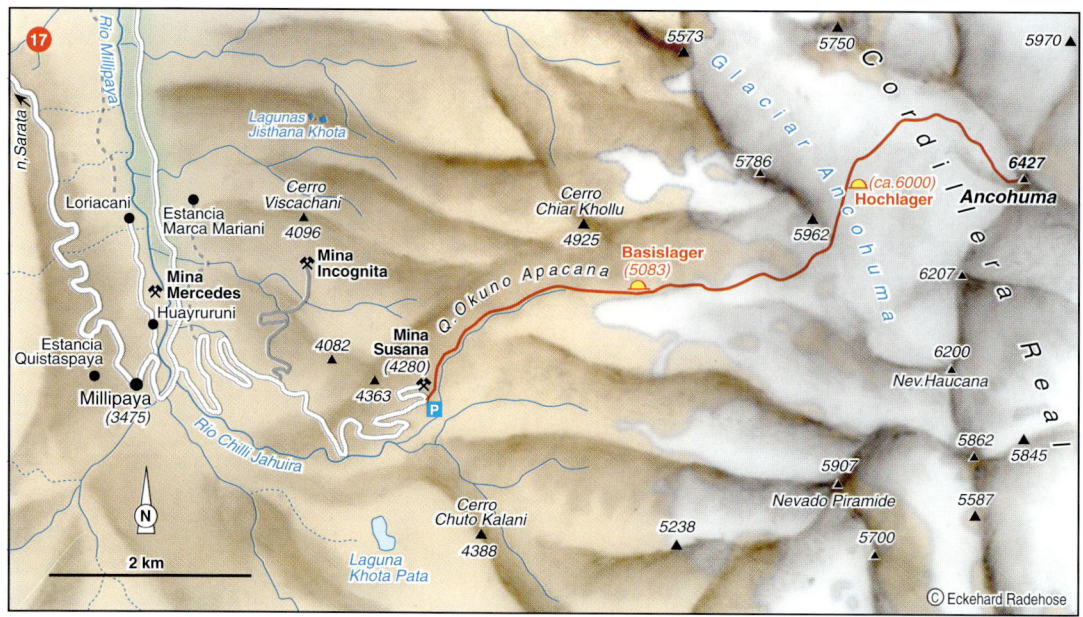

Ancohuma-Guide

Charakter: Die beiden beherrschenden Berggestalten im nördlichen Teil der Cordillera Real sind der Illampu (6368 m) und der Ancohuma (6427 m). Während der Illampu eher den Experten vorbehalten bleiben muß, kann der etwas höhere Ancohuma auch von den Normalverbrauchern unter den Bergsteigern versucht werden. Sowohl nach Norden als auch nach Osten wie hin zum Altiplano im Westen imponieren diese Berge mit ihren Trabanten durch ihre vergletscherten Steilflanken und Felsabbrüche. Die ungeheuer wuchtigen Grate, die von beiden Bergen nach unten ziehen, weisen eine Vielzahl von Nebengipfeln auf. Der fünf Kilometer lange Verbindungsgrat zwischen Illampu und Ancohuma trägt mehrere über 6000 m hohe, dazu sehr formschöne Erhebungen, deren Erscheinungsbild vom Rillenfirn geprägt ist. Hier verdient der etwa 150 Kilometer lange Gebirgszug der Cordillera Real (Königskordillere) seinen Namen zurecht.

Allgemeines: Der beschriebene Anstieg führt über spaltenreiches Gletschergelände. Zweckmäßigerweise versucht man den Durchstieg durch den Ancohuma-Gletscher im westlichen (rechten) Gletscherbereich nahe der Felsabbrüche zur Altiplano-Seite.

Anreise: Von La Paz (internationaler Flughafen) mit einem Mietwagen (am besten Allradfahrzeug) über das Altiplano nach Achacachi (3821 m) und weiter über den Huallata-Paß

(4300 m). Nach etwa 10 km zweigt von der Straße, die weiter nach Sorata führt, eine abenteuerliche Minenstraße zum Bergwerksdorf Millipaya (3475 m) ab.

Ausgangspunkt: Von Millipaya, in einem Talwinkel gelegen, wurde eine neue Zufahrtsstraße bis zur Mine Susana (4280 m) angelegt. An einer der letzten Kehren dieser Minenstraße beginnt der Anmarsch zum Basislager. Zunächst steigt man dem Talverlauf (Quebrada Okuno Apacana) folgend in nordöstlicher Richtung aufwärts. Bis etwa 4850 m wird dann eher in nördlicher Richtung unter den steil abfallenden Felsbarrieren, die den Ancohuma-Westgletscher begrenzen, aufgestiegen. Über Schottergelände weiter Richtung Osten bis etwa 5000 m. Nun öffnet sich das Gelände nach Nordosten mit Blick auf Illampu und Yacuma. Bei einer Lagune in 5038 m Höhe wird das Basislager erstellt.

Besteigungsdauer: Ab Basislager zwei Tage – vorausgesetzt, man ist gut akklimatisiert.

Stützpunkte: Basislager bei einer Lagune (5038 m). Hochlager auf etwa 6000 m oder Biwak etwas weiter unten in den Begrenzungsfelsen des Gletschers zum Altiplano hin.

Beste Zeit: Ende Juni bis Anfang August.

Organisation: Problemlos von La Paz aus zu organisieren.

Ausrüstung: Normale Eisausrüstung, Hochlagerzelt mit entsprechendem Zubehör.

Besonderheiten: Siehe Illampu (Seite 114).

Literatur und Karten: Siehe Illampu (Seite 114).

HUAYNA POTOSI, 6088 m

Ein Sechstausender als Wochenend-Unternehmung – *La Paz*, die höchstgelegene Hauptstadt der Welt macht's möglich! Ohne jeden Zweifel ist der *Huayna Potosi* Hausberg der fast 4000 m hoch gelegenen Metropole Boliviens. Doch was nützt die Nähe einer Großstadt und die ideale Anfahrtsmöglichkeit zur Basis, wenn die entsprechende Höhenanpassung fehlt? Denn die benötigt man bereits für einen ausgedehnteren Spaziergang durch die Altstadt von La Paz. Es sind Fälle bekannt, bei denen Touristen nach der Landung auf dem Flughafen *El Alto* in 4082 m Höhe ihr Bett im Hotel für einige Tage nicht mehr verlassen haben, um dann mit Anzeichen von akuter Höhenkrankheit den sofortigen Heimflug anzutreten.

Eine weitere, höhenphysiologisch fragwürdige Superlative bietet das Skigebiet am *Chacaltaya,* unweit der Straße zum *Zongo-Paß:* Die dortigen Skilifte erreichen eine Höhe von 5300 m und bilden damit das höchstgelegene Skigebiet der Welt.

Der Huayna Potosi ist ein äußerst attraktiver Gletscherberg nördlich der Haupt-

Das wuchtige Massiv des Huayna Potosi in der Abendsonne: Diesen prachtvollen Anblick genießt man schon wenige Meter oberhalb des Zongo-Passes.

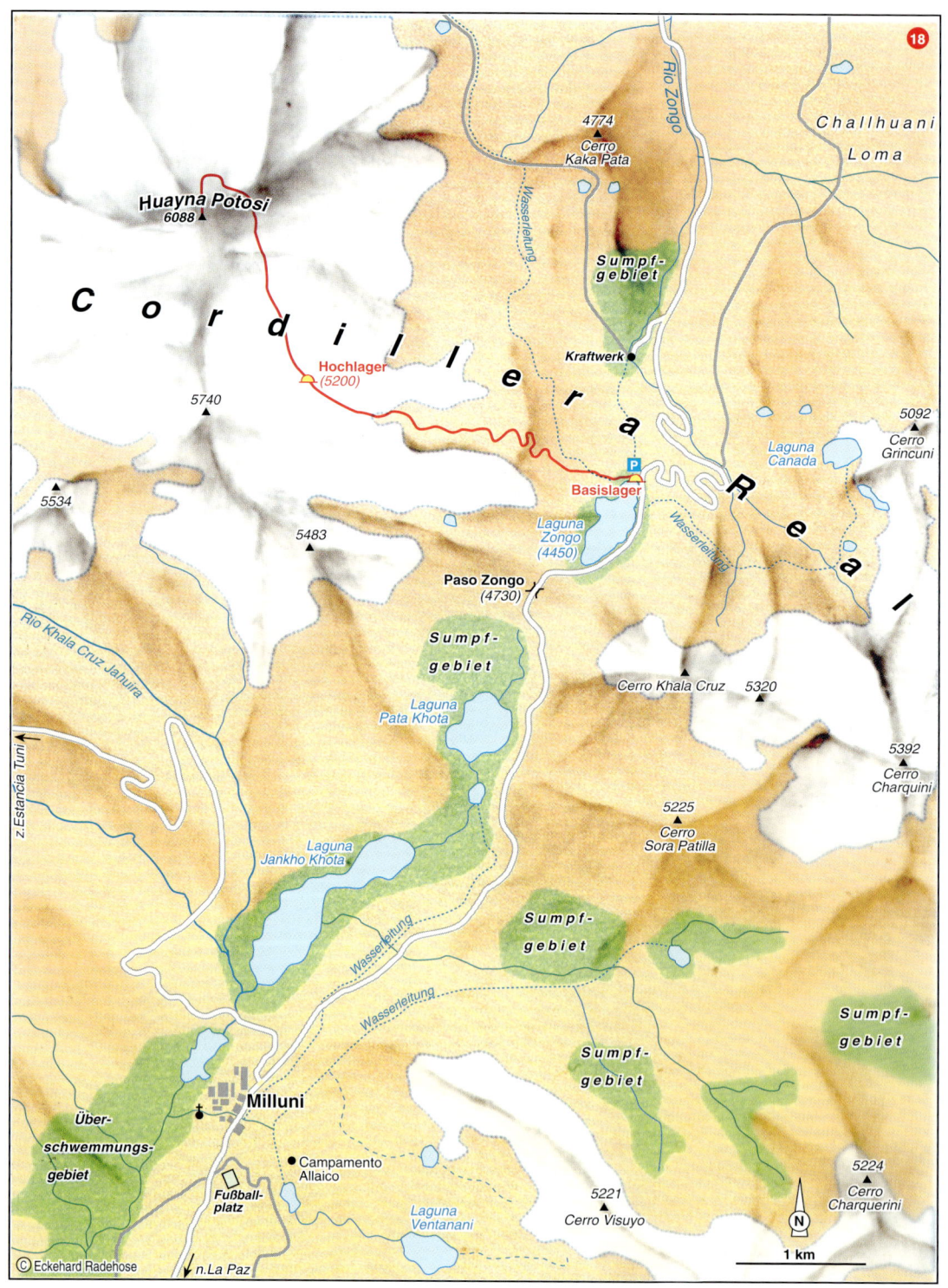

18

Challhuani Loma

Rio Zongo

4774 ▲
Cerro Kaka Pata

Huayna Potosi
6088 ▲

C o r d i l l e r a

Wasserleitung

Sumpf-gebiet

Kraftwerk ●

Hochlager
(5200)

5740 ▲

5092 ▲
Cerro Grincuni

Laguna Canada

5534 ▲

5483 ▲

Basislager

Laguna Zongo (4450)

R e a l

Wasserleitung

Paso Zongo
(4730)

Sumpf-gebiet

Rio Khala Cruz Jahuira

Laguna Pata Khota

Cerro Khala Cruz   5320 ▲

5392 ▲
Cerro Charquini

5225 ▲
Cerro Sora Patilla

z.Estancia Tuni

Laguna Jankho Khota

Wasserleitung

Sumpf-gebiet

Sumpf-gebiet

Wasserleitung

Sumpf-gebiet

Milluni

Über-schwemmungs-gebiet

● *Campamento Allaico*

5224 ▲
Cerro Charquerini

Fußball-platz

Laguna Ventanani

5221 ▲
Cerro Visuyo

N

© Eckehard Radehose

↙ n.La Paz

1 km

stadt. Entsprechend oft wird er bestiegen. Tatsächlich beträgt die Entfernung von La Paz zum Berg gerade einmal 30 Kilometer. Eine Minenstraße führt über den 4730 m hohen Zongo-Paß in den gleichnamigen Ort – vorbei an der etwas niedriger liegenden **Laguna Zongo** (4450 m). Die Lagune bildet den Ausgangspunkt für die Besteigung. Hier entsteht das Ausgangs- bzw. Basislager. Bei hervorragender Kondition und vor allem bester Höhenanpassung ist es durchaus möglich, von hier aus den Gipfel in einem Tag zu besteigen. Allerdings sind dabei über 1500 Höhenmeter im Auf- und Abstieg zu bewältigen – in dieser Höhenlage ganz sicher nicht jedermanns Sache!

Wer jedoch Zeit hat oder noch mit Anpassungsproblemen geplagt ist, kann von hier aus zuerst den etwa 5300 m hohen **Ayllaico** besteigen. Der Aufstieg ist unschwierig: Anfangs verläuft die Route durch eine ziemlich steile Flanke, dann steigt man rechtshaltend, meist über Firn- hänge, auf den aussichtsreichen Gipfel (insgesamt etwa 3 – 4 Stunden). Der Blick von hier auf die gegenüberliegende Auf- stiegsroute zum Gipfel des Huayna Potosi ist überaus instruktiv.

An dieser kurzen Steilstufe oberhalb des Hoch- lagers erwartet uns die Schlüsselstelle am Weg zum Huayna Potosi.

Wochenendausflug zum Hausberg von La Paz

Den folgenden Tag nützen wir, um das Hochlager am Huayna Potosi in 5200 m Höhe auf einer ausgeprägten Schulter, gleichzeitig einem hervorragenden Aus- sichtsbalkon einzurichten. Der Weg dort- hin führt zuerst über die Staumauer des **Zongo-Stausees**, dann über einen Morä- nenrücken. Weiter oben ziehen zahlreiche Serpentinen ziemlich mühsam im lästigen Schottergelände aufwärts. Über eine kleine Scharte (etwa 2 Std. ab der Staumauer) wird der Gletscher erreicht und über diesen schließlich der Platz für unser Hochlager. Bis hier herauf wird man etwa vier, manchmal auch fünf Stunden benöti- gen. Die Eisverhältnisse am Gletscher können sich oftmals sogar innerhalb eines

Jahres extrem ändern; häufig führt die Aufstiegsroute durch ausgedehnte Spalten- zonen.

Am Gipfeltag sollte frühzeitig – in jedem Falle noch bei Dunkelheit – aufgebrochen werden. Die Normalroute führt nun über einen kurzen steileren Firnkamm, dann über den Gletscher – manchmal steiler, dann wieder flacher – vorbei an einigen Spaltenzonen hinauf bis zur Randspalte. Oberhalb setzt ein Firngrat an, über den wir den Gipfel erreichen. Sichere Eisgeher werden sich den Umweg über den Grat ersparen und auf den letzten 200 Höhen- metern über eine ebenmäßige Eis- bzw. Firnflanke (etwa 40 – 45 Grad) direkt zum

höchsten Punkt aufsteigen. Büßerschnee kann diese Variante allerdings problematisch gestalten. Insgesamt sind für die Gipfeletappe 5 – 6 Stunden Aufstiegszeit einzukalkulieren.

Neben den beeindruckenden Tiefblicken über die jäh abstürzende Westwand hinab besticht der Huayna Potosi vor allem mit seiner herrlichen Fernsicht. Bei guten Bedingungen reicht die Rundschau über die Weite des **Altiplano** hinaus bis zum **Titicaca-See** und natürlich nach Südosten zum gut 50 km entfernten **Illimani**.

Beim Abstieg hält man sich an die Aufstiegsroute. Besonders langsame Bergsteiger sollten eventuell nochmals im Hochlager übernachten; für gewöhnlich steigt man aber noch am selben Tag hinab bis zum Ausgangspunkt am Stausee, wofür man etwa 5 Stunden benötigt.

Vom harten Überlebenskampf gezeichnet – Indio in den Straßen von La Paz.

Huayna-Potosi-Guide

Charakter: Formschöner Sechstausender, der ohne große Schwierigkeiten zu besteigen ist und eine phantastische Aussicht bietet. Der Huayna Potosi eignet sich besonders als Vorbereitungs- und Akklimatisationstour für die höheren und anspruchsvolleren Gipfel der Cordillera Real. Insbesondere seine Nähe zu Boliviens Hauptstadt La Paz – der Huayna Potosi ist von dort sozusagen als »Wochenendtour« machbar – sorgt für einen enormen Beliebtheitsgrad. So ist der Huayna Potosi Boliviens meistbestiegener Gipfel.

Anreise und Ausgangspunkt: Von La Paz (internationaler Flughafen) in nördlicher Richtung nach Milluni, einer kleinen Siedlung unterhalb des Zongo-Passes. Bis hierher fahren täglich zwei Busse ab La Paz. Nun weiter bis zur Laguna Zongo oder zum Zongo-Paß, je nach Wahl des Ausgangspunktes (etwa 2 Stunden ab La Paz).

Besteigungsdauer: Ab Ausgangspunkt 1½ bis 2 Tage.

Stützpunkte: Am Berg gibt es keine festen Stützpunkte. Ein sturmsicheres Hochlagerzelt ist also notwendig. Das Basis- bzw. Ausgangslager entsteht in der Regel an der Laguna Zongo (4450 m), das Hochlager auf etwa 5200 m, eventuell auch etwas höher.

Beste Zeit: Etwa Anfang Mai bis Mitte August.

Organisation: Die Unternehmung läßt sich problemlos individuell durchführen. Es ist keine Genehmigung notwendig. Lebensmittel lassen sich in La Paz bestens einkaufen. Eventuelle Trockennahrung für das Hochlager sollte von Europa mitgebracht werden. In La Paz gibt es mehrere Trekking-Agenturen, die eine Besteigung des Huayna Potosi organisieren; auch viele europäische Reiseveranstalter haben den Berg im Programm.

Ausrüstung: Komplette Westalpenausrüstung. Hochlagerzelt mit entsprechender Ausrüstung (Isoliermatte, Schlafsack, Kocher, Proviant).

Besonderheiten: Für sehr gut akklimatisierte und konditionsstarke Bergsteiger ist die Besteigung in einem Tag zu schaffen.

Literatur und Karten:

Alain Mesili: »La Cordillera Real de los Andes Bolivia«, Editorial los amigos del libro, La Paz.

Alpenvereinsjahrbuch 1988, verschiedene Beiträge über die Cordillera Real.

R. Pecher, W. Schiemann: »Die Königskordillere – Berg- und Skiwandern in Bolivien«, Hofbauer Verlag München, 1983.

Carta Nacional Bolivia 1: 50 000, (Serie h 731), Blatt 5945 II: »Milluni«.

ILLIMANI, 6462 m

Das Massiv des knapp 6500 m hohen **Illimani** ist fast ein Gebirge für sich. Nur gut vierzig Kilometer Luftlinie trennen diesen höchsten Gipfel der **Cordillera Real** mit seiner eisigen Einsamkeit vom Lärm und Trubel des weiten Talkessels von **La Paz**. Eine phantastische Kulisse über der 4000 m hoch gelegenen Hauptstadt Boliviens. Darunter – fast 1000 Kilometer lang und bis zu 250 Kilometer breit – das **Altiplano**, das Tibet von Südamerika. Je weiter man am Illimani nach oben klettert, um so weiter reicht der Blick hinaus in die Weite des Andenhochlandes.

Auch heute noch spielt der Illimani im Glauben der indianischen Bevölkerung eine große Rolle. Die Sage erzählt uns vom

Das Illimani-Massiv: Rechts der Bildmitte lugt von hinten der Pico Sur hervor.

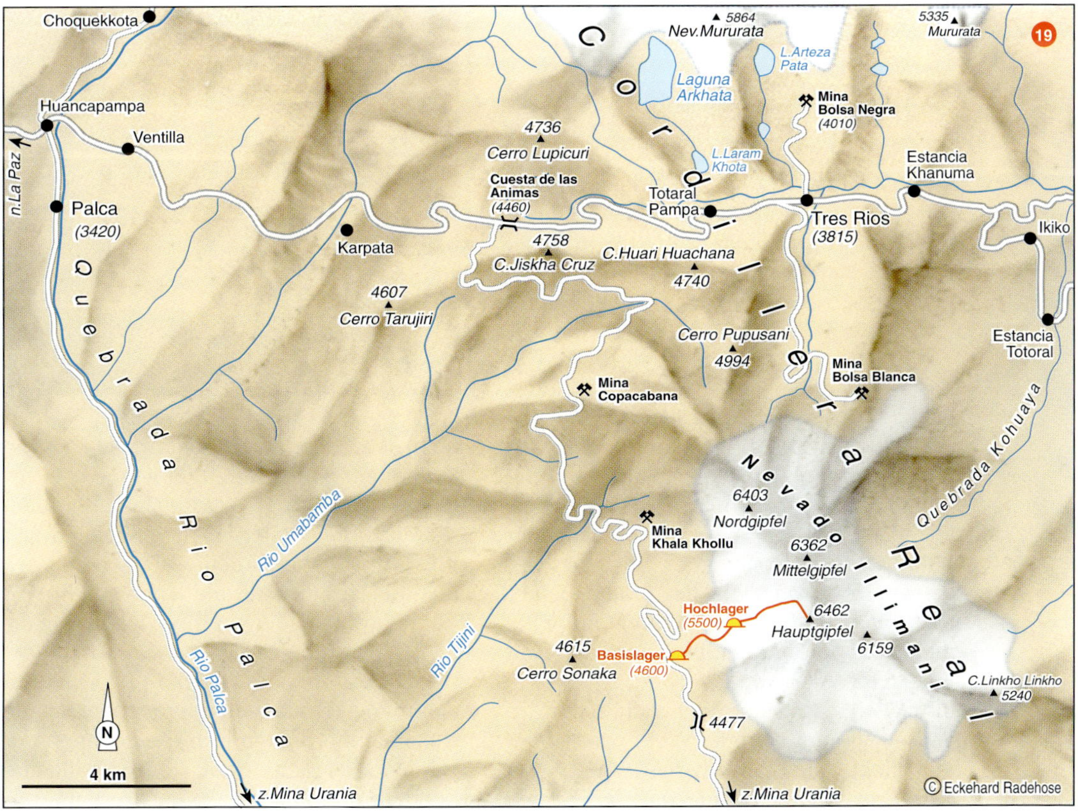

Versuch des benachbarten **Mururata,** es dem Illimani an Größe und Mächtigkeit gleichzutun. Erzürnt darüber schlug ihm der übermächtige Illimani mit dem Schwert sein eisiges Haupt ab. Es soll heute über 200 km weiter westlich liegen, in Gestalt des **Nevado Sajama,** jenem erloschenen Vulkan in der Westkordillere.

Sir Martin Conway mitsamt seinen Führern sollen 1898 die ersten am Gipfel gewesen sein. 1972 haben Ernesto Sanchez und Alain Mesili in sechs Tagen die erste Gesamtüberschreitung des Illimani-Massivs durchgeführt.

Genau 110 Jahre nach der Erstbesteigung lagern wieder Andinisten unterhalb des Illimani. Eine kleine Gruppe, nur drei Mann an der Zahl: Felix, ein Bolivianer, Hansjörg und Heinrich aus dem Südtiroler Puster- und Ultental. Die sogenannte Normalroute wollen die drei hinaufklettern. Schwerbeladen verlassen sie am Morgen ihren Lagerplatz. Über weite Geröllhänge mühen sie sich aufwärts ...

Klassiker über dem Altiplano

... Seit Stunden steigen wir aufwärts. **Nido de Condores**, das Nest des Kondors, der übliche Hochlagerplatz, ist unser Tagesziel, an die 5500 Meter hoch. Noch thront er weit über unseren Köpfen. Und doch bringt uns jeder Schritt weiter und weiter den Berg hinauf. Schottergelände – Spielfeld für die Schuhe und Skistöcke. Die Gedanken haben Ausgang, sind unterwegs ... Wir erreichen den Gratrücken der zum Nido de Condores hinaufführt, gewinnen weiter zügig an Höhe, stehen um die Mittagszeit am Lagerplatz. Ein Zelt wird aufgebaut und die Schuhe werden in der Mittagssonne getrocknet. Es ist angenehm warm hier oben. Ich liege auf meiner Isoliermatte und träume vor mich hin. Eine phantastische Landschaft dehnt sich weit hinaus: das Altiplano.

Tausend Tagträume hatte ich schon zu Hause geträumt, von der Weite, der Höhe, dem Licht. Nun bin ich hier, sitze hoch oben über dem Altiplano und kann mich

nicht sattsehen. Immer tiefer neigt sich die Sonne dem Horizont zu. Prächtige Farbtöne spielen mit der Landschaft, überfluten sie mit zarten kupferfarbenen Schleiern.

Es ist still geworden. Mir scheint, als bereite sich alles auf die lange Nacht vor. Auch unsere Stimmen sind leiser geworden. Weit drüben im Westen verabschiedet sich der glühende Feuerball, versinkt in einem Meer voller gelbroter Farben. Wenig später schon breiten sich die Schatten der Nacht aus. Ich starre das knallgelbe Zelttuch über mir an. Ab und zu flattert es

Über den Lichtern der Millionenstadt La Paz thront ihr Hausberg, der Illimani.

im leichten Wind. Seine Farbe wird immer fahler. Ich muß wohl zwischendurch eingenickt sein.

Morgendämmerung im Nido. Die Lichtkegel der Stirnlampen leuchten das Zelt aus. Ein Kocher surrt. Wenig später kriechen zwei vermummte Gestalten aus ihrer engen Behausung. Noch einige Handgriffe an den Steigeisen, dann beginnen wir den steilen Firngrat hinaufzuklettern. End-

lich kommen die Sonne und mit ihr auch etwas Wärme und Leben. Und die Welt um mich ist nicht mehr so kalt und eisig.

Ich bin alleine. Mein Partner ist zurückgeblieben. Zügig steige ich weiter, umgehe sehr vorsichtig einige Spalten. Bald jagen die ersten Wolkenfetzen um den Berg. Wind kommt auf. Ich setze mich auf meinen Rucksack, starre auf die Löcher in dem weißen Einerlei und warte auf Hansjörg. Inzwischen umgibt mich dichter Nebel. Ich steige weiter. Noch immer bin ich alleine, alleine mit der alten Spur vor mir, den kalten Zehen, der dünnen Luft. Die Spuren enden plötzlich. Einige Essensreste zeugen von einer längeren Rast meiner Vorgänger. Ein Blick auf den Höhenmesser: Ich bin am Gipfel!

Gipfelfreude? – Achselzucken! Ich sehe nichts. Nur weiß – oben, unten, rechts, links. Keine Gipfelschau, keine Umarmungen, kein Schulterklopfen. Nach wenigen Minuten beginne ich den Abstieg.

»Yes, yesterday we were on the top.« Nun kommt auch bei mir allmählich so etwas wie Gipfelstimmung auf. Ich plaudere mit drei Amerikanern. Wir konnten sie am Vortag beim Abstieg beobachten. Sie haben weit über dem Nido biwakieren müssen. Ihre Spuren haben mich heute zum Gipfel geführt.

Jetzt nur noch hinunter. Fast ein wenig übermütig beginne ich hinabzusteigen, hinab zum Zelt, zu Felix und heißem Tee. Am Nachmittag steigen wir alle drei ab bis zum Ausgangslager am Fuße des Illimani. La Paz ist nicht mehr weit. Ein gutes Restaurant und ein ebenso edler Tropfen warten auf uns.

Heinrich Gruber

Rechts: Gegenüber dem Nido de Condores streben feine Eisgrate empor.

Illimani-Guide

Charakter: Anspruchsvolle Bergfahrt auf den höchsten Gipfel der Cordillera Real (Königskordillere). Gute Kondition und Akklimatisation sowie sicheres Gehen und Klettern mit Steigeisen müssen selbstverständlich sein. Die Eis- und Spaltenverhältnisse können manchmal sehr ungünstig sein.

Allgemeines: Das riesige Massiv des Illimani ist ein ganzer Gebirgsstock für sich mit einem halben Dutzend über 6000 m hohen Gipfeln und einem Hochplateau oberhalb der 6000-Meter-Grenze. Die Normalroute über den Nido de Condores führt über steile Gratrücken und relativ steiles Gletschergelände vom Hochlager in etwa 6 bis 8 Stunden auf den Süd- und zugleich Hauptgipfel des Illimani-Massivs.

Anreise: Boliviens Metropole La Paz (internationaler Flughafen) liegt mit 3800 bis 4200 m ungewöhnlich hoch. Bereits hier können ernsthafte Höhenprobleme auftreten.

Ausgangspunkt: Von La Paz mit Jeep über Calacoto, Ventilla (Huancapampa) und die Paßhöhe Cuesta de las Animas (etwa 4400 m) direkt bis ins Basislager auf etwa 4600 m. Über ortsansässige Agenturen unbedingt Informationen über den Zustand der zu befahrenden Minenstraße einholen. Sollte die meist sehr schlechte Straße nicht befahrbar sein – 1994 war dies nicht möglich –, verlängert sich der Aufstieg. Man muß dann mit einem längeren Marsch bis ins Basislager rechnen (etwa 4 bis 5 Stunden).

Besteigungsdauer: Einschließlich Reservetage sollten für den Illimani etwa 6 bis 7 Tage veranschlagt werden – vorherige Akklimatisation vorausgesetzt.

Stützpunkte: Das Basislager entsteht in der Regel am Ende der Minenstraße auf etwa 4600 m. Der klassische Hochlagerplatz Nido de Condores liegt auf etwa 5500 m, eine weitere gute Möglichkeit für ein Hochlager befindet sich auf etwa 5800 m. Dieser Platz ist kleiner, jedoch ziemlich windgeschützt.

Beste Zeit: Mai bis August.

Organisation: Für die Besteigung ist kein Permit erforderlich. Der Illimani wird auch von diversen Reiseveranstaltern angeboten. Ferner gibt es in La Paz einige ortsansässige Agenturen. Detaillierte Informationen kann der *Club Andino Boliviano, Calle Mexico 1638, Casilla 1346, La Paz* übermitteln.

Ausrüstung: Gute Westalpenausrüstung und Gletscherausrüstung (Seil, Pickel, Steigeisen, einige Eisschrauben) sind obligatorisch. Winderprobte Hochlagerzelte sowie Kochausrüstung und Trockenverpflegung sind notwendig.

Besonderheiten: Der Illimani ist ein kalter Berg, Nachttemperaturen von minus 25 Grad sind keine Seltenheit. In den letzten Jahren haben mit zunehmender Trockenheit oftmals große Gletscherspalten den Aufstieg erschwert.

Literatur und Karten:
Alain Mesili: »La Cordillera Real de los Andes Bolivia«, Editorial los amigos del libro, La Paz.
Alpenvereinsjahrbuch 1988, verschiedene Beiträge über die Cordillera Real.
R. Pecher, W. Schiemann: »Die Königskordillere – Berg- und Skiwandern in Bolivien«, Hofbauer Verlag München, 1983.
Herbert Ziegenhardt: »Königskordillere – Im Land der Inka«, Eigenverlag.
Alpenvereinskarte 1: 50 000, Nr.0/9, »Cordillera Real – Süd (Illimani)«.

SAJAMA, 6542 m

Etwa 200 Kilometer südwestlich von *La Paz,* nur 25 Kilometer östlich der Grenze zu Chile, schwingen sich die Kordilleren Boliviens zu ihrer höchsten Erhebung auf. Im Gegensatz zu den faszinierenden Gletscherbergen der **Cordillera Real** sind hier in der Westkordillere oder auch **Cordillera Occidental** die Berge vulkanischen Ursprungs. Sie zeigen sich als einzelstehende Vulkankegel mit meist vergletscherten Gipfelkuppen, die aus der tristen, steppenartigen Landschaft herausragen.

Der Gipfel des 6520 m hohen *Sajama* ist nicht allzu schwierig zu besteigen, doch selbst die Normalroute über die Nordwestseite führt durch steiles Gelände, und der Bergsteiger bekommt hier den typischen Charakter sehr hoher, einzelstehender Berge deutlich zu spüren: Der Sajama hat sein eigenes Wetter, er ist ein kalter und häufig auch sturmanfälliger Berg. Noch in den siebziger Jahren konnte allein die Anreise aus La Paz bis zum Sajama guten Gewis-

sens als Expedition bezeichnet werden. Damals verkehrte einmal pro Woche ein Lastwagen von La Paz nach *Sajama,* dem Ausgangspunkt für die Besteigung des Berges. Die Straßenverbindung war teilweise extrem schlecht; sie bestand weitgehend aus Sandpiste und sogar eine zeitaufwendige Flußüberquerung über den **Rio Desaguadero** mußte in Kauf genommen werden. Früher waren 20 Stunden und mehr für diese abenteuerliche Route notwendig; heute hat sich die Fahrzeit durch den Bau der neuen Straße von La Paz nach **Arica,** einer chilenischen Hafenstadt, auf 7 bis 8 Stunden verkürzt.

In den letzten Jahren wird die Anreise zum Sajama immer häufiger auch vom Norden Chiles aus durchgeführt. Dabei lassen sich ideal die **payachatas** (Zwillinge) **Parinacota** und **Pomerape** besteigen. Beide sind über 6000 Meter hohe Grenzberge zwischen Bolivien und Chile.

Durch Sturm und Kälte zum höchsten Punkt Boliviens

Das abgelegene Indiodörfchen Sajama in 4300 Meter Höhe dient als Ausgangspunkt für die Besteigung. Von hier wird in der Regel zum Fuß des Berges aufgebrochen. Etwa 12 km Distanz, dazu etwa 400 Höhenmeter sind zurückzulegen, um nach 3 – 4 Stunden Gehzeit in einer Höhe von 4700 m das Basislager zu erreichen. Für den Gepäcktransport bieten die Einheimischen Esel an, die bei günstigen Verhältnissen gegebenenfalls sogar weiter bis ins Hochlager mit aufsteigen können. Der nächste Tag dient dem weiteren Aufstieg zum Hochlager. Ist man bereits akklimatisiert, gibt es gegen den Gepäcktransport durch Tragetiere nichts einzuwenden. An-

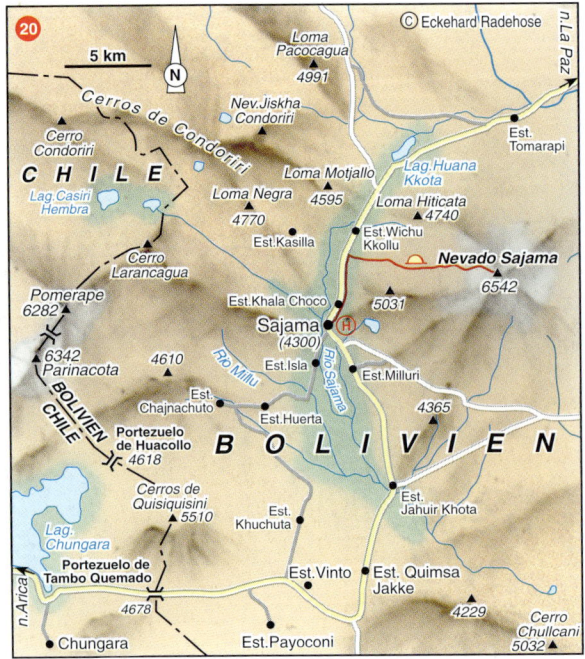

Rechts: Der Nevado Sajama im Torbogen des gleichnamigen Dörfchens.

Idyllisches Landleben auf den Schilfinseln der Urus am Titicaca-See.

Das Hochlager entsteht in 5500 m Höhe direkt unter der Schneegrenze. Die Gipfeletappe ist mühsam; über 1000 Höhenmeter sind zu überwinden. Direkt oberhalb des Lagers wird der Weg bereits steil. Je nach Verhältnissen führt die Route über gefrorenes Schmelzwasser oder Büßerschnee hinauf auf den Gletscher. Sicheres Gehen mit Steigeisen ist hier unabdingbar. Dazu plagen uns am frühen Morgen noch große Kälte und starker Wind. In einer Höhe zwischen 5800 und 5900 m müssen wir eine steile Gletscherpassage überwinden. Gegebenenfalls sollten hier Seilsicherung oder ein Fixseil angebracht werden. Kurz unterhalb des Gipfels zwingen einige größere Spalten zu erhöhter Vorsicht. Nach sechs bis acht Stunden harten Aufstiegs ist der höchste Punkt Boliviens erreicht, und damit wird der Blick frei über das weite Hochland.

dernfalls ist es sicher empfehlenswert, die Ausrüstung für das Hochlager selbst hinaufzutragen, um dann am selben Tag wieder ins Ausgangslager zurückzukehren.

Sajama-Guide

Charakter: Anspruchsvolle Hochtour im Expeditionsstil auf den höchsten Gipfel Boliviens. Gute Kondition, Akklimatisation sowie eine solide Bergerfahrung im Gletscherbereich sind Grundvoraussetzungen für eine Gipfelchance.

Allgemeines: Der über 6500 m hohe Sajama ist ein ehemaliger Vulkan weitab der bergsteigerisch wesentlich interessanteren Cordillera Real. Die Normalroute über den Nordwestrücken ist nicht übermäßig anspruchsvoll, dennoch erfordern die teilweise bis 40 Grad steilen Gletscherpassagen den erfahrenen Eisgeher.

Anreise: Entweder von La Paz zunächst auf der Staatsstraße Nr.1 nach Patacamaya. Nun in südwestlicher Richtung nach Curahuara de Carangas und weiter etwa 80 km nach Sajama, einem kleinen Indiodorf am Fuße des Berges (von La Paz 290 km, etwa 8 Stunden Fahrzeit). Wichtig für Individualreisende mit gemietetem Fahrzeug: rechtzeitig tanken; eventuell eine größere Menge Reservetreibstoff mitführen.
Die zweite Möglichkeit führt von Arica, der chilenischen Hafenstadt am Pazifik, anfangs über die Staatsstraße 11, dann über Pisten zum Lago Chungara und weiter über die chilenisch-bolivianische Grenze, dem Paso de Tambo Quemado (4660 m), nach Sajama (4300 m).

Ausgangspunkt: Das Basislager (etwa 4700 m) am Fuß des Berges ist etwa 12 Kilometer von Sajama entfernt und in 3 bis 4 Stunden Fußmarsch zu erreichen. Gepäcktransport mit Eseln ist möglich.

Besteigungsdauer: Bei guter Akklimatisation 3 Tage.

Stützpunkte: Basislager, siehe Ausgangspunkt. Das Hochlager entsteht in etwa 5500 m unterhalb der Schneegrenze (Aufstiegszeit ab Basislager 4 – 5 Stunden).

Beste Zeit: Juni bis August, Oktober, November.

Organisation: Kein Permit notwendig. Agenturen in La Paz oder auch in Santiago de Chile bieten ihre Dienste an. Auch europäische Reiseveranstalter führen die Besteigung des Sajama im Rahmen einer Bergsteiger-Reise durch.

Ausrüstung: Gute Westalpenausrüstung mit Pickel, Seil und Steigeisen. Markierungsfähnchen können sehr nützlich sein. Komplette Hochlager-Ausrüstung einschließlich Trocken-Verpflegung ist mitzuführen.

Besonderheiten: In der trockenen Jahreszeit hat man vermehrt mit Büßerschnee und -eis zu rechnen. Der Berg kann sehr kalt und stürmisch sein.

Literatur und Karten:
Herbert Ziegenhardt: »Königskordillere – Im Land der Inka«, Eigenverlag.
R. Pecher, W. Schiemann: »Die Königskordillere – Berg- und Skiwandern in Bolivien«, Hofbauer Verlag München, 1983.
Topographische Karte 1: 250 000, Blatt 1800-6845 »Arica«, herausgegeben vom militärgeographischen Institut Santiago de Chile.

PARINACOTA, 6342 m

Nahe dem Dreiländereck Bolivien – Peru – Chile liegt ganz auf chilenischem Territorium der 1370 qkm große **Lauca-Nationalpark.**

Am Ostrand dieser zwischen 3500 und 4500 m hoch gelegenen Park-Hochfläche, direkt auf der Grenzlinie Chile-Bolivien, ragen mehrere über 6000 m hohe Vulkanberge empor: die **payachatas** (Zwillinge) **Parinacota** (6342 m) und **Pomerape** (6232 m) sowie der **Guallatire** (6063 m) und der **Acotango** (6052 m). Die Gipfel dieser Vulkane sind allesamt vergletschert und in europäischen Bergsteigerkreisen nahezu unbekannt, obwohl die Besteigungen keine alpintechnischen Schwierigkeiten bieten.

Das gesamte Gebiet wurde 1970 von der UNESCO zum *bioshere reserve* erklärt. Eine Vielzahl von Tieren sind hier beheimatet: Lamas, Alpakas, Vicunias und Viscachas sind häufig anzutreffen. Die Seen beleben zahlreiche Enten, Gänse und Flamingos. Mit etwas Glück wird man auch den Kondor beobachten können. Neben dem allgegenwärtigen Ichu-Gras sind das grüne Polster der Llareta sowie der Quenua-Baum botanische Besonderheiten.

Vulkane in endloser Wüste

Die Rucksäcke drücken schwer auf unseren Schultern. Wir haben diesmal Ausrüstung und Verpflegung für drei Tage dabei. Gut zwei Stunden sind wir bereits in knöcheltiefem Lavasand unterwegs und haben kaum 100 Höhenmeter geschafft. Hier oben ist die Luft kristallklar, die Temperatur ist angenehm warm.

Das Einschätzen der Entfernungen in dieser vegetationslosen Vulkanwüste fällt

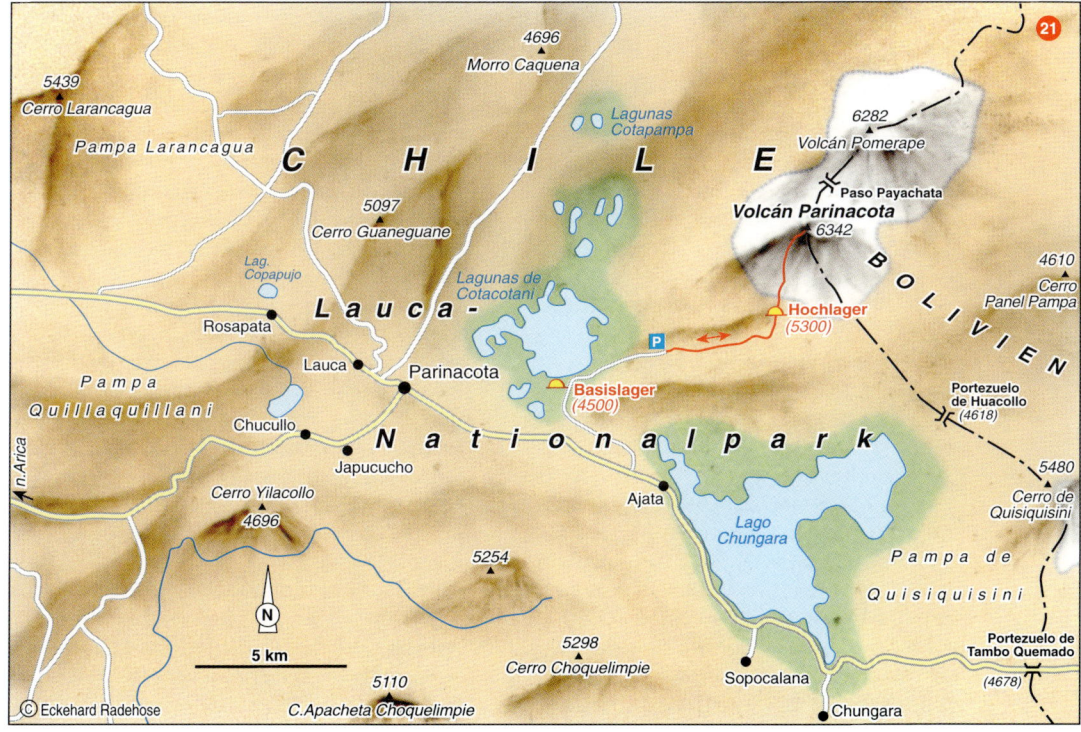

uns immer noch schwer. Unser Fahrzeug konnte uns noch auf schlechter Sandstraße, entlang eines inzwischen aufgelassenen Bewässerungskanals, zu unserem Ausgangspunkt in 4550 m Höhe bringen. Von dort gab es keinen erkennbaren Weg über die nur mäßig ansteigende Fläche bis zum Fuß des Vulkans.

Doch nun ist unsere Richtung klar vorgegeben: Dort im Südosten, wo ein markanter Gratrücken am höchsten hinaufzieht, soll in 5300 Meter Höhe unser Hochlager entstehen. Endlich – nach der Durchquerung eines Trockentales – können wir an Höhe gewinnen. Zwei schon lange sichtbare Lavabrocken werden pas-

Parinacota-Guide

Charakter: Hochtour im Expeditionsstil. Es gibt weder Träger noch Tragetiere, so daß das gesamte Gepäck selbst getragen werden muß. Der Aufstieg zum Krater erfordert keine alpintechnischen Schwierigkeiten, jedoch absolut sicheres Gehen mit Steigeisen und Pickel bzw. Skistöcken im steilen Firn. Die Neigung der Gletscherflanke zum Kraterrand hinauf beträgt 35 – 40 Grad. Eine Umrundung des Kraters ist möglich und dauert etwa eine Stunde.

Allgemeines: Der Volcan Parinacota ist ein gut erreichbarer Sechstausender an der internationalen Straßenverbindung Arica (Chile) – La Paz (Bolivien). Er liegt im Bereich des Lauca-Nationalparks, einer phantastischen Landschaft mit mehreren vergletscherten Vulkanen. Der Lago Chungara (4500 m) ist einer der höchstgelegenen Seen der Erde.

Anreise: Die Anreise erfolgt von Arica (150 000 Einwohner), Hafenstadt im Norden Chiles. Flugverbindungen von La Paz (3 x wöchentlich) oder von Santiago (mehrmals täglich). Auch eine Anreise über die Panamericana ist denkbar, allerdings dann mit guten Überlandbussen vom 2060 Kilometer entfernten Santiago de Chile. Von Arica weiter auf der inzwischen asphaltierten Straße Nr.11 bis zum Lago Chungarae (etwa 200 km, Fahrzeit etwa 4 Stunden) – auch mit Leihwagen gut möglich. Darüber hinaus verkehrt zweimal wöchentlich ein öffentlicher Bus – dieser fährt dann auf schlechter Sandpiste weiter nach La Paz.

Ausgangspunkt und Basislager: Vor Erreichen des Lago Chungara zweigt man auf einer schmalen staubigen Straße nach Norden Richtung Laguna Cotacotani ab. Nach etwa ein bis zwei Kilometern gibt es gute Möglichkeiten zum Zelten. Hier auf 4500 m entsteht das Basislager. Am Lago Chungara – direkt neben der CONAF-Station (Corporation National Forestal) gibt es sogar einen einfachen Campingplatz. Der Anmarsch von hier zum Hochlager ist allerdings sehr weit. Der Parinacota kann auch von Bolivien aus über den Payachata-Sattel bestiegen werden. Informationen hierüber im Expeditions-Report »Königskordillere im Land der Inka« von H. Ziegenhardt.

Stützpunkte: Am Berg keine festen Stützpunkte oder Hütten. Basislager auf 4500 Meter, ein Hochlager sollte auf etwa 5300 m errichtet werden.

Besteigungsdauer: Bei guter vorheriger Akklimatisation kann der Vulkan in 2 – 3 Tagen bestiegen werden.

Beste Zeit: Die Monate Juli und August dürften die günstigsten sein; dann weist die steile Gipfelflanke meist eine gut zu begehende Firnauflage auf. Ansonsten herrschen auch in den Monaten April bis November günstige Verhältnisse, wobei es im April und Mai Neuschnee und auch Gewitter geben kann. Dann ist anstrengende Spurarbeit notwendig. Auch an etwaige Lawinengefahr muß gedacht werden. Grundsätzlich sind Schneefälle das ganze Jahr möglich.

Organisation: Anreise zum Berg auch für Individualisten problemlos möglich. Eine Besteigungsgenehmigung für diesen Grenzberg wurde bisher nicht verlangt (Stand 1994). Dieses kann sich in naher Zukunft jedoch ändern. Die Besteigung des Parinacota wird manchmal auch von europäischen Reiseveranstaltern angeboten.

Ausrüstung: Wichtig ist warme und winddichte Kleidung. Winderprobtes Hochlagerzelt mit Zubehör, Isoliermatte, Schlafsack, Kochausrüstung mit Proviant. Normale Gletscherausrüstung. Ein Seil ist meist entbehrlich, denn es gibt nur wenige schmale Spalten. Skistöcke sind beim Anmarsch sehr nützlich, bei günstigen Verhältnissen gegebenenfalls auch beim Gipfelaufstieg.

Besonderheiten: Es können zu jeder Jahreszeit starke Stürme, Schneefälle und erhebliche Minustemperaturen auftreten. Die letzten Orte vor dem Berg, Putre und Parinacota bieten Übernachtungsmöglichkeiten. In den genannten Orten sind auch kleine Läden vorhanden. Trotzdem sollte man bereits alles Wesentliche aus Europa oder Santiago mitbringen und spätestens in Arica ergänzen.

Literatur und Karten:
Herbert Ziegenhardt: »Königskordillere – Im Land der Inka«, Eigenverlag.
»TURISTEL«, Ausgabe Norte, chilenischer Campingführer mit guten Übersichtskarten, wird jedes Jahr neu aufgelegt.
Topographische Karte 1: 250 000, Blatt 1800-6845 »Arica«, herausgegeben vom militärgeographischen Institut in Santiago de Chile.

Die Zwillinge Volcán Parinacota und Pomerape über den Lagunen des Lauca-Nationalparks.

siert und wir gelangen an den Beginn einer steilen Rinne. Weglos und sehr mühsam steigen wir diese bis auf etwa 5300 m hinauf, um dann zum langen, brüchigen Gratrücken hinauszuqueren. Wir müssen eine Menge loses Lavagestein beseitigen, bis der Platz eingeebnet ist, und unsere drei Zelte aufgestellt werden können. Der Ausblick ist faszinierend. Direkt unter uns liegt der **Lago Chungara,** daneben erkennen wir den Verlauf der internationalen Straßenverbindung von Chile hinüber nach Bolivien. Weiter südlich erheben sich weitere Vulkane, deren weiße Gletscherhauben durch die untergehende Sonne nun in rosafarbene Kuppen verzaubert werden. Einer von ihnen, der Guallatire, ist noch sehr aktiv; seine riesige Schwefelfumarole etwas unterhalb des Gipfels ist deutlich zu erkennen.

Die Nacht ist klar und windstill. Als ich morgens das Zelt öffne und nach dem Wetter sehe, zeigt das Thermometer minus 10 Grad. Mein erster Blick gilt der Sonne, doch diese wird noch einige Zeit von unserem mächtigen Vulkan verdeckt sein, und erst sehr viel später werden ihre wärmenden Strahlen die Gletscherflanke über uns erreichen.

Unsere kleine Gruppe ist gegen 6.00 Uhr abmarschbereit. Die ersten Meter steigen wir im lockeren Lavageröll aufwärts, dann gehen wir mit Steigeisen und Pickel die ersten einhundert Höhenmeter einer ausgeprägten Schneerinne an. Trotz der Anstrengung dauert es lange, bis wir endlich Wärme verspüren. Über uns ragt der Gipfelkrater in den azurblauen Himmel. Die Steigeisen greifen gut; wir gewinnen in der folgenden Firnflanke rasch an Höhe.

Feuer und Eis – bei den Tatio-Geysiren in der Atacama-Wüste.

Einige kleine Gletscherspalten sind gut sichtbar und deshalb nicht gefährlich. Auf etwa 6000 m versperrt zunächst ein Felsriegel den direkten Weiterweg, doch wir können ihn an seiner linken Seite problemlos umgehen. Allmählich legt sich die Firnflanke zurück, und nach insgesamt 6 Stunden Aufstieg erreichen wir den Rand des Kraters. Aufregend und furchterregend zugleich ist der Blick in den etwa 150 m tiefen Schlund. An seinen Rändern weist er Schnee auf. Sehr trockene Luft und intensive Sonneneinstrahlung haben hier im Gipfelbereich Büßerschnee mit bizarren Formen entstehen lassen. Es ist windstill, und die Sicht ist überwältigend: Wir schauen hinüber zum nahen Pomerape,

dem Zwillingsbruder des Parinacota. Weit reicht der Blick über scheinbar endlosen Ebenen des **Altiplano.** Fast zweitausend Meter tiefer spiegelt sich der azurblaue Himmel im **Lago Chungara.** Von den vielen Vulkanbergen beherrscht der 6542 m hohe **Sajama** die weite Runde. Heute können wir am Horizont sogar den **Illimani,** den Hausberg von **La Paz,** ausmachen.

Trotz der stabilen Wetterlage und der grandiosen Gipfelschau müssen wir jedoch nach längerer Rast schon wieder an den Abstieg denken. Die Flanke hinunter zum Hochlager fordert nochmals unsere ganze Konzentration.

Bernd Schreckenbach

LLULLAILLACO, 6739 m

Nur wenige kennen seinen Namen, und dennoch ist dieser Berg vulkanischen Ursprungs – zumindest historisch gesehen – einer der interessantesten Gipfel unserer Erde. Nach der Erstbesteigung im Jahre 1952 wurde sein Gipfel der Brennpunkt archäologischer Forschung in den Anden. Auf dem höchsten Punkt in über 6700 Meter Höhe wurden indianische Opferstätten aus präkolumbianischer Zeit gefunden – zweifellos weltweit die höchstgelegenen Funde dieser Art. So wird der **Llullaillaco** wohl immer von einem ganz besonderen Mythos umgeben sein, und die Besteigung dieses einsamen Berges ein Erlebnis der besonderen Art.

Reise in die Vergangenheit

Wir haben Anfang November, für Bergbesteigungen in diesen südlichen Breiten eine günstige Zeit. Unsere Mannschaft ist diesmal international: Mit dabei sind meine Freunde Jean Michel aus Frankreich, Claudio aus Argentinien sowie Andres aus Chile. Ich will zum wiederholten Male versuchen, erstmals mit Ski von einem der höchsten Berge Südamerikas abzufahren.

Die Atacama-Wüste ist ein beherrschendes Landschafts-Bindeglied in der langen Kette der Anden: hier die Vulkane Juriques und Licancabur mit der Laguna Verde im bolivianisch-chilenischen Grenzgebiet.

In **Antofagasta** starten wir unser Unternehmen in die Wüste Richtung chilenisch-argentinische Grenze. Unter Mithilfe einer ortsansässigen Trekking-Agentur führt unser Weg zur **Mina La Escondida**, einer riesigen Kupfermine.

Hier erleben wir eine herbe Enttäuschung, denn unseren zwei Freunden aus Frankreich und Argentinien bleibt die geplante Besteigung des Llullaillaco verwehrt. Ist es möglich, daß die Inka-Götter ihre Heiligtümer auch heute noch beschützen? Grenzberge bzw. grenznahe Gipfel dürfen in Chile nur von chilenischen Bergsteigern ohne besonderes Permit bestiegen werden; ausländische Alpinisten benötigen eine besondere Genehmigung des Departments für Grenzangelegenheiten.

So sind wir nur noch zu zweit: Andres und ich. Wir fahren weiter bis zum kleinen Grenzposten nach **Socompa**. Bergsteigen in den abgelegenen Regionen Chiles erfordert oftmals besondere Improvisation und nicht selten Unterstützung der Carabineros, zumindest jedoch deren Verständnis für derartige Unternehmungen. Für uns ist es jedenfalls die einzig mögliche Methode, mit Hilfe der Grenzsoldaten der Basis des Llullaillaco näher zu kommen. In der Einsamkeit ihres Grenzpostens ist unser Erscheinen eine besondere Abwechslung.

Sie freuen sich über ein wenig Gesellschaft, und wir freunden uns mit ihnen an. Hier auf über 3800 Meter Höhe stellen die Männer ihr eigenes Brot her, schlagen ihr Holz für's Feuer, züchten Pferde oder malen in ihrer Freizeit. Irgendwie erscheint alles paradox: In der Abgeschiedenheit dieser Hochebene beschützen diese Männer eine imaginäre Grenzlinie, die nicht mehr bedeuten kann als die Mittellinie eines Fußballfeldes. Einen Schritt machen und auf der anderen Seite stehen – ohne Paß, ohne Visum, ohne alles. Hier sieht man, wie weit manchmal die Auflagen der Staatsorgane von der Realität entfernt sind. Trotzdem sollten wir damit leben können. Wir müssen weiter. Der Weg zur Basis des Llullaillaco ist kaum als solcher erkennbar. Es gibt nur eine vage Spur, die die Carabineros bei ihren Kontrollgängen benützen. Dieser Pfad führt zum Teil durch verminte Schutzzonen, Reste des Grenzkonflikts zwischen Argentinien und Chile. Leider wurden die Minen auch in einem Flußbett verlegt, in dem sie weitergeschwemmt wurden. Heute wissen nicht einmal mehr die Carabineros genau, wo sie liegen.

Bei der Weiterfahrt mit dem Jeep erreicht unsere Anspannung ihren Höhepunkt. Die Stille der Einsamkeit wirkt dabei eher belastend.

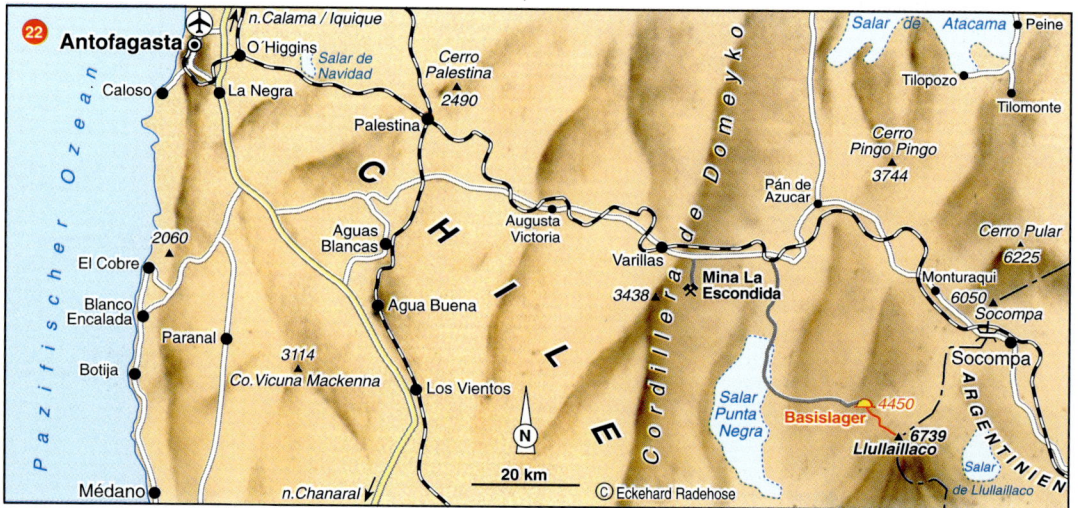

Der Berg ist nur noch 25 Kilometer entfernt, dennoch benötigen wir drei Stunden Fahrzeit, bis wir endlich auf 4500 m das Basislager einrichten können. Die Soldaten fahren zurück; sie werden uns in fünf Tagen wieder abholen. Bergsteigen im Expeditionsstil bedeutet gleichzeitig auch eine völlig andere Lebensart. Man hat vieles zu vergessen: das warme Bett, die Küche, das Bad, den gefüllten Kühlschrank, warmes Wasser ...

Es gibt nur noch die Natur, das Zelt und den gemeinsamen Wunsch, die Herausforderung des Berges zu teilen. Am nächsten Tag transportieren wir erst einmal Ausrüstung nach oben. In einem windgeschützten Tal finden wir einen schönen Platz für das erste Hochlager. Hier in 5400 m Höhe deponieren wir unser Material und steigen wieder hinunter ins Basislager. Ein herrlicher Sonnenuntergang bietet uns willkommene Abendunterhaltung.

Tags darauf das gleiche Programm, nur eine Etage höher. Wir übernachten erstmals im Hochlager zwischen den schützenden Armen von großen Felsblöcken. Dennoch schlafen wir schlecht; morgens sortieren wir erneut unsere Ausrüstung, die Ski, den Proviant und packen die Rucksäcke. Langsam beginnen wir zu gehen.

Die heutige Etappe ist äußerst mühsam, nicht so sehr aufgrund des Geländes, sondern eher wegen der schweren Lasten auf unseren Schultern. Noch vor Einbruch der Dunkelheit erreichen wir einen guten Platz für das zweite Hochlager auf etwa 6300 m Höhe. Ich habe noch nie zuvor eine Nacht in dieser Höhe verbracht.

Allein das Panorama hier oben ist ein Spektakel für sich! Wir liegen in dem kleinen Biwakzelt am Llullaillaco, unter uns die unendliche Weite der Wüste, und träumen davon, morgen den Gipfel zu erreichen.

8.30 Uhr: minus 23 Grad! Es herrscht Unruhe in dem engen Zuhause der beiden Abenteurer. Wir verlassen unser Zelt, steigen langsam höher. Nur noch 500 Höhenmeter trennen uns von unserem Ziel. Die Ungeduld treibt uns nach oben. Einzig

Grenzenlose Weite am Gipfel.

die Felsen im Schnee, umherliegende Felsbrocken ohne jede Ordnung, lenken ab von der Monotonie des Höhersteigens.

11.00 Uhr: Wir kommen zum vermeintlich höchsten Punkt. Doch dann entdecken wir weiter vorne eine noch höhere Kuppe. Wir gehen hinüber, doch nun scheint der zuvor erreichte Punkt wieder höher zu sein. Ein Blick auf den Höhenmesser zeigt 6730 m, das müßte der niedrigere Südgipfel sein. Wir gehen zurück, steigen erneut auf. Jetzt wirklich – wir sind oben! Wir holen den kleinen Wimpel hervor, fotografieren und filmen. Eingeklemmt zwischen Felsen findet Andres ein Stück Holz, ein Requisit der tausendjährigen Vergangenheit des Llullaillaco.

14.30 Uhr: Die Abfahrt kann beginnen. Der Schnee ist im wahrsten Sinne des Wortes unberührt. Noch nie zuvor ist hier jemand skigefahren! Die Bedingungen sind ausgezeichnet – Firn von bester Qualität. Ich zerfließe vor Vergnügen, während die eiskalte Luft mir ins Gesicht schlägt. Andres macht von Westen her Fotos und filmt die erste Skiabfahrt vom Llullaillaco. Der Sauerstoffmangel zwingt zu häufigen Verschnaufpausen, außerdem wiegt der Rucksack schwer. Erst in 5400 m Höhe ist die Abfahrt zu Ende; hier liegen übermäßig viele Felsbrocken auf dem Gletscher. In der Begeisterung steigen wir noch am selben Tag bis ins Basislager ab. Den Gipfel des

Llullaillaco, dazu 2800 Höhenmeter Abstieg an einem Tag – zehn Stunden gemeinsamer Anstrengungen brachten uns diesen Erfolg.

Jetzt heißt es nur noch auf die Carabineros zu warten. »Um die Zeit zu überbrücken, gibt's nichts besseres, als spazierenzugehen«, meint Andres und geht dann. Eine Weile später kommt er zitternd vor Aufregung zurück. Er war in ein vermintes Gebiet geraten; ein altes Schild am Boden warnte vor der Gefahr. Während der langen Rückfahrt nach Antofagasta sind unsere Gedanken bereits unterwegs zu neuen Zielen, zu neuen Herausforderungen.

Nach Angaben von Philippe Reuter

Llullaillaco-Guide

Charakter: Interessante Unternehmung in einer sehr fremdartigen Umgebung. Der Charakter einer Besteigung ist etwas schwierig zu definieren: Allein schon wegen der komplizierten Anfahrt und der abweisenden Bedingungen der Hochwüste sowie des langen Anmarschweges zur Basis war die Besteigung früher eher ein Unternehmen im Expeditionsstil. Heute ist alles erheblich leichter geworden. Bei ungünstiger Witterung können die Bedingungen am Berg jedoch auch heute überaus hart sein; allein aufgrund der großen Höhe sollte der Berg als Expeditionsziel eingestuft werden. Die Route stellt zwar kaum alpintechnische Anforderungen, doch ist ein gutes Orientierungsvermögen unbedingt notwendig.

Allgemeines: Kulturhistorisch interessanter Grenzgipfel zwischen Argentinien und Chile: Hier wurden die höchstgelegenen Relikte der alten Inkakultur entdeckt. Der beste Anstieg verläuft über die Nordflanke. Im flacheren Gipfelbereich liegen Hüs
underte großer Felsbrocken, so daß der höchste Punkt schwierig zu finden ist. Es ist am besten, wenn man sich ziemlich genau in der Mitte hält.

Anreise: Von Santiago (internationaler Flughafen) sehr lange Anreise (etwa 1360 km) auf der Panamericana mit dem Überlandbus oder mit dem Flugzeug nach Norden bis Antofagasta. Von hier mit Allradfahrzeug anfangs in südlicher, nach etwa 40 km in östlicher Richtung zur Kupfermine La Escondida.

Ausgangspunkt: Von La Escondida mit Jeep weiter auf der Straße in Richtung Socompa (Grenze Chile – Argentinien). Nach etwa 15 km wird die Straße Richtung Süden verlassen und auf sehr schlechter, kaum erkennbarer Piste – vorbei am Salar Punta Negra – von Nordwesten her die Basis des Llullaillaco erreicht (von Antofagasta etwa 250 km). Das Basislager entsteht je nach Geländebeschaffenheit bzw. Fahrmöglichkeit auf etwa 4400 – 4500 m.

Besteigungsdauer: Ab Basislager 4 bis 5 Tage im Auf- und Abstieg.

Beste Zeit: September bis Juni.

Stützpunkte: Basislager zwischen 4400 und 4500 m. Hochlager I auf 5300 m, Hochlager II auf 6300 m.

Organisation: Aufgrund der etwas problematischen Anreise empfiehlt sich die Inanspruchnahme einer örtlichen Trekking-Agentur. Die eigene Anmietung von Geländefahrzeugen ist in Chile sehr kostspielig. Eine gute Adresse ist *AZIMUT 360, Montecarmelo 180, Depto. 36, Santiago de Chile.* Anfragen können in englischer, französischer und spanischer – eventuell auch in deutscher Sprache erfolgen. Für ausländische Bergsteiger ist ein Permit erforderlich. Dieses ist bei Angabe von Personalien, Geburtsdatum, Paßnummer, Nationalität sowie des genauen Datums der Besteigung erhältlich bei *Embajador Javier Illanes Fernandez, Director Nacional de Fronteras y Limites Ministerio de R.R.E.E. (Relaciones Exteriores) Bandera 52, Santiago de Chile.*

Ausrüstung: Gute Wärmeschutzkleidung ist Grundvoraussetzung. Schalenbergschuhe mit warmen Innenschuhen sind ebenso notwendig wie sehr warme Handschuhe. Gute, sturmsichere Hochlagerzelte sollten mitgeführt werden, auch leistungsstarke Kocher mit Zubehör. Steigeisen sind meist entbehrlich, sollten dennoch mitgenommen werden. Skistöcke sind unbedingt anzuraten. Sehr wichtig sind größere Wasserkanister, denn es herrscht fast überall extremer Wassermangel. Auch genügend Reservetreibstoff ist mitzuführen, unterwegs gibt es keine Tankstellen.

Besonderheiten: Absolut menschenleere, dazu wüstenartige Hochgebirgslandschaft. Der Llullaillaco wird wegen seiner Abgeschiedenheit sehr selten bestiegen und hat daher Expeditionscharakter. Achtung: An der Basis liegen noch scharfe Tellerminen! Die Begleitung eines Grenzsoldaten mit Ortskenntnis bis zum Basislager ist zu empfehlen.

Literatur und Karten:

Anders Bolinder: »Puna de Atacama«, Beitrag in »Berge der Welt«, Ausgabe 1966/67 (Jahrbuch der Schweizerischen Stiftung für alpine Forschungen).

»Turistel«, Ausgabe »Norte«, chilenischer Campingführer mit sehr guten Übersichtskarten.

Topographische Karte 1: 500 000, Blatt 2600-6815 »Copiapo«; herausgegeben vom chilenischen militärgeographischen Institut.

TRES CRUZES, 6753 m

»Unter all den sonderbaren Landschaften, die es auf der Welt gibt, ist sicher die Szenerie der **Atacama-Wüste** eine der eindrücklichsten und phantastisch schön.« Dieses sagte Sir Martin Conway, einer der großen Erschließer der Berge Südamerikas, bereits gegen Ende des 19. Jahrhunderts. In der Tat, es gibt auf unserer Erde nur wenige Gebiete, die ihre Ursprünglichkeit derartig bewahren konnten wie diese Hochwüste Chiles mit ihren einsamen, sehr selten bestiegenen Sechstausendern.

Die zweite polnische Anden-Expedition, die Anfang 1937 dieses Gebiet aufsuchte, war überaus erfolgreich: Während zwei Teilnehmer den höchsten Gipfel der Atacama-Wüste, den 6893 m hohen **Ojos del Salado,** erstbestiegen, gelang es Stefan Osiecki und Witold Paryski in der gleichen Zeit, den 25 Kilometer entfernten Gipfel des **Nevado Tres Cruzes** erstmals zu erreichen.

Wie bei allen anderen Sechstausendern in dieser Region ist es auch hier weitgehend ausgeschlossen, an den jeweiligen Lagerplätzen Wasser zu finden. Der Bergsteiger ist also allein auf das Schmelzen von Schnee angewiesen.

Die Höhenangaben des Hauptgipfels variieren in Dutzenden von chilenischen und argentinischen Landkarten erheblich und sind daher insgesamt recht fragwürdig. Allerdings wiederholen sich drei Höhenangaben immer wieder: 6330 m, 6620 m und 6753 m. Das militärgeographische Institut in Santiago offenbart des Rätsels Lösung: Der Vulkan besitzt drei Gipfel, wobei der Südgipfel auch gleichzeitig der höchste Punkt ist.

Skitour über der Wüste

Schon während meiner letzten Besteigung des Ojos del Salado lenkte ein weiterer Vulkan meine ganze Aufmerksamkeit auf sich: der Nevado Tres Cruzes,

Extreme Trockenheit und Sonneneinstrahlung lassen Büßereis entstehen.

6753 m hoch. In diesem Moment stand mein Entschluß fest. Dieser Riese sollte der nächste unter den hohen Vulkanen Südamerikas sein, von dem ich mit Ski abfahren wollte.

Die Planung für diese Expedition hat noch gar nicht begonnen, als sich bereits das erste Problem ankündigt: Eine Schulterverletzung zwingt mich, das Unternehmen bis zum Monat Mai zu verschieben. Überall rät man mir ab, in dieser Jahreszeit zu starten. Auf der südlichen Erdhalbkugel entspricht der Mai in etwa unserem europäischen November, eine Zeit mit kaum vorhersehbaren Wetterverhältnissen. Gerade frühe Schneefälle wären für unsere Expedition in der Tat fatal. Trotzdem will ich das Wagnis eingehen. Angesichts des zu erwartenden Wetters benötigen wir diesmal hervorragende Expeditionsausrüstung.

Endlich ist alles bereit. Am 5. Mai verlassen wir **Santiago de Chile** in Richtung **Copiapó**. Mit dabei sind meine Schwester Sabine, mein Freund Andres und Carlos, der uns im Basislager betreuen wird. Zwei Tage später verladen wir an die 300 Kilogramm Material auf einen Jeep und brechen auf in die Atacama-Wüste zum **Salar de Maricunga.** Die Arbeiter im Lager von **Captagua** begrüßen uns freundlich. Zur Begeisterung unserer ungeduldigen Augen heben sich die drei Gipfel des Tres Cruzes deutlich vom Horizont ab. Wir sind sichtlich erleichtert, als Andres nach drei Tagen Wartezeit endlich mit dem zweiten Jeep und weiterer wichtiger Ausrüstung eintrifft.

Am nächsten Tag fahren wir mit den beiden Jeeps zum Basislager am Fuß des Berges. Die verschneite Piste und der weiche Flugsand gestalten das Vorwärtskommen schwierig. Trotzdem erreichen wir nach zwei Stunden unser Ziel an der Westseite des Berges auf 4500 m Höhe. Nach dem Abladen der Ausrüstung kehren die Fahrer mit ihren Jeeps nach Captagua zurück. Wir sind nun allein. Wenn alles gut geht, werden sie in einer Woche zurückkommen, um uns abzuholen. Die Zeit verrinnt wie im Fluge. In unseren Zelten wächst die Ungeduld. Gedanken schießen uns durch den Kopf: Wenn es Schnee geben sollte, wird die Piste den ganzen Winter gesperrt sein, und selbst per Funk werden wir in dieser Einöde niemanden erreichen können.

Am nächsten Tag ist das Wetter tatsächlich schlecht. Trotzdem transportieren wir Lasten, um nicht kostbare Zeit zu verlieren. Mit den Rucksäcken voller Proviant und Ausrüstung steigen wir auf, um einen günstigen Platz für das erste Hochlager zu suchen. Auf 5000 Meter Höhe bereiten wir im Schneesturm das Gelände vor und stellen unser Zelt auf. Nachdem wir unsere

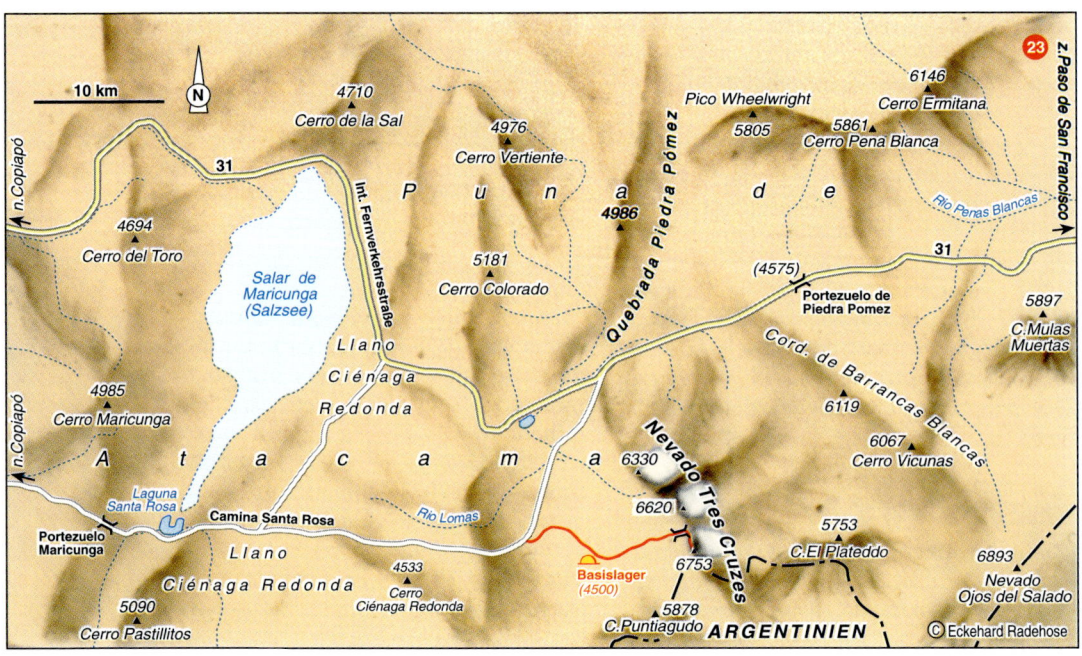

Das dreigipfelige Massiv des Tres Cruzes vom Ojos del Salado; links der Hauptgipfel.

Ausrüstung deponiert haben, kehren wir ins Basislager zurück. Während der ganzen Nacht wütet ein eisiger Sturm um unsere Zelte. Auch nach Sonnenaufgang hört der Wind nicht auf. Dichte Wolken hüllen den Vulkan ein, nur in größerer Entfernung hat der Sturm den Himmel wolkenfrei geblasen. Schade, den heutigen Tag werden wir verlieren; bei diesem Wetter ist es nicht möglich aufzusteigen.

Am nächsten Morgen kehrt das Glück zurück: Die Sonne kommt heraus. Trotzdem bleibt es sehr kalt. Wir lassen unseren Freund Carlos allein und steigen nun endgültig ins Hochlager I. Auf den Schultern transportieren wir den Rest der Ausrüstung. Es ist kalt, minus 20 Grad. Gut

drei Stunden benötigen wir für den Weg zum Lager I. Schnell ist der Platz vom Schnee freigeräumt, das zweite Zelt aufgebaut. Eine eiskalte Nacht kündigt sich an. Nichts liegt näher, als eine heiße Suppe zu kochen und sich damit Bauch und Seele zu erwärmen. Bevor wir einschlafen, atmen wir noch etwas Sauerstoff aus der Flasche. So haben wir das Bewußtsein, die Fünf-Kilo-Flasche nicht ganz umsonst mitgeschleppt zu haben. Was danach kommt, ist der Kampf gegen die Kälte: Das Thermometer zeigt minus 20 Grad im Zelt.

Am nächsten Morgen bauen wir die Zelte ab und verstauen die komplette Ausrüstung, die wir heraufgetragen haben. Die Sauerstofflasche und etwas Proviant lassen wir zurück. 30 Kilo lasten auf unseren Schultern. Das Hochlager II ist vorgesehen in der breiten Einsattelung zwischen den beiden höheren Gipfeln des Tres Cruzes auf etwa 6000 Meter. Mühsam erreichen wir nach zwei Stunden Aufstieg den Beginn einer Rinne, die uns nach oben in den Sattel führen soll. An geschützten Stellen finden wir Spuren früherer Expeditionen wie beispielsweise leere Gaskartuschen oder gar Trittspuren. Der weitere Aufstieg ist lang; das Gewicht der Rucksäcke spüren wir bei jedem Schritt. Etwa 100 bis 200 Höhenmeter unterhalb der Einsattelung legt sich die Neigung der Rinne etwas zurück, dann kommen wir endlich zum vorgesehenen Lagerplatz. Mehr als sechs Stunden waren wir unterwegs. Die Sonne ist soeben untergegangen und schnell stellen wir das Zelt auf. Hier oben auf 6000 m liegt bereits jetzt die Temperatur bei minus 20 Grad; in der Nacht wird sie wohl auf minus 30 Grad absinken. Unser Schlaf wird davon allerdings nicht beeinflußt sein, denn wir sind gut akklimatisiert.

17. Mai: Das Wetter zeigt sich von seiner besten Seite. Die extrem niedrige Temperatur zwingt uns aber, die wärmenden Sonnenstrahlen abzuwarten. Endlich – gegen 9.00 Uhr können wir starten. Die Ski haben wir am Rucksack befestigt. Von Beginn an gibt es einige Schwierigkeiten. Große, chaotisch angeordnete Felsbrocken und die Spurarbeit im Neuschnee erschweren unser Vorwärtskommen erheblich. Die Zeit vergeht wie im Fluge. Je weiter wir hinaufsteigen, desto weiter scheint sich unser Ziel von uns zu entfernen. Sabine ist sehr müde, und ihr Rhythmus verlangsamt das Tempo der ganzen Gruppe. In meinem Inneren keimen erste Zweifel auf. Ich muß eine Entscheidung treffen und gehe weiter, um das Gelände und die Zeit abzuschätzen, die uns noch bleibt, um auf den Gipfel zu kommen. Noch 1½ Stunden, dann sollten wir es geschafft haben. Auf 6500 m Höhe warte ich eine halbe Stunde auf Sabine und Andres. Wir beschließen, uns zu trennen: Andres und ich versuchen, den Gipfel zu erreichen, während meine Schwester hier unten auf uns warten will. Es ist bereits 15.30 Uhr, langsam sinkt die Sonne gegen den Horizont. Für uns wird es nun ein Wettlauf mit der Zeit. Wir müssen so schnell als möglich den Gipfel errei-

Tres-Cruzes-Guide

Charakter: Siehe Llullaillaco (Seite 138).

Allgemeines: Ähnlich wie alle hohen Sechstausender der Atacama-Wüste darf auch dieser Berg nicht unterschätzt werden. Er ist sehr sturmanfällig und entsprechend kalt – minus 20 bis minus 30 Grad sind nicht selten. Der Nevado Tres Cruzes hat drei Gipfel: Südgipfel, 6753 m (über ihn verläuft die Grenze Chile – Argentinien), Zentral- oder Mittelgipfel (6620 m) und Nordgipfel (6300 m). Zwei einzelne Felsen im Gratverlauf bilden den höchsten Punkt. Der Blick vom Gipfel auf die umliegenden Berge und auf die vergletscherte Südflanke ist einzigartig.

Anreise und Ausgangspunkt: Von Santiago (internationaler Flughafen) auf der Panamericana mit dem Überlandbus etwa 800 km oder mit dem Flugzeug nach Norden bis Copiapó. Von hier mit geländetauglichem Wagen (Allradfahrzeug) nach Paipote und weiter auf der Staatsstraße Nr. 31 in Richtung Paso de San Francisco. Nach etwa 65 km biegt man in südwestlicher Richtung ab und gelangt durch das Quebrada de Paipote zur Laguna Santa Rosa, südlich vom Salar de Maricunga gelegen. Nach etwa 25 Kilometern wird die Piste nach rechts (westlich) verlassen, und man erreicht über eine meist sehr schlechte Piste von Westen her den Fuß des Nevado Tres Cruzes. Das Ausgangslager entsteht im günstigsten Fall an der Basis des Südgipfels auf einer Höhe zwischen 4400 und 4500 Meter.

Besteigungsdauer: Ab Basislager etwa 5 – 6 Tage im Auf- und Abstieg.

Stützpunkte: Keine Hütten vorhanden. Man ist auf das Zelt angewiesen. Das Basislager entsteht auf etwa 4500 m, Hochlager I auf 5000 – 5200 m, Hochlager II im Sattel zwischen Süd- und Mittelgipfel auf etwa 6000 Meter.

Beste Zeit: November bis März.

Organisation: Siehe Llullaillaco (Seite 138).

Ausrüstung: Siehe Llullaillaco (Seite 138).

Besonderheiten: Menschenleere wüstenartige Hochgebirgslandschaft mit durchschnittlicher Höhe von 4000 bis 4500 Metern. Vorherige Akklimatisation ist unabdingbar.

Literatur und Karten: Siehe Llullaillaco (Seite 138).

chen, damit wir vor dem Hereinbrechen der Nacht abfahren können. An einer Felsbarriere treffen wir auf instabile Felsbrocken, die sich, einmal aus dem Gleichgewicht gebracht, sehr schnell zu wahren Bulldozern verwandeln könnten.

Immer wieder meine ich, den Gipfel zu sehen, doch dann gibt es immer noch höhere Punkte. Auf einmal erscheint zwischen den Steinhaufen eine sehr kleine Spitze. In der Annahme, daß dies der Gipfel sei, steige ich hinauf. Vor mir liegt tief verschneit Argentinien, doch zu meiner Linken führt der Grat weiter aufwärts – allerdings nur noch fünf Meter. Ich kraxle auf den Felsen – 6753 Meter hoch. Eine magische Perspektive tut sich vor mir auf: Die **Laguna del Negro Francisco,** der Vulkan **Copiapó,** der Salar de Maricunga, der Mittelgipfel des Tres Cruzes ...

Es ist 17.00 Uhr, Andres erscheint auf dem Grat. Gerade noch etwas Zeit zum Filmen, um diese Bilder für immer festzuhalten, und schon denken wir an die Abfahrt. Gegen 18.00 Uhr sind wir wieder bei Sabine. Inzwischen ist die Sonne untergegangen, die Temperatur sinkt sofort. Wir müssen nun schnell hinunter. Mit Ski wird es schneller gehen. Der erste Teil der Abfahrt führt durch einen schmalen, mäßig geneigten Graben. Der Schnee ist hart gefroren, und die unregelmäßige Oberfläche erschwert das Fahren. Andres filmt während der Abfahrt, dann folgt Sabine. Noch nie ist eine Frau in Chile in so großer Höhe skigefahren. Vage spendet der Mond uns drei Skifahrern ein wenig Licht. Hier in 6500 m Höhe ist er unser einziger Zeuge und unser einziges Licht, denn wir haben keine Lampen bei uns. Plötzlich ein Schrei! Mein Blut scheint zu gefrieren – mehr Angst als Schmerz. Andres ist gestürzt, doch er konnte seinen Sturz abfangen. Wir verdoppeln unsere Vorsicht. Bald erreichen wir unser Zelt. Ohne zu essen schlafen wir bald ein.

Am nächsten Tag stehen wir erst spät auf. Nichts drängt uns; wir haben den ganzen Tag Zeit, um ins Basislager zu gelangen. Wir queren den Hang Richtung Mittelgip-

Beim Aufstieg ins zweite Hochlager lasten 30 Kilo auf unseren Schultern.

fel, dann fahren wir ab. Anfangs behindern uns Steine, danach ist das Gelände besser verschneit. Trotz der sauerstoffarmen Luft schwelgen wir in den höchsten Genüssen: Über verschiedene Schneezungen fahren wir ab bis zum Lager I, dann zwingen apere Stellen immer wieder zum Abschnallen der Ski. Jetzt spüren wir die Müdigkeit in uns. Der letzte Hang ist der schönste. Carlos erwartet uns schon; er machte sich große Sorgen um uns.

Am nächsten Tag räumen wir hastig auf. Nach langem Warten kommen uns endlich die Freunde entgegen. Der Jeep ist weiter unten geblieben. Später laden wir die komplette Ausrüstung auf den Geländewagen und fahren zurück zum Salar de Maricunga. Am Abend des folgenden Tages sind wir zurück in Copiapó – zurück in der Zivilisation.

Nach Angaben von Philippe Reuter

OJOS DEL SALADO, 6893 m

Inmitten der **Atacama-Wüste,** der trockensten Hochwüste der Erde, liegt ihr gleichzeitig höchster Vulkan: der **Ojos del Salado,** mit 6893 m Chiles höchster Berg und zweithöchster des gesamten amerikanischen Kontinents. Der Vulkan ist noch tätig, allerdings nur noch durch regelmäßigen Ausstoß von schwefelhaltigem Wasserdampf; somit ist er der höchste aktive Vulkan der Erde. Über seinen Gipfel verläuft die Grenze zu Argentinien. Früher oft umstritten ist ihr Verlauf in der Einsamkeit der Wüste kaum von strategischer Bedeutung. Dennoch kann diese Region aufgrund von Grenzstreitigkeiten kurzfristig unzugänglich werden.

Wegen der geringen Niederschlagsmengen – in manchen Regionen der Atacama-Wüste soll es noch nie geregnet haben – ist keine oder nur geringe Gletscherbildung vorhanden. Trotzdem bringen Wetterstürze manchmal Schnee, der nicht selten wegen der sehr tiefen Temperaturen bis minus 30 Grad auch länger liegenbleiben kann. Ähnlich wie der **Aconcagua** wird auch der

Die Biwakhütte Refugio Jorge Rojas E. auf 5200 Metern bildet das Basislager.

Ojos del Salado wegen seiner Höhenstürme und der damit verbundenen Kälte gefürchtet. Windgeschwindigkeiten über 100 Stundenkilometer sind dabei nicht selten.

Der Berg hat den Charakter völliger Abgeschiedenheit; trotzdem ist er von **Copiapó,** der letzten größeren Stadt, mit guten, allradgetriebenen Geländewagen und entsprechender Wüstenausrüstung bequem in 1½ bis 2 Tagen erreichbar.

Lange war es still in dieser Region der Atacama-Wüste. Erst nachdem Walther Penck, ein junger deutscher Geograph und Geologe zwischen 1912 und 1914 dieses Gebiet erforschte, kartographisch aufnahm und dabei auch einige hohe Gipfel erstmals bestieg, wuchs das Interesse der Bergsteiger und auch der Öffentlichkeit. Erst am 26. Februar 1937 wurde der Ojos del Salado von Justyn Wojsznis und Jan Szczepanski – Mitgliedern einer polnischen Expedition – erstbestiegen. Im Januar 1979 waren die ersten deutschen Bergsteiger unter Herbert Ziegenhardt erfolgreich. 1981 glückte einer weiteren deutschen Expedition unter Udo Knittel die erste Winterbesteigung des Ojos del Salado über die Südflanke. Anfang der 90er Jahre nahm die Zahl der Besteigungen dann zu. Heute wird der Ojos del Salado auch von einigen renommierten Reiseveranstaltern angeboten. Diejenigen Bergsteiger, die der Faszination des Eisgehens oder des Begehens steiler Felsgrate erlegen sind und hier nach geeigneten Möglichkeiten suchen, werden vom Ojos del Salado enttäuscht sein! Wer jedoch die erhabene Schönheit der Wüste kennenlernen will, wer absolute Abgeschiedenheit in unberührter, lebensfeindlicher Urnatur liebt, der wird bereits bei der Anreise zum Berg von der ernsten – für uns so ungemein fremdartigen – Landschaft der Atacama-Wüste begeistert sein.

Nach Angaben der Expeditions-Kommission der UIAA gilt der Ojos del Salado seit

Unterwegs zum Ojos del Salado: Morgendämmerung in der Atacama-Wüste.

1995 nicht mehr als zweithöchster Berg des amerikanischen Kontinents; der **Nevado Pissis** hat diesen Platz nach einer Neuvermessung eingenommen.

Zum höchsten Vulkan der Welt

Noch ist es dunkel; ein scheinbar unendlicher Sternenhimmel spannt sich über uns. Der Höhensturm der vergangenen Tage hat sich gelegt. Der schwache Lichtkegel meiner Stirnlampe sucht im frischen Neuschnee nach Steigspuren. Es ist bitterkalt und der Atem geht schwer in der sauerstoffarmen Luft. Wir wollen zum Gipfel des Ojos del Salado, 6893 m hoch.

Unsere kleine Bergsteigergruppe ist unterwegs im vermeintlich trostlosesten Teil der Anden. Die unvergleichlich faszinierende Hochwüste der Atacama dürfte auf dieser Erde einzigartig sein, vielleicht nur vergleichbar mit der Oberfläche des Mondes. Jegliche Vegetation fehlt, stattdessen prägen nackter Fels, salzverkrusteter Sand, schwarze Lavaströme und über 6000 m hohe – manchmal schneebedeckte – Vulkane das Landschaftsbild. Inmitten dieser Sandwüste liegen eingebettet Lagunen mit glasklarem grünem oder azurblauem Wasser. Daneben ausgetrocknete Salzseen. Wir sind fasziniert von dieser menschenfeindlichsten Gegend Südamerikas.

Bis zum Beginn unseres Jahrhunderts blieb die Atacama-Wüste fast gänzlich unbekannt; dann entdeckte man auf den Gipfeln weit über der 6000er-Grenze Überreste präkolumbianischer und indianischer Kulturen. Als Extrembeispiel mögen die eindrucksvollen Funde auf dem Gipfel des 6739 m hohen **Llullaillaco** dienen – bis zum heutigen Tag sind diese spektakulären Funde nicht sicher zu interpretieren.

Die Anreise in das Gebiet des Ojos del Salado kann sowohl von der chilenischen wie auch von der argentinischen Seite her durchgeführt werden. Wenngleich erstere kürzer und daher empfehlenswerter ist, so soll dennoch die andere Möglichkeit kurz erwähnt werden: Ausgangspunkt für den Anmarsch ist **Cazadero Grande,** 3600 m, an der Staatsstraße Nummer 60 gelegen. Diese führt von **Tinogasta** über **Fiambala** zur Grenze am **Paso de San Francisco** (4748 m) und weiter nach Copiapó in Chile. Cazadero Grande ist etwa 140 km von Fiambala entfernt.

Die Besteigung des Ojos del Salado wird heute fast ausnahmslos von Norden – also von Chile aus – durchgeführt. Hier erleich-

Der Gipfel des Ojos del Salado vom Aufstieg zum Hochlager.

tern zwei Container-Hütten auf 5200 m und 5750 m den Aufstieg. Idealer Startpunkt für den Ojos del Salado ist die Stadt Copiapó an der **Panamericana,** knapp 800 Straßenkilometer von Santiago entfernt. Die Strecke läßt sich hervorragend im luxuriösen Überlandbus oder mit einem Inlandsflug relativ kostengünstig bewältigen. Spätestens hier werden geländegängige Fahrzeuge benötigt. Nach einschlägigen Erfahrungen kann eine selbstorganisierte Anreise zum Berg bereits ab hier aus vielerlei Gründen problematisch werden:

1. Die Anfahrtsroute führt fast durchgehend über Sandpisten, weitgehend ohne Hinweisschilder, so daß man nur mit sehr guten Karten und entsprechendem Orientierungssinn aus der Vielzahl der Möglichkeiten die richtige Route herausfinden wird.

2. Die Anmietung eines Geländewagens ist in Chile kostspielig. Es empfiehlt sich ohnehin, mit mindestens zwei Jeeps unterwegs zu sein, um bei einer eventuellen Panne nicht völlig hilflos zu sein.

3. Zusätzlich zum Jeep wird eine Menge weiterer Ausrüstung benötigt: Kraftstoff für die Fahrzeuge, Trinkwasserkanister, Proviant usw. All diese Dinge müssen entweder ausgeliehen oder gekauft werden.

4. Bei Verhandlungen mit bzw. Registrierung durch die chilenischen Grenzsoldaten können unter Umständen Schwierigkeiten auftreten.

Es ist also sinnvoll, für die Besteigung des Ojos del Salado oder entsprechender Gipfel der Atacama-Wüste eine örtliche Trekking-Agentur zu beauftragen. Zumindest die Anreiseproblematik kann auf diese Weise vermindert werden.

Die chilenische Grenzstation unterhalb des Paso de San Francisco bzw. die **Laguna Verde** sind Ausgangspunkte für den Berg. Je nach Anfahrtsroute sind zwischen 220 und 260 km bis dorthin zurückzulegen, davon jeweils etwa 85% Sandpiste. In **Paipote**, 15 km südöstlich von Copiapó gelegen, beginnt die Staatsstraße Richtung chilenisch-argentinische Grenze. Wir verlassen nun die weite Ebene, und die Piste

Kurz unter dem Gipfel erleichtern Fixseile den Aufstieg.

steigt nun stetig an, um die Barriere der **Cordillera de Domeyko** zu überwinden. Hinter der Gebirgskette breitet sich un- überschaubar weit die Wüste aus. Bereits hier ist die Höhe beträchtlich. Ohne vorherige Akklimatisation ist an eine Be- steigung des Ojos del Salado oder an einen vergleichbar hohen Gipfel nicht zu den- ken.

Es gilt, den **Salar de Maricunga,** einen der vielen Salzseen der Atacama-Wüste, zu umfahren. Philippe, unser Freund und Organisator, entscheidet sich für die Süd- route **Camina Santa Rosa;** sie ist kürzer, landschaftlich reizvoller, jedoch meist schlechter befahrbar als die Strecke weiter nördlich. Unsere drei Geländewagen ar- beiten sich mühsam durch den feinen Flugsand hinauf auf eine Anhöhe, dann liegt inmitten der Wüste fast unwirklich die **Laguna Santa Rosa** mit ihren unzähligen rosafarbenen Flamingos vor uns.

Am Abend des zweiten Tages – nach insgesamt 12 Stunden Fahrt – erreichen wir die chilenische Grenzstation und wenig später die Laguna Verde. Der übliche Lagerplatz auf etwa 4250 m Höhe bietet eine traumhaft schöne Lage, dazu Trink- wasser und mehrere heiße Mineralquellen nebst kleinem Badehaus. Das Wetter ist heute nicht überzeugend; der Himmel ist wolkenverhangen und ein kalter Wind fegt den feinen Sand über die weiten Ebenen. Morgen werden wir noch einen Akklimati- sationstag einlegen.

Wir fahren zurück zur Grenzstation. Ab hier führt in südlicher Richtung eine sehr schlechte Piste bis an die Basis des Ojos del Salado heran. Ziemlich genau 20 km sind es bis zur ersten Biwakhütte, dem

Refugio Jorge Rojas E., etwa 5200 m. An die 1000 m Höhenunterschied mit teilweise sehr steilen Passagen liegen vor uns. Knöcheltiefer, überaus feiner, schwarzer Flugsand und die große Höhe von 5000 Metern verlangen das Äußerste von unseren Jeeps.

Das Wetter ist prachtvoll; wir stellen Zelte auf und richten uns ein. Am nächsten Tag bringen wir unsere Ausrüstung hinauf zur zweiten Hütte, **Refugio Tejos y Murray** (etwa 5750 m). Ein breiter, sehr gut begehbarer Weg führt völlig problemlos in 2½ bis 3 Stunden hinauf. Soeben ist eine größere deutsche Bergsteigergruppe ohne jegliche Gipfelchancen abgereist. Orkanartiger Höhensturm und große Kälte zwangen zur frühzeitigen Umkehr.

Zwei Tage später: Der Gipfeltag? Werden wir Glück haben? Bereits kurz nach

Ojos-del-Salado-Guide

Charakter: Interessante Unternehmung in einer sehr fremdartigen Umgebung. Der Charakter einer Besteigung ist etwas schwierig zu definieren: Allein schon wegen der komplizierten Anfahrt und der abweisenden Bedingungen der Hochwüste sowie des 30 km langen Anmarschweges zur Basis, war die Besteigung früher eher ein Unternehmen im Expeditionsstil. Heute ist alles erheblich leichter geworden. Bei ungünstiger Witterung können die Bedingungen am Berg jedoch auch heute überaus hart sein; allein aufgrund der großen Höhe von beinahe 7000 m sollte der Berg als Expeditionsziel eingestuft werden. Alpintechnisch ist die Besteigung eher leicht, nur die obersten 50 Höhenmeter im Gipfelbereich verlangen etwas Klettergewandtheit; diese Passage ist zwar mit Fixseilen versichert, ohne die aber Schwierigkeiten bis II anzutreffen sind. Gutes Orientierungsvermögen ist notwendig. Der heutige Ausgangspunkt für die Besteigung liegt extrem hoch (5200 m); eine vorherige Akklimatisation ist also unabdingbar.

Anreise und Ausgangspunkt: Von Santiago (internationaler Flughafen) auf der Panamericana mit dem Überlandbus etwa 800 km oder mit dem Flugzeug nach Copiapó. Von hier mit geländegängigem Wagen nach Paipote und weiter auf der Staatsstraße Nr.31 in Richtung Paso de San Francisco (Grenze Chile – Argentinien). Die chilenische Grenzstation ist der eigentliche Ausgangspunkt – je nach Routenwahl 220 bis 260 km ab Copiapó. Ab hier nach Süden über eine sehr schlechte Piste 20 km und 1000 Höhenmeter hinauf zur ersten Biwakhütte Refugio Jorge Rojas E.

Besteigungsdauer: Für An- und Abreise sind jeweils zwei Tage nötig. Ist eine entsprechende Höhenanpassung vorhanden, kann der Gipfel problemlos in zwei bis drei Tagen für Auf- und Abstieg bewältigt werden. Als Ausgangspunkt dient das Basislager in 5200 m Höhe.

Stützpunkte: Am Berg befinden sich zwei Container-Hütten (Refugio Jorge Rojas E., 5200 m) und (Refugio Tejos y Murray, 5750 m), die etwa zehn, im günstigsten Fall 15 Personen Platz bieten. Alternativ ist man – wie überall sonst – auf eigene Zelte angewiesen.

Beste Zeit: Anfang Dezember bis Ende Februar. Sonst ist es erheblich kälter und das Wetter instabiler.

Organisation: Auch für Individualreisende empfiehlt sich die Organisation der Anreise durch einen örtlichen Agenten. Die eigene Anmietung von Geländefahrzeugen nebst Ausrüstung ist sehr kostspielig. Der Ojos del Salado wird auch von zahlreichen Bergreiseveranstaltern angeboten. Für ausländische Bergsteiger ist ein Permit erforderlich. Dieses ist bei Angabe von Personalien, Geburtsdatum, Paßnummer, Nationalität sowie des genauen Datums der Besteigung erhältlich bei *Embajador Javier Illanes Fernandez, Director Nacional de Fronteras y Limites Ministerio de R.R.E.E. (Relaciones Exteriores) Bandera 52, Santiago de Chile.* Das Permit ist kostenfrei! Man kann ferner bei der Gebietsverwaltung (Gobernacion) von Copiapó anfragen; das Ausstellen eines Permits wird hier jedoch einen ganzen Tag beanspruchen.

Ausrüstung: Siehe Llullaillaco (Seite 138).

Besonderheiten: Menschenleere Hochgebirgswüste mit einer Durchschnittshöhe von 4000 bis 4500 m. Eine gute Höhenanpassung ist obligatorisch. Trinkwasser findet man an einer Quelle bei der Laguna Verde, ansonsten ist man auf das Schmelzen von Schnee oder auf mitgebrachtes Wasser angewiesen (Carabineros am Grenzposten fragen).

Literatur und Karten:

Anders Bolinder: »Puna de Atacama«, Beitrag in »Berge der Welt«, Ausgabe 1966/67 (Jahrbuch der Schweizerischen Stiftung für Alpine Forschungen).

Herbert Ziegenhardt: »Im Reich des höchsten Vulkans«, Eigenverlag.

Rollo Steffens: »Chiles Norden – Wüsten und Berge«.

»Turistel«, Ausgabe »Norte«, chilenischer Campingführer mit guten Übersichtskarten, wird jedes Jahr neu aufgelegt. Topographische Karte 1: 500 000, Blatt 2600-6815 »Copiapó«; herausgegeben vom chilenischen militärgeographischen Institut.

Unglaublich klar ist die Luft über der Atacama-Wüste: Vom Ojos del Salado erblicken wir den Incahuasi.

Mitternacht stehe ich auf, sehe nach dem Wetter: Sternenhimmel über der Wüste! Wie unbeschreiblich klar die Nächte hier sein können. Es hat etwas Neuschnee gegeben. Ich beginne mit dem Kochen, wecke die Freunde. Dann treten wir hinaus in die kalte Wüstennacht. Hinter den zitternden Lichtkegeln der Stirnlampen steigen wir sehr langsam aufwärts. Über 1100 Höhenmeter liegen vor uns. Kaum ein Lüftchen regt sich, trotzdem spüre ich, wie die Kälte allmählich in meine Handschuhe kriecht. Wir wählen den rechten Teil der Nordflanke; hier kann über gut gestufte Felsen aufgestiegen werden. In etwa 6400 m Höhe kommt langsam die Sonne. Vor mir beginnen die bizarren Eisgebilde des Büßerschnees zu funkeln; tief unter uns liegt unendlich weit die Atacama-Wüste mit ihren über 6000 m

hohen Vulkankegeln. Über den oberen Westgrat mühen wir uns schließlich die letzten Meter zum Kraterrand auf 6700 m hinauf. Für viele Bergsteiger bedeutet er den Endpunkt der Besteigung. Wir aber gönnen uns eine längere Rast, ehe wir im Schutt weiter aufsteigen bis zum Beginn einiger Fixseile. Über schwefelgelbe Felsformationen steigen wir sehr mühsam, doch problemlos auf den Gipfelgrat. Noch wenige Meter leichte, jedoch ziemlich ausgesetzte Kletterei, dann stehen wir nach acht Stunden Aufstieg auf dem Gipfel. Es ist kaum ein Windhauch zu spüren, und die Aussicht von diesem – bis vor kurzem – zweithöchsten Platz des amerikanischen Kontinents ist überwältigend; nur an wenigen Tagen im Jahr wird man solch ideale Bedingungen vorfinden. Der Ojos del Salado hat uns Glück gebracht.

INCAHUASI, 6610 m

»Im Grenzbereich zwischen Realität und Abstraktion, zwischen Himmel und Erde erheben sich die Vulkane Chiles in einer Oase der Ruhe«, so beschreibt *Florence Dussoliet* die hohen Berge Chiles. Wie sehr dieser Ausspruch zutrifft, wird dem Besucher erst dann bewußt, wenn er selbst diese einzigartige Landschaft Südamerikas für sich entdecken kann.

Etwa 25 km nordöstlich des *Ojos del Salado,* direkt auf der Grenze zu Argentini-

en, erhebt sich das Massiv des *Nevado Incahuasi.* Hier im Süden der *Atacama-Wüste* stehen viele der höchsten Berge Südamerikas. Allein vom Gipfel des Incahuasi blickt man auf sechs der zehn höchsten Vulkane der Welt. Walther Penck, der große Erschließer dieser Region, bestieg im Dezember 1913 auch diesen Gipfel erstmals. Er entdeckte am Gipfel Überreste der alten Inkakultur in Form einer Ruine – daher auch der Name des

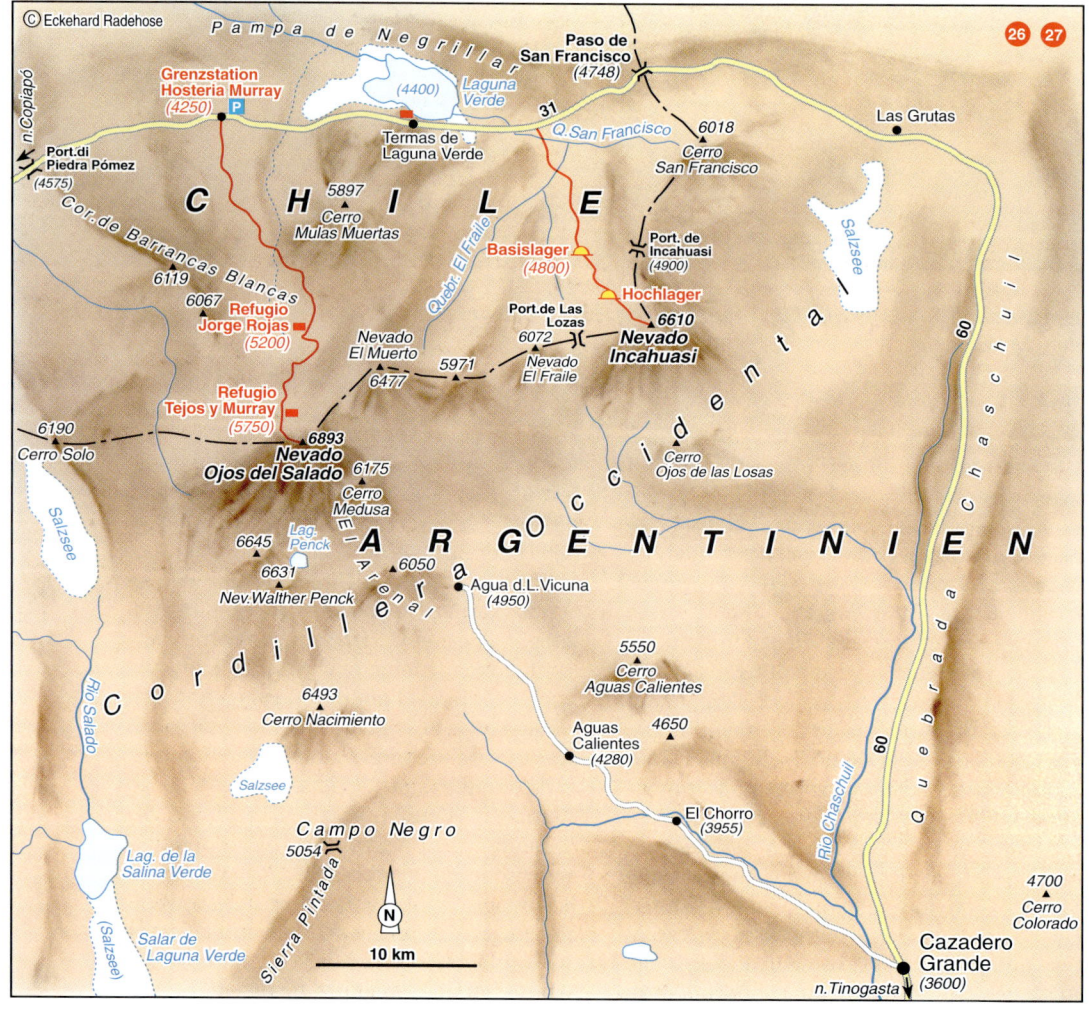

Berges. Über seine Expeditionen in diesem Gebiet schrieb er damals: »In der Puna habe ich kennengelernt, was Hochtouren sind, habe gesehen, daß wir Europäer Kinder im Dulden sind, daß unsere Hochtouristik nur Sport ist – keine Strapaze, keine Notwendigkeit, Schweres zu tragen ... Hier in der Puna ist alles anders.«

Der Nevado Incahuasi wird sehr selten bestiegen und wenn, dann fast ausschließlich von einheimischen Bergsteigern. Die Nachbarschaft des viel bekannteren, weil höheren Ojos del Salado ist sicher der Hauptgrund dafür.

Pulverschnee über Wüstensand

Es ist Mitte Februar. Weder meine Schwester Sabine noch mein Freund Andres hatten Zeit für mein neues Unternehmen. So mußte ich eine völlig neue Mannschaft zusammenstellen. Diesmal sind wir zu viert, mit dabei drei Chilenen: Guillermo, ein sehr erfahrener Mann, Pablo und der erst sechzehnjährige Oscar.

Von **Copiapó** fahren wir zur herrlich gelegenen **Laguna del Negro Francisco,** wo uns Guillermo in Empfang nimmt. Tausende von rosafarbenen Flamingos säumen das Ufer, darüber erheben sich die Vulkane **Copiapó** (6052 m) und in einiger Entfernung der **Nevado Tres Cruzes** (6753 m).

Jetzt wird es allmählich ernst: Über **Mina Marte** kommen wir zur **Hosteria Murray.** Ein letztes Frühstück in der Zivilisation! Leider ist dieser ehemals komfortable Stützpunkt inzwischen bis auf die Grundmauern abgebrannt und nur noch als Ruine vorhanden. Wir fahren weiter, an der **Laguna Verde** vorbei, und erreichen die Basis des Incahuasi. Der Jeep bringt uns bis auf 4800 m. Hier auf argentinischem Territorium entsteht das Basislager. Der Berg ist tief verschneit. Auch diesmal habe ich wieder meine Ski dabei, und so wandert mein Blick immer wieder nach oben zu den weiten Gipfelhängen, die mit einer vielversprechenden Neuschneeauflage ideale Abfahrtsbedingungen verheißen.

Neuschnee über der Wüste – der Incahuasi vom Ojos del Salado.

Die Zeit drängt und jede Minute zählt, denn ich muß wegen beruflichen Verpflichtungen in fünf Tagen in El Quisco sein.

Am nächsten Tag beginnt unser Aufstieg. In 5300 Meter Höhe stellen wir unser Zelt auf, ein Schneeschauer deckt es kurz danach zu. Oscar geht es schlecht: Er ist erstmals in großer Höhe. Wir anderen müssen das Zelt immer wieder vom Schnee befreien. So ist diese Nacht wenig erholsam. Trotzdem steigen wir am nächsten Morgen weiter hinauf. Oscar bleibt zurück, er kann sich noch immer nicht mit der ungewohnten Höhe anfreunden. Es schneit ohne Unterbrechung und ein furchtbarer Wind bläst uns schmerzende Eiskristalle in die Gesichter. Pablo fühlt die ersten Anzeichen von Müdigkeit. Wir sind sehr langsam – zu langsam! So schaffen wir an diesem Tag nur 400 Höhenmeter und richten schon auf 5700 m Lager II ein. Ich glaube nicht, daß wir morgen den Gipfel erreichen können. An die 1000 Höhenmeter, dazu bei ziemlich schlechten Bedingungen, sind in dieser Höhe sehr mühsam.

Die Nacht wird zum Alptraum! Der Wind hat sich zum Sturm gesteigert, er hat seine Kraft verdoppelt, und wir haben Angst um unser Zelt. Damit es nicht reißt, müssen zwei von uns sitzen, um so dem Sturm Widerstand leisten zu können. Niemand schließt ein Auge, und die Zeit bis zum Morgen erscheint uns ewig.

Doch dann kommt endlich die Sonne wieder, nur der Sturm hört nicht auf. Es ist an der Zeit, das Zelt zu verstauen – diesmal mit Geschwindigkeitsrekord dank der Windböen. Einer legt sich auf den Stoff, während die beiden anderen versuchen, ihn zusammenzufalten, bevor er sich mit Luft füllt und wegzufliegen droht. Pablo kann nicht mehr. Erschöpft beschließt er zum Lager I abzusteigen. Guillermo und ich gehen weiter in Richtung Gipfel. Wir stemmen uns förmlich gegen den Sturm. Die Einsamkeit wird noch unendlicher durch das ununterbrochene Tosen des Orkans. Es ist unmöglich, miteinander zu sprechen. Jeder versteckt sich in seiner eigenen Welt, in permanentem Zwiespalt zwischen Motivation und Angst. Auf 6300 m rasten wir; der

Wind scheint langsam einzuschlafen. Vor uns liegen noch 300 Höhenmeter, 300 Höhenmeter in tiefem Neuschnee, 300 Höhenmeter extremer Langsamkeit.

Um 12.30 Uhr stehen wir dann auf dem höchsten Punkt des Incahuasi. Guillermo holt seinen Wimpel hervor, und ich freue mich mit ihm, vor allem aber darüber, einen neuen, dazu exzellenten Gefährten gefunden zu haben ... Die Zeit scheint still zu stehen.

Heute werden wir erstmals direkt vom Gipfel eines hohen südamerikanischen Vulkans mit Ski abfahren können. Herrlich – Pulverschnee, frisch, leicht –, es ist wie in einem Traum! Stellt Euch vor, Ihr schwingt auf 6600 m Höhe einen Hang im Pulverschnee hinunter, während Ihr zu Euren Füßen die trockenste Wüste der Welt liegen seht! Es ist einfach unvergeßlich. Die Bedingungen an der Nordflanke erlauben es uns, bis zum Lager I auf 5300 m hinabzufahren. Oscar und Pablo erwarten uns. Ihre Gesichter wirken müde und um

Incahuasi-Guide

Charakter: Siehe Ojos del Salado (Seite 148).

Allgemeines: Nevado Incahuasi bedeutet »Berg des Inkahauses«. Auf seinem Gipfel wurden ähnlich wie am Llullaillaco Reliquien aus präkolumbianisch-indianischer Zeit gefunden. Die Ruine eines Hauses sowie eine Gold-Statue sind Zeugen einer längst vergessenen Inka-Kultur. Durch seinen bekannteren Nachbarn Ojos del Salado und die Abgeschiedenheit wird der Berg sehr selten bestiegen. Aufgrund seiner nach Osten vorgeschobenen Lage sind die Witterungsbedingungen extremer als am Ojos del Salado oder Nevado Tres Cruzes.

Anreise und Ausgangspunkt: Von Santiago (internationaler Flughafen) auf der Panamericana mit dem Überlandbus etwa 800 km oder mit dem Flugzeug nach Copiapó. Von hier mit geländetauglichem Wagen nach Paipote und weiter auf der Staatsstraße Nr.31 zur chilenischen Grenzstation westlich des Paso de San Francisco. Vorbei an der herrlich gelegenen Laguna Verde, dann in südöstlicher Richtung zum Basislager unter der Nordflanke des Berges (je nach Fahrtroute 250 bis 290 km ab Copiapó).
Von Buenos Aires (internationaler Flughafen) entweder per Bahn oder besser mit dem Flugzeug nach Córdoba. Von hier

über die Staatsstraße Nr. 60 zunächst über Chamical nach Tinogasta. Weiter über Fiambala nach Cazadero Grande (3600 m) Richtung Paso de San Francisco. Nach Las Grutas einige Kilometer Richtung chilenische Grenze, dann an geeigneter Stelle nach links (südwestlich) an die Basis des Nevado Incahuasi. Die Anreise von Buenos Aires ins Zielgebiet ist sehr weit und langwierig.

Besteigungsdauer: 3 bis 4 Tage ab Basislager.

Stützpunkte: Bergsteiger sind auf das Zelt angewiesen. Im Normalfall werden zwei Hochlager eingerichtet. Es gibt keine guten Lagerplätze.

Beste Zeit: November bis März.

Organisation: Bei einer Besteigung von der argentinischen Seite ist kein Permit erforderlich. Für die Anreise von Chile aus siehe Nevado Tres Cruzes (Seite 142).

Ausrüstung: Siehe Ojos del Salado (Seite 148).

Besonderheiten: Durch die Weiträumigkeit des Berges sind die körperlichen Anforderungen höher anzusetzen als beispielsweise am Ojos del Salado oder Nevado Tres Cruzes. Das Wetter ist unbeständiger, und man hat häufiger mit Schneefällen zu rechnen. Die Gipfelerfolgschancen sind entsprechend niedriger. Das letzte Trinkwasser gibt es bei einer Quelle an der Laguna Verde.

Literatur und Karten: Siehe Ojos del Salado (Seite 148).

Warmer Pool in 4250 Meter Höhe: Körperpflege an der Laguna Verde.

Jahre gealtert, aber strahlend und glücklich. Plötzlich ein Gedanke, lähmendes Entsetzen: Wir haben einen großen Teil der Ausrüstung in Lager II vergessen, Schlafsäkke, Zeltstangen, Kocher, Lampe. Der Gedanke an eine Nacht bei minus 15 Grad im Freien ist unerträglich! Ohne Schlafsack in den Zeltstoff eingerollt ziehen sich die Stunden der Nacht ins Unendliche – eine schlimme Erfahrung!

An diesem Tag ging uns vieles verloren, dessen Anschaffung Jahre gedauert hatte. Leider fehlt uns die Zeit, die Ausrüstung zu bergen, denn anderntags drängt die Zeit: Wir müssen hinab ins Basislager, dort wartet schon der Jeep auf uns. Stunden später sitzen wir im Bus und fahren zurück nach Santiago.

Nach Angaben von Philippe Reuter

TUPUNGATO, 6570 m

In den Jahren der politischen Entspannung zwischen Argentinien und Chile sind aufgrund des unproblematischeren Grenzverkehrs nun auch die Andenberge Argentiniens vermehrt in das Interesse chilenischer Andinisten gerückt. So ist zum Beispiel der **Aconcagua** auch für Bergsteiger aus Chile zu einem Modeberg geworden. Nur wenige allerdings wissen, daß der etwa 100 km weiter im Süden aufragende **Tupungato** ein sehr viel lohnenderes Ziel darstellt. Man kann ihn fast als Hausberg **Santiagos** bezeichnen, trotzdem bietet die Besteigung dieses Berges vulkanischen Ursprungs den Charakter einer Expedition, dazu eine erheblich vielfältigere Landschaft als der bekannte Nachbar in Argentinien.

Der Tupungato ist ein Grenzberg; er kann sowohl von der chilenischen als auch von der argentinischen Seite bestiegen werden. Ausgangspunkt in Chile ist Santiago, in Argentinien **Mendoza** bzw. **Punta de Vacas,** an der internationalen Straße Mendoza – Los Andes gelegen.

Unser zweites Hochlager errichten wir auf 5500 Meter Höhe in der Südwestflanke.

Auf den Hausberg von Santiago

Santiago de Chile, ein neuer Tag beginnt. Die ganze Nacht hatte es geregnet. Oben in den Bergen ist Schnee gefallen. Wir sind zu viert und freuen uns auf unser neues Ziel, sind aber gleichzeitig auch etwas besorgt wegen der instabilen Wetterlage. Die Autos sind bis zum Äußersten beladen. Wir verlassen die Stadt in südlicher Richtung, biegen ab in das **Maipo-Tal.** Über **Los Maitenes** gelangen wir in das enge Tal des **Rio Colorado** nach **Alfalfal.** Die Straße erlaubt es, bis auf eine Höhe von 2200 m zu fahren. Die nächsten sechs Stunden übernehmen Maultiere den weiteren Transport nach **Agua Azul,** 3200 m. Hier errichten wir ein Zwischenlager.

Tags darauf können wir für weitere drei Stunden die Hilfe der Tragetiere in Anspruch nehmen; sie transportieren unser Gepäck bis ins Basislager auf etwa 4000 m. Die Maultiere wirken erschöpft, und ich bilde mir ein, daß sie sichtlich erleichtert reagieren, als wir ihnen die schweren Lasten abnehmen. Der Mulitreiber steigt mit seinen Tieren ab, wir bleiben allein zurück und stellen die Zelte auf.

Der dritte Tag dient einzig dem Materialtransport. Frühzeitig starten wir mit sehr schweren Rucksäcken, um einen guten Platz für unseren nächsten Lagerplatz zu suchen. Nach einer guten Stunde gibt's eine herbe Enttäuschung: Eine tiefe, unüberwindliche Schlucht liegt zwischen uns und dem Tupungato. Es bleibt uns keine andere Wahl, als die vorgesehene Route zu ändern. Am Fuß des **Tupungatito,** des kleineren Bruders, finden wir in 5000 m Höhe einen idealen Platz für das Hochlager. Wir deponieren die Ausrüstung und treten den Abstieg an.

Morgen werden wir ins Hochlager umziehen. Am Nachmittag schneit es wieder. Es gibt jeden Tag dieselbe Wetterentwicklung: Der Morgen ist klar, ab der Mittags-

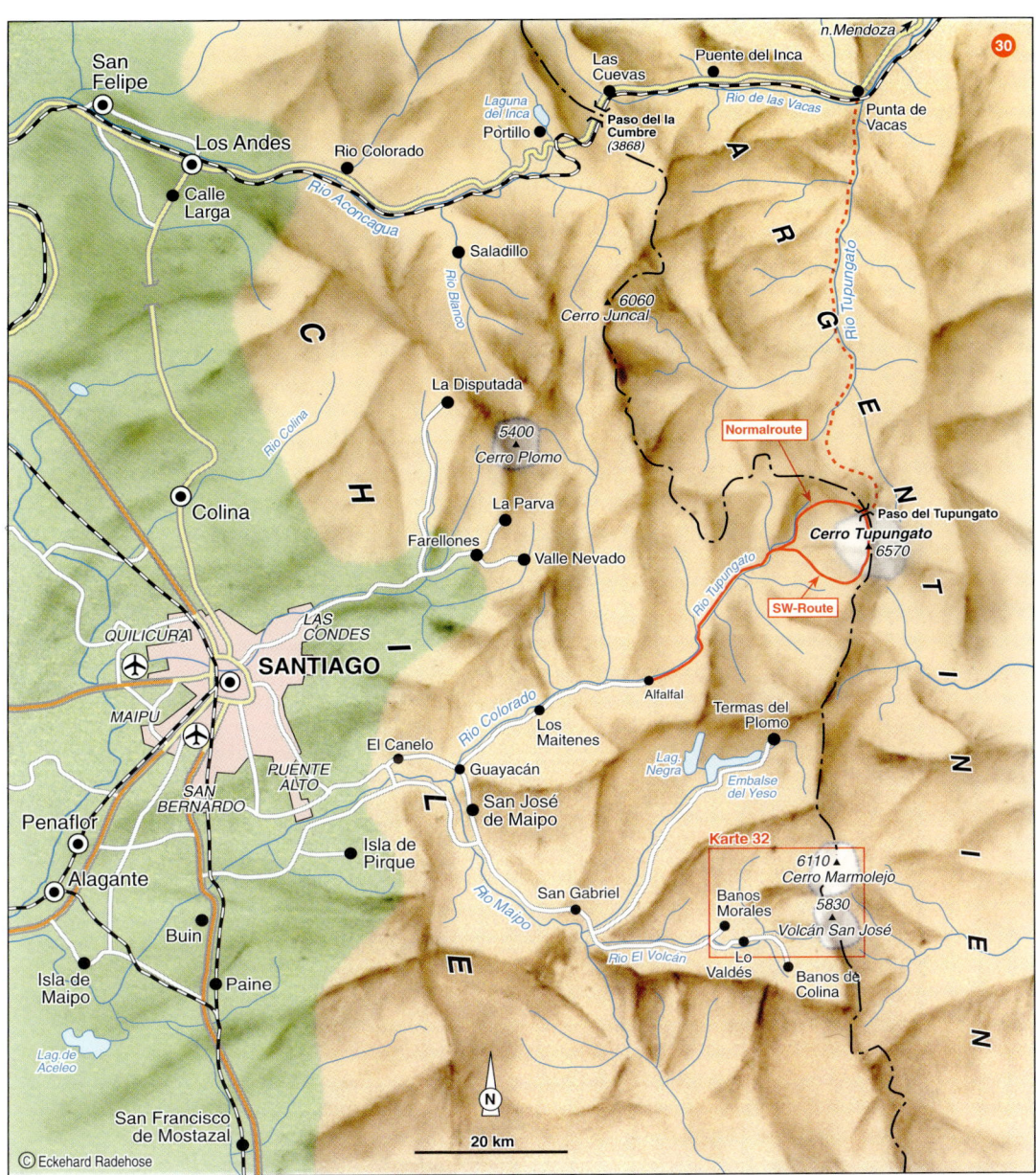

zeit ziehen Wolken auf, und wenig später beginnt es zu schneien.

Über Nacht sind wiederum 20 cm Schnee gefallen. Die heutige Etappe führt über ein endloses Büßerschneefeld. Die langwierige Querung ist sehr mühsam – wir stecken schon wieder im Nebel. Müde

stellen wir in 5300 m Höhe die beiden Zelte auf. Als am Nachmittag des nächsten Tages zum wiederholten Male ein Unwetter über den Berg zieht, haben wir wiederum nur 400 Höhenmeter geschafft.

Ein richtiger Sonnentag täte Not ... und prompt lacht uns die Sonne am nächsten

Tag von morgens bis abends. Mit den Steigeisen mühen wir uns den steilen Gletscher hinauf, der auf der Südseite des Tupungato herunterzieht. Langsam und konzentriert gewinnen wir an Höhe. Auf 6100 m erwartet uns ein herrlich gelegener Lagerplatz. Juan kommt heute erheblich später ins Camp; er wirkt erschöpft und sein Gesicht ist bleich – ganz offensichtlich eine beginnende Höhenkrankheit! Mir fällt

ein, daß er in den vergangenen Stunden viel zu wenig getrunken hatte. Wir zwingen ihn im Schlafsack zu bleiben und geben ihm viel Flüssigkeit. Morgen soll der große Tag sein.

Der Morgen ist herrlich. Es ist kalt, sehr kalt sogar! 7.30 Uhr – wir starten zum Gipfel. Der Berg wirft lange Schatten. Langsam kommen wir voran. Sabine hat sehr kalte Zehen und Finger. Immer wieder

Tupungato-Guide

Charakter: Vulkanberg mit alpinem Charakter. Landschaftlich erheblich schöner als beispielsweise der Aconcagua. Die Besteigung des Tupungato von der chilenischen Seite ist nicht schwierig. Im oberen, vergletscherten Bereich sind aber auch steile Passagen zu bewältigen. Nachmittags hüllt sich der Berg sehr häufig in Wolken; dann kommt es in den oberen Regionen zu Neuschneefällen. Wegen des langen Anstiegs und der Höhe von fast 6600 m hat die Tour Expeditionscharakter.

Allgemeines: Nur 70 km von Santiago de Chile entfernt gilt der Vulkan Tupungato als Hausberg der Millionenstadt. Sein benachbarter kleiner Bruder, der 5640 m hohe Tupungatito, ist immer noch aktiv. Der Tupungato wird meist von Argentinien aus bestiegen. Selbst vom 150 km entfernten Mendoza aus ist der Berg zu sehen. Die lange Kette der Kordilleren überschreitet hier im Süden ein letztes Mal die 6500-Meter-Grenze, bevor sie allmählich in die niedrigeren – nicht weniger schönen – Bergregionen Chiles absinkt.

Anreise und Ausgangspunkt: Von Santiago (internationaler Flughafen) anfangs durch das Maipo-Tal, danach in nordöstlicher Richtung in das canyonartige Tal des Rio Colorado bis nach Alfalfal.
Von Buenos Aires (internationaler Flughafen) per Flugzeug oder Bahn nach Mendoza. Ab hier mit öffentlichen Verkehrsmitteln in Richtung argentinisch-chilenische Grenze bis Punta de Vacas. Von hier aus vermittelt das Tal des Rio Tupungato in südlicher Richtung über 60 km den direkten Zugang zum Berg.

Besteigungsdauer: Auf der chilenischen Seite insgesamt 8 bis 10 Tage für Auf- und Abstieg.

Stützpunkte: Keine Hütten vorhanden. Auf dem Weg zum Basislager entsteht in 3200 m ein Zwischenlager (Agua Azul). Das Basislager wird auf 4000 m eingerichtet. Weitere gute Plätze für die Hochlager sind auf 5000 m am Fuß des Tupungatito und am Paso del Tupungato (Nordroute),

ferner auf der Südwestroute in etwa 5300 und 6100 Meter Höhe zu finden.

Beste Zeit: Dezember bis März sind günstig. Januar ist der beste Monat.

Organisation: Auf der chilenischen Seite benötigen ausländische Bergsteiger drei Permits:
1. Ein Permit des Foreign Ministery
2. Ein Permit der chilenischen Armee
3. Ein Permit der »Alfalfal-Electric-Company«.
Die Organisation durch eine ortsansässige Trekking-Agentur ist möglich und auch empfehlenswert. Auch europäische Reiseveranstalter bieten mittlerweile die Besteigung des Tupungato an.

Ausrüstung: Westalpenausrüstung mit guter Wärmeschutzkleidung. Bewährte Hochlagerzelte mit Zubehör, leistungsstarke Kocher, Proviant (gefriergetrocknete Hochlagerverpflegung), Pickel, Seil und Steigeisen.

Besonderheiten: Für den Aufstieg auf chilenischer Seite gibt es im oberen Bereich zwei Routenmöglichkeiten. Die Normalroute führt vom Paso del Tupungato über den Nordgrat auf den höchsten Punkt. Der andere Anstieg führt über das steile Gipfeleisfeld von Südwesten her auf den Gipfel. Der höchste Punkt des Tupungato ist der Südwestgipfel; es ist daher naheliegend, zweitere Route für den Aufstieg zu wählen. In Alfalfal können nur in den Sommermonaten von November bis März Tragetiere gemietet werden. Am ersten Tag muß man einen Fluß durchqueren, was unter Umständen gefährlich sein kann. Es ist empfehlenswert, dies in den frühen Morgenstunden zu tun. Für den Anmarsch zum Basislager und den Rückmarsch vom Basislager sind jeweils zwei Tage nötig. Trotz der Nähe zu Santiago ist der Tupungato ein einsamer Berg geblieben.

Literatur und Karten:
Topographische Karte 1: 250 000, Blatt »Cerro Tupungato«, HOJA 3369, herausgegeben vom Instituto Geografico Militar, Buenos Aires.
»Turistel«, Ausgabe »Centro«, chilenischer Campingführer mit guten Übersichtskarten; wird jedes Jahr neu aufgelegt.

Am Gipfelaufbau des Tupungato dominiert felsiges Gelände.

halten wir an und versuchen, sie wieder warm zu bekommen. Leider kann auch die Sonne ihr nicht helfen. Auf 6400 m wird das Gelände felsig, wir müssen die Ski deponieren. Nur noch 170 m trennen uns vom Gipfel. Sabine und Juan kehren um und steigen ab zum Lager V, Tei und ich versuchen den Gipfel zu erreichen. Eine Stunde später stehen wir oben! Die Aussicht ist phantastisch. Weit reicht der Blick hinaus in die Ebenen Argentiniens und Chiles. Doch dann kommen schon wieder die Wolken. Tei befestigt seinen kleinen Wimpel, dann steigen wir schnell hinunter zum Skidepot. Die Rinne, die wir hinunterfahren ist steil und mit Steinen

übersät. Im Schneetreiben wird Lager V abgebaut. Das schlechte Wetter behindert die weitere Abfahrt zum Lager IV erheblich.

Über Nacht haben sich die Bedingungen verbessert, und so können wir in einem Zug über 2500 Höhenmeter hinunter bis ins Basislager abfahren. Die Erschöpfung steht uns ins Gesicht geschrieben. Die Tragetiere warten schon auf uns. Es geht zurück zum Ausgangspunkt, zurück nach Santiago. Erst während der Heimfahrt wird uns richtig bewußt, welch großartigen Erfolg wir mit nach Hause nehmen.

Nach Angaben von Philippe Reuter

MARMOLEJO, 6110 m

Das Refugio Aleman in Lo Valdes, malerischer Ausgangspunkt für die Tour zum Marmolejo.

Während Alexander von Humboldt die Eisgipfel Ecuadors schon zu Beginn des 19. Jahrhunderts erforschte, und der höchste Gipfel des Kontinents, der **Aconcagua,** bereits 1897 zum ersten Mal bestiegen wurde, blieben die hohen Berge im chilenischen Teil der Anden für Bergsteiger lange Zeit unentdeckt. So ist über die Besteigungsgeschichte des Marmolejo nur wenig bekannt. Sicher ist jedoch, daß die Alpinisten Krückel und Pfenniger zwischen 1927 und 1931 den Gebirgszug Cordon San Jose an der Grenze zu Argentinien systematisch erforschten. Dabei gelang ihnen zusammen mit Albrecht Maass 1928 die Erstbesteigung des Marmolejo. Obwohl es in **Lo Valdes** mit dem **Refugio Aleman** heute einen erstklassigen Stützpunkt für Bergtouren im hinteren Maipo-Tal gibt, ist es hier ruhig geblieben. Der Marmolejo wurde nie zu einem Modeberg.

Unterwegs am südlichsten Sechstausender der Erde

Der **Marmolejo** ist mit seinen 6110 Metern nicht nur einer der großen Hausberge **Santiago de Chiles,** sondern gleichzeitig auch der südlichste Sechstausender der Welt. Nur wenige Autostunden von der Millionenstadt entfernt – im **Cordon San Jose** am Ende des **Maipo-Tals** gelegen – blieb er bei europäischen Bergsteigern nahezu unbekannt. Das ist erstaunlich, denn der Marmolejo ist einer der leichtesten und objektiv ungefährlichsten Sechstausender Südamerikas. Die technischen Anforderungen halten sich in Grenzen, dennoch sollte dieser erloschene Vulkan auf keinen Fall unterschätzt werden. Heftige Winde vom nahen Pazifik her, haben selbst erstklassige Bergsteiger schon an den Rand der Verzweiflung gebracht. Die Höhe des Berges verbunden mit seiner Exposition geben dem Anstieg durchaus den Anstrich einer anspruchsvollen Bergfahrt.

Die Aufstiegsroute zum Marmolejo ist ganz typisch für einen Vulkan: Der steile Schuttrücken, über den wir seit Stunden aufsteigen, wurde ganz sicher schon mehrfach verflucht. Nur sehr mühsam gewinnen wir an Höhe. Zwar haben wir hier oben keine Sorgen mit Neuschnee oder Gletscherspalten, doch der ständige, eiskalte Westwind macht uns sehr zu schaffen. Wir hocken uns für eine kurze Rast in das lockere Lavagestein. Es ist nun bereits der zehnte Tag unserer großen Chile-Expedition, aber von einer guten Akklimatisation kann wirklich noch nicht die Rede sein. Erst vor wenigen Tagen sind wir kurz unter dem höchsten Punkt des **Cerro Plomo** in 5200 Meter Höhe umgekehrt. Es war einfach noch zu früh für einen so mächtigen Gipfel. Nun haben wir die Fünftausend-Meter-Grenze fast wieder erreicht. Über eine lange, leicht fallende Querung werden wir in spätestens einer Stunde den Lagerplatz unter dem Gipfelaufbau des Marmolejo erreichen. Und morgen? Wird der heftige Wind etwas nachlassen? Wird die kurze Zeit der Höhenanpassung ausreichen, um den südlichsten Sechstausender der Welt zu schaffen? Oder ist kurz vor dem Gipfel der Kopf wieder dick, sind die Beine zu schwer und der Tank wieder leer?

Als sich die Sonne über den flachen Vulkankegel des Marmolejo schiebt, sind wir längst unterwegs. Die Nacht war kalt, aber fast windstill. Die leichten Kopfschmerzen haben nachgelassen. Nach 150 Metern Bewegung ist alles normal; der Kreislauf funktioniert. Das Steigen macht Spaß, offensichtlich sind wir nun endlich an die Höhe angepaßt. Die Oberfläche des flachen Gletschers in der Westflanke ist hart gefroren, die Steigeisen greifen, daß es eine wahre Pracht ist. So steigen wir direkt

Schwer bepackt nähern wir uns dem Marmolejo, 3500 Meter haben wir bereits erreicht.

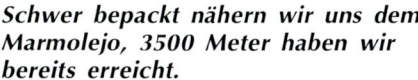

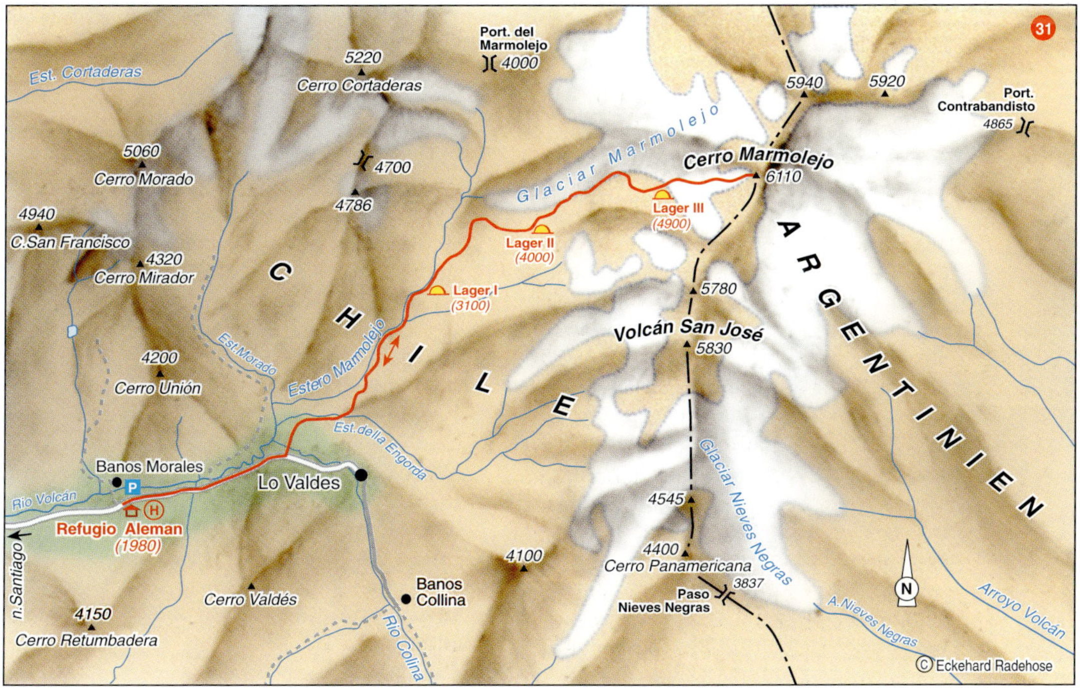

Aus etwa 5000 Meter Höhe schauen wir auf die Westflanke des Marmolejo.

ohnehin nicht; das Gelände ist auf dieser Seite des Berges überall gleich. »Wie steil mag es hier wohl sein?«, denke ich, als ich für einen Augenblick raste. Sicher nirgendwo mehr als 40 Grad. Bis jetzt habe ich noch nicht einmal meinen Eispickel benützt, Steigeisen und Skistöcke ermöglichen absolut sicheres Steigen. Zwei Stunden später nähern wir uns der Scharte zwischen den beiden Gipfeln. Sie sind nur wenig ausgeprägt. Der linke Gipfel erscheint uns ein wenig höher, aber vielleicht liegt dahinter noch ein weiterer Aufschwung. Wir sind verunsichert, zuverlässiges Kartenmaterial gibt es nicht. Wir verlassen uns auf eine einfache Skizze und auf das, was mein Partner über den Marmolejo bereits weiß. Einige Jahre zuvor hatte er diesen Gipfel mit zwei Freunden schon einmal versucht. Als damals das Wetter schlecht und der Wind immer heftiger wurde, stiegen sie ins Maipo-Tal ab. Doch heute werden wir den Gipfel erreichen. Seit einer Stunde bin ich sicher, auch, wenn wir nur noch sehr langsam vorankommen. Als der Hang seine Nei-

entlang der kürzesten Linie durch die Westflanke. Eine übliche Routenfindung gibt es am 1200 Meter hohen Gipfelkegel

Marmolejo-Guide

Charakter: Mittelschwere Vulkanbesteigung mit vergletscherter Gipfeletappe. Geringe Spaltengefahr auf der Normalroute aus dem Maipo-Tal. Erstklassige Kondition und Höhenanpassung sowie Spürsinn für die richtige Route und Westalpenerfahrung sind jedoch unbedingt erforderlich.

Allgemeines: Der Marmolejo ist der südlichste Sechstausender der Welt und im deutschsprachigen Raum nur wenig bekannt. Trotz geringer technischer Schwierigkeiten sollte er nicht unterschätzt werden. Heftige Winde vom nahen Pazifik haben schon manche Unternehmung scheitern lassen.

Anreise: Von Santiago (internationaler Flughafen) preiswert mit dem öffentlichen Bus nach El Volcan und weiter nach Lo Valdes.

Ausgangspunkt: Das erstklassige Refugio Aleman vom Deutschen Andenverein (Sektion Santiago de Chile) am Ende des Maipo-Tals, 1980 m.

Besteigungsdauer: Bei guter Akklimatisation vom Refugio Aleman zum Gipfel und zurück maximal 6 Tage.

Stützpunkte: Am Berg keine festen Stützpunkte. Ein winderprobtes Hochlagerzelt ist unbedingt notwendig.

Beste Zeit: Anfang Dezember bis etwa Ende März.

Organisation: Keine Besteigungsgenehmigung notwendig. Lebensmittel lassen sich in Santiago bestens einkaufen, Gaskartuschen (Campinggas) gibt es in jedem Haushaltswarengeschäft. Trockennahrung für die Hochlager sollte von Europa mitgebracht werden.

Ausrüstung: Komplette Westalpenausrüstung mit Sturmanzug, Hochlagerzelt, Kochausrüstung. Ein warmer Schlafsack ist wichtig. Die kleine, flache Gletscherzunge an der Westseite war im Dezember spaltenfrei, so daß ein Seil nicht notwendig war.

Besonderheiten: Typischer Anstieg auf einen großen Vulkan mit vielen mühsamen Passagen und einem schnellen Abstieg. Zwischen 3900 und 4900 m gibt es nur winzige Lagerplätze. Die Route ist nicht zwingend vorgegeben, sondern richtet sich nach den Verhältnissen.

Literatur und Karten:

Rollo Steffens: »Chiles Norden – Wüsten und Berge«, Eigenverlag.

»Turistel«, Ausgabe »Centro«, chilenischer Campingführer mit sehr guten Übersichtskarten, wird jedes Jahr neu aufgelegt.

Abendliches Farbenspiel am Marmolejo-Gletscher.

gung verliert und in einen flachen Sattel übergeht, lüftet sich auch für uns das letzte Geheimnis des Marmolejo. Kein Aufschwung mehr, wir sind fast oben! Über einen flachen Grat folge ich der Spur meines Partners. Grobes Geröll wechselt mit weichem Schnee. Als ich endlich den Gipfel erreiche, bin ich müde! »Buenos dias, Marmolejo«, murmle ich in mich hinein, als ich die Gipfelkuppe betrete. Für einen Augenblick nehme ich die Sonnenbrille herunter. Das Licht ist grell, und der Rundblick nicht besonders. Der heutige Tag ist sehr diesig, der Smog über Santiago de Chile nicht zu übersehen: Die Millionenmetropole liegt unter einer bräunlichen Dunstglocke. Im Norden, am Tupungato wird es klarer. Am Horizont zeichnet die Südwand des Aconcagua ihr unverkennbares breites Dreieck. Wir sind mit uns und diesem Tag zufrieden. Eine Stunde später schiebt sich von Argentinien eine große Wolke heran. Ein nahendes Hochgewitter? Wir wissen es nicht. Es wäre ungewöhnlich für diese trockene Gegend. Trotzdem – Zeit für den Abstieg!

Rollo Steffens

BONETE, 6872 m – PISSIS, 6882 m

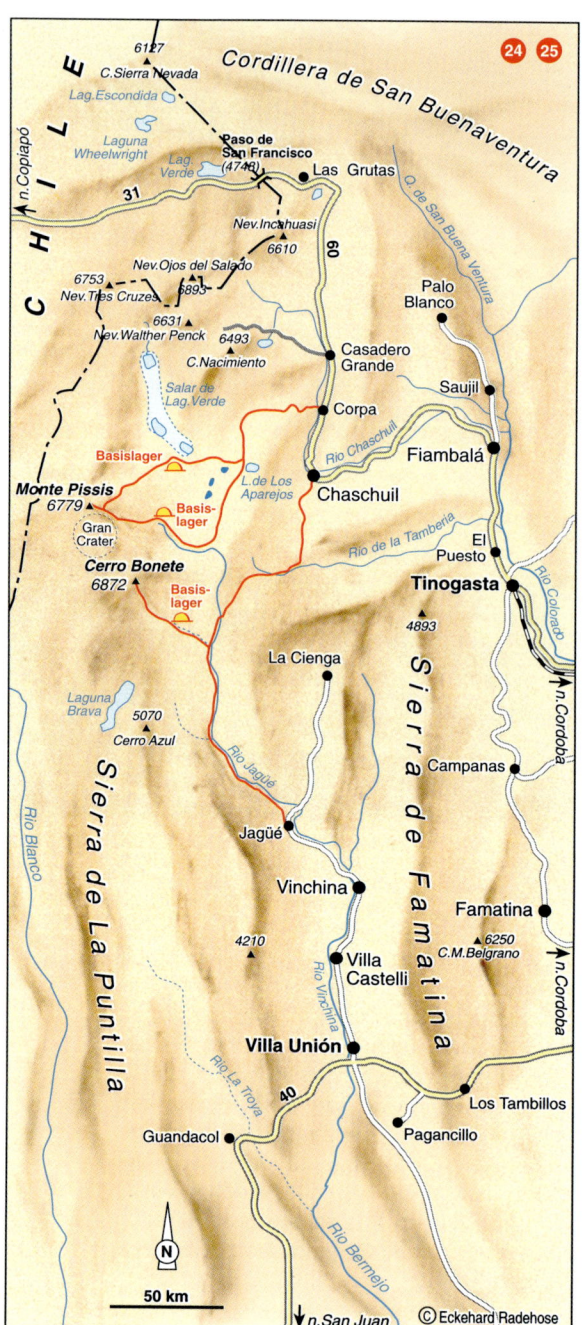

Es mag paradox erscheinen, doch von den vier höchsten Bergen des amerikanischen Kontinents waren den Bergsteigern in Europa bis vor kurzem drei Gipfel nahezu unbekannt. Nehmen wir den **Aconcagua** einmal aus, so wird auch der zweithöchste Berg, der **Ojos del Salado,** erst seit wenigen Jahren häufiger bestiegen. Die beiden anderen, **Cerro Bonete** (6872 m) und **Nevado Pissis** (6882 m), haben aufgrund ihrer extremen Abgeschiedenheit auch heute noch ihren ursprünglichen Charakter bewahren können. Beide Gipfel werden äußerst selten bestiegen. Die Berge liegen etwa 80 km südlich des Ojos del Salado sowie etwa 90 km westlich von **Tinogasta** an der Fernverbindungsstraße von **Córdoba** (Argentinien) nach **Copiapó** (Chile). Wurde der Nevado Pissis erst im Jahre 1937 erstmals bestiegen, so erreichte Walther Penck bereits im Januar 1913 allein, dazu im Schneesturm, den Gipfel des Cerro Bonete. Diese gewagte Unternehmung kostete ihm damals beinahe sein Leben.

Beide Gipfel gehen auf einen vulkanischen Ursprung zurück. Ihr Charakter und die bergsteigerischen Anforderungen sind daher sehr ähnlich, dazu liegen sie nur etwa 20 km voneinander entfernt, so daß Interessenten durchaus die Möglichkeit haben, beide Berge im Rahmen einer Expedition zu versuchen. Grund genug, sie hier in einem Kapitel zu beschreiben.

In früheren Jahren nur mit 6410 m ausgewiesen, gilt der Cerro Bonete heute nach seiner Neuvermessung als zweithöchster Vulkan der Erde! Der Cerro Bonete erhebt sich südöstlich des markanten **Gran Crater,** einem riesigen 5500 m hoch gelegenen Kratergebiet. Seine Flanken sind sehr flach und weiträumig, die alpintechnischen Schwierigkeiten also entsprechend gering. Dennoch darf auch dieser Gipfel nicht unterschätzt werden. Die Region um den Cerro Bonete ist für instabile Wetterla-

Schon im Basislager des Cerro Bonete kann man die flachen und weitläufigen Hangstrukturen erkennen.

gen bekannt, die häufig Niederschläge bringen. Extreme Winde erreichen in den Gipfellagen oft Orkanstärke. Sie können den Aufstieg erheblich behindern, wenn nicht scheitern lassen. Oftmals bläst der Sturm 24 Stunden am Tag ohne Unterbrechung. Dieser stetige Wind, der häufig feinen Sand aufwirbelt, ist weitaus unangenehmer als beispielsweise ein Schneesturm. Für den Anmarsch zum Cerro Bonete bieten sich zwei Möglichkeiten an. Ist allein seine Besteigung einziges Expeditionsziel, empfiehlt sich der Zugang von Süden über *Jagüé* und *Villa Unión*; dieser Anmarschweg wird relativ häufig gewählt. Zieht man dagegen die Besteigung von

beiden Gipfeln in Betracht, ist die Route von Osten über *Tamberia* und *Fiambala* sicher besser geeignet. Dieser Anmarschweg ist zwar anspruchsvoller – es müssen mehrere Höhenzüge überquert werden –, doch wegen der landschaftlichen Vielfältigkeit erheblich schöner. Bis zum jeweiligen Basislager sind für beide Wege jeweils vier Trekkingtage, also für Hin- und Rückweg insgesamt acht Tage einzuplanen. Tragetiere (Mulis) sind auf diesen langen An- und Rückmarschwegen unverzichtbar.

Nördlich des Gran Crater gelegen ist der Nevado Pissis ein großer Berg inmitten einer grenzenlosen Einöde. Mit riesigen,

Bonete-Pissis-Guide

Charakter: Einerseits alpintechnisch leichte, andererseits sehr hohe, dazu extrem sturmanfällige Gipfel in einer sehr abgelegenen, wüstenartigen Gegend. Ihre Besteigung hat daher durchaus Expeditions-Charakter. Da das Basislager sehr hoch liegt, die Umgebung aber sehr weit und flach ist, kann eine auftretende Höhenkrankheit schnell kritisch werden, zumal sich der Abtransport in tiefere Lagen problematisch gestaltet. Die Temperaturunterschiede zwischen Tag und Nacht können beachtliche 50 Grad und mehr betragen – minus 30 Grad sind keine Seltenheit. Beide Gipfel gehören zu den höchsten Bergen Amerikas, sind aber bei uns nahezu unbekannt und werden auch von einheimischen Andinisten sehr selten bestiegen. Unvergleichlich ist die Atmosphäre während der Anfahrt zu den Bergen; zahlreiche Flamingo-Kolonien bevölkern die Lagunen.

Anreise und Ausgangspunkte: Die Anreise zu beiden Bergen ist etwas kompliziert und vor allem langwierig. Je nach Anmarschroute sind mehrere Anreiserouten möglich.

1. Anreise von Chile zum Cerro Bonete:

Von Santiago (internationaler Flughafen) auf der Panamericana mit dem Überlandbus etwa 800 km oder mit dem Flugzeug nach Copiapó. Von hier mit geländetauglichem Wagen zunächst nach Paipote und dann weiter auf der Staatsstraße Nr.31 zum Paso de San Francisco (Grenze Chile – Argentinien). Nun auf der Staatsstraße Nr.60 etwa 80 km nach Süden bis Chaschuil. Von Copiapó je nach Route etwa 310 bis 350 km. Von Chaschuil etwa 20 km südlich nach Tamberia. Oder mit dem Bus über den Grenzpaß Paso del Bermejo nach Mendoza und weiter auf der Staatsstraße Nr.40 nach San Juan. Von hier weiter über San José de Jachal nach Villa Unión. Nun in nördlicher Richtung über Vinchina zum Ausgangspunkt Jagüé.

2. Anreise von Argentinien zum Cerro Bonete:

Von Buenos Aires (internationaler Flughafen) mit dem Flugzeug oder mit der Bahn nach San Juan. Von hier weiter wie oben. Oder von Buenos Aires mit der Bahn oder dem Flugzeug nach Córdoba. Nun über die Staatsstraße Nr.60 zunächst nach Chamical und weiter nach Tinogasta. Von hier über Fiambala nach Chaschuil und dann in südlicher Richtung bis Tamberia.

3. Anreise von Chile zum Nevado Pissis:

Von Santiago wie bei der Anfahrt zum Cerro Bonete zur Grenze am Paso de San Francisco. Nun auf der Staatsstraße Nr.60 über Cazadero Grande nach La Corpa. Hier beginnt die extrem schlechte Piste, die anfangs in westlicher, später mehr in südlicher Richtung zu der Laguna de los Aparejos führt. Von hier nach Westen zur Laguna Verde. In der Nähe einer Gletscherzunge wird das Basislager errichtet.

Eine neue Route führt von der Laguna del Negro Francisco von Westen zur Basis des Berges. Die Anfahrt dorthin erfolgt anfangs auf der Staatsstraße Nr.31 wie oben beschrieben, dann auf der Camina Santa Rosa bis zur Laguna Santa Rosa. Von hier in südlicher Richtung über Mina Marte vorbei am Cerro Copiapó zur Laguna del Negro Francisco.

4. Anreise von Argentinien zum Nevado Pissis:

Von Buenos Aires mit dem Flugzeug oder mit der Bahn nach Córdoba. Weiter auf der Staatsstraße Nr.60 über Chamical und Tinogasta in Richtung Paso de San Francisco bis La Corpa. Nun weiter wie bei der Anreise von Chile.

Wird der Aufstieg über die Südostflanke gewählt, fährt man wie oben beschrieben von La Corpa zur Laguna de los Aparejos. Von hier in südlicher Richtung bis zur Einmündung des Rio Salado. Nun im Tal des Rio Salado aufwärts bis zur Basis des Nevado Pissis. Diese Route ist sehr weit, von La Corpa etwa 110 km, wegen der sehr schlechten Wegstrecke sehr zeitaufwendig und deshalb nicht unbedingt empfehlenswert.

Besteigungsdauer: Ab Ausgangspunkt jeweils etwa 12 bis 14 Tage.

Stützpunkte: Für die Anmarschwege zu den Basislagern müssen vier Tage eingeplant werden. Die Geländebeschaffenheit an den Bergen ist sehr weiträumig, so daß für die Errichtung des Basislagers sowie der Hochlager viele Möglichkeiten bestehen. Es ist sicher sinnvoll, von der Errichtung zweier Hochlager auszugehen.

Beste Zeit: November bis März.

Organisation: Für die Besteigungen ist kein Permit erforderlich. Das Anmieten von Tragetieren kann problematisch sein. Wer seine Besteigung durch eine ortsansässige Agentur organisieren möchte, dem bietet sich Jonson Reynoso in Fiambala an. Eine weitere gute Adresse: *AZIMUT 360, Montecarmelo 180, Depto.36, Santiago de Chile.*

Ausrüstung: Gute Wärmeschutzkleidung, Schalenbergschuhe mit warmen Innenschuhen, gute Hochlagerzelte mit Zubehör, leistungsstarke Kocher und genügend Proviant, auch spezielle Hochlagerverpflegung und faltbare Wasserkanister. Auf Steigeisen kann meistens verzichtet werden, dennoch sollten sie mitgeführt werden.

Literatur und Karten:

Walther Penck: »Durch Sandwüsten auf Sechstausender«, 3. Auflage 1942.

Matthias Rebitsch: »Die silbernen Götter«, München 1957.

Anders Bolinder: »Puna de Atacama«; Beitrag in »Berge der Welt« 1966/67 (Jahrbuch der Schweizerischen Stiftung für alpine Forschungen).

»Turistel«, chilenischer Campingführer mit relativ guten Übersichtskarten. Wird jedes Jahr neu aufgelegt.

Gipfelanstieg am Nevado Pissis: Jede Expedition sucht sich ihren Weg von neuem.

fast unüberschaubaren Ausmaßen und fünf Gipfelkuppen bildet der Berg eine Gebirgsgruppe für sich. Laut Expeditions-Kommission der UIAA hat der Nevado Pissis seit dem Jahr 1995 den Ojos del Salado von seinem Rang verdrängt, zweithöchster Gipfel des amerikanischen Kontinents zu sein. Ein immens weiter Anmarschweg sowie extreme Abgeschiedenheit verlangen von seinen Besteigern großen Respekt. Durch die verschiedenen Möglichkeiten des Anmarsches, die enormen Ausmaße und die wenigen Besteigungen kann kaum von festgelegten Aufstiegsrouten gesprochen werden. Jede Expedition sucht sich ihren Aufstiegsweg von neuem. Bezogen auf das instabile Wetter mit Stürmen und all den zuvor beim Cerro Bonete erwähnten Gege-

benheiten gehört der Nevado Pissis sicher zu den abgelegensten Zielen dieses Buches. Schon die Anfahrtsstrecken zu den Ausgangspunkten sind ohne Geländefahrzeuge nicht zu bewältigen. So ist die Überlegung, eine Agentur mit der Organisation zu beauftragen, sicher nicht abwegig.

Der Normalaufstieg führt von Norden auf den Gipfel. Ausgangspunkt ist die **Laguna Verde**. Diese wird über eine sehr schlechte Piste von **La Corpa** aus erreicht. Expeditionen, die sich beide Berge zum Ziel gesetzt haben, wählen besser den Aufstieg über die Südostseite. In diesem Fall wird die Basis des Berges durch das Tal des **Rio Salado** gewonnen.

Nach Angaben von Philippe Reuter

MERCEDARIO, 6770 m

Etwa 80 km nördlich des **Aconcagua** steht ein weiterer sehr mächtiger Berg – der 6770 m hohe **Mercedario**. Im Schatten des Modeberges Aconcagua hat sich der Mercedario seinen Charakter bewahren können. Bereits der Zugang zum Berg erfordert Spürsinn und Organisationstalent. Möglicherweise kann man hierzu die Hilfe des *Club Andino Mercedario* in **San Juan** in Anspruch nehmen. Dort leben Nachkommen deutscher Aussiedler, welche den Club gegründet haben. San Juan liegt nördlich von **Mendoza**, dem größten Weinanbaugebiet der Erde. Wie auch der **Bonete** und der **Pissis** zählt der Mercedario zu den unbekannten Bergen Südamerikas.

Purer Zufall: Jenseits eines unüberwindbaren Straßenabbruches bog dieser Unimog um die Ecke, mit dessen Hilfe wir die weitere Zufahrt zur Laguna Blanca unverhofft fortsetzen können.

Rechts: Die Ostwand des Mercedario.

Die Ostwand als Weihnachtsgeschenk

Rodolfo Zimmermann ist deutschstämmiger Argentinier und stolzer Besitzer eines allradgetriebenen Fahrzeugs der Marke Eigenbau. Sein Wahlspruch lautet: »Wer die Kraft hat, der soll sie auch zeigen!« Mit diesem Fahrzeug fahren wir zunächst von San Juan nach **Barreal**. Dieses verschlafene Nest muß auf dem Weg ins **Valle de los Patos**, das »Tal der Enten«, passiert werden. Von dort fährt man weiter zum **Rio Blanca** und schließlich zur **Laguna Blanca,** 3200 m. So problemlos dies klingt, fährt man jedoch nur mit dem Finger auf der Landkarte, sofern eine solche für diese abgeschiedene Gegend überhaupt zur Ver-

fügung steht. Wir sind das erste Mal in Argentinien; allein die riesige Ausdehnung des Landes ist eine neue Erfahrung. Alles hier sei viel größer, selbst die Condore, charakterisieren die nicht immer wohlgesonnenen Chilenen ihre Nachbarn. Die Laguna Blanca erreichen wir mehr durch einen Zufall, da die Straße vor uns plötzlich weggeschwemmt ist. Rodolfo hat so etwas auch noch nicht erlebt; er meint, graue Haare bekommen zu müssen angesichts der Auswirkungen des zurückliegenden Dezember-Hochwassers. Wir glauben, nun die Lasten zu Fuß weiterzutransportieren zu müssen. Auf der anderen Seite des mehrere Meter hohen Straßenabbruchs taucht aber wie durch ein Wunder ein

El Caballito, das Pferdchen, stellt einen idealen Rastplatz in der Mercedario-Ostwand dar.

Unimog auf. Das im Straßenbau eingesetzte Fahrzeug bringt uns schließlich in zwei Etappen zu unserem Basislager auf 4600 m Höhe. Wir campieren neben einer alten Bergwerksstraße.

Nun gehen wir zu Fuß weiter über die Serpentinen der Schotterpiste. Um die Mittagsstunde des Heiligen Abends nähern wir uns wie Mulis bepackt dem Wandfuß der Mercedario-Ostwand. Erst spät am Nachmittag erreichen wir bei 5000 m eine Felsinsel, die unser Biwakplatz werden soll. So gut es geht, richten wir uns ein. Die Nacht wird kalt; der Himmel ist klar und an Schlaf ist nicht zu denken. Dafür erleben wir das prachtvolle Leuchten des südlichen Sternenhimmels als Weihnachtsgeschenk der Natur. Uns plagen noch Akklimatisations-Probleme – wer kann schon zu Hause in Europa im November oder Dezember für hohe Sechstausender trainieren?

Die geplante Route ist ein Tip unseres Freundes Ricardo A. Faltis, einem Wiener,

Mercedario-Guide

Charakter: Die Besteigung des Mercedario erfordert viel Energie und Durchhaltevermögen. Bereits der Zugang zum Berg ist langwierig und kostspielig. Für die Anreise ist ein allradgetriebenes Fahrzeug notwendig.

Allgemeines: Die hier vorgestellte Route El Caballito – das Pferdchen – durch die Ostwand endet in etwa 6470 m Höhe und vereinigt sich hier mit dem mehrmals begangenen Südgrat. Weitere Routen bieten sich in der Südwand an. Wer mit gleichgesinnten Gefährten in einem landschaftlich großartigen Erdenwinkel für den höheren Aconcagua trainieren möchte, ist hier genau richtig. Die Aufstiegsroute vom Biwakplatz am Fuß der Wand bis zum Gipfel ist sehr anspruchsvoll – 1700 Höhenmeter, bis zu 50 Grad steil. Wegen der enormen Hitze während der Mittagszeit sollte man einige Stunden »siesta halten«.

Anreise: Von Buenos Aires (internationaler Flughafen) mit Inner-Airlines oder mit der Bahn (interessanter) durch die Pampa nach Mendoza. Hierher gelangt man auch von Santiago de Chile. Dann weiter mit dem Bus nach San Juan.

Ausgangspunkt: Von San Juan mit Allradfahrzeug bis Barreal (etwa 180 km). Von hier durch das Tal des Rio de los Patos westlich ins Rio-Blanca-Tal bis zur Laguna Blanca, 3200 m, etwa 65 km ab Barreal. Weiter über eine Schotterstraße zum Basislager auf etwa 4600 m neben einer Minenstraße.

Besteigungsdauer: Mindestens eine Woche Zeitaufwand, vielleicht auch etwas mehr. Vorherige Akklimatisation ist ein unbedingtes Muß.

Stützpunkte: Basislager auf 4600 m, Biwakplatz bei 5000 m, Hochlager auf 6000 m.

Beste Zeit: Ende Dezember bis Ende Februar.

Organisation: In San Juan kann die Hilfe des örtlichen Club Andino Mercedario in Anspruch genommen werden. Spanische Sprachkenntnisse unbedingt nötig.

Ausrüstung: Normale Eisausrüstung, komplette Biwakausrüstung (Hochlagerzelt, Isoliermatte, Schlafsack, Kochausrüstung).

Besonderheiten: Wegen der Mittagshitze sehr früher Aufbruch notwendig. Der Abstieg La Oja, die Casserolle, verläuft über die Ostflanke. Unten wartet noch ein Gegenanstieg zum Fahrzeugdepot.

Literatur und Karten:
Herbert Ziegenhardt: »Im Bereich des höchsten Vulkans«, Eigenverlag.
Provinzkarten von San Juan und Mendoza, herausgegeben vom Automobilclub Argentino, Buenos Aires.
Kartenskizze nach R. A. Faltis im Expeditions-Report von Herbert Ziegenhardt.

Jeder von uns sucht sich in der bis zu 50 Grad geneigten weitläufigen Ostwand seinen eigenen Weg.

der heute in San Juan lebt. Sie heißt unter den argentinischen Andinisten **El Caballito** – das Pferdchen –, benannt nach einer Felsformation in der Mitte der Wand, die die Form eines aufsteigenden Pferdes hat. Dort ist noch niemand hinaufgestiegen! Also eine Erstbegehung – so ist es recht.

Weit auseinandergezogen steigen wir am ersten Weihnachtstag aufwärts. Jeder sucht sich seine eigene Spur. Bis zu 50 Grad steilt sich die Wand auf. Wir kommen gut voran. Gegen Mittag erreichen wir die markante Felsinsel El Caballito – ein idealer Rastplatz. Die Mittagshitze ist kaum erträglich und der Sauerstoffmangel macht sich unangenehm bemerkbar. Erst, als

nachmittags Nebelschwaden aufsteigen, wird es kühler, und wir steigen weiter. Seillänge um Seillänge plagen wir uns aufwärts. Über einen 45 Grad geneigten Hang schaffen wir bei etwa 6000 m den Ausstieg auf ein weites Plateau. Im letzten Abendlicht stellen wir unsere Zelte auf. Wir sind zufrieden.

Helle Streifen am Nachthimmel kündigen den zweiten Weihnachtstag an. Bei herrlichem Wetter ziehen wir unsere Spur über das leicht ansteigende Schneeplateau in Richtung Gipfel. Bald wird alle Plagerei ein Ende haben.

Herbert Ziegenhardt

ACONCAGUA,
6959 m

Südlich des 32. Breitengrades, etwa 150 km nordöstlich von **Santiago** und nur 12 km östlich der Grenze zu Chile baut sich unübersehbar ein gewaltiges Bergmassiv auf: der **Aconcagua.**

An seinem 6959 m hohen Gipfel erreicht die über 7500 km lange Kette der Kordilleren ihren Kulminationspunkt. Somit ist dieser Berg der höchste Gipfel des gesamten amerikanischen Kontinents und der westlichen Hemisphäre.

Ähnlich wie die höchsten Gipfel der übrigen Kontinente ist auch der höchste Berg Südamerikas – zumindest technisch gesehen – ein »relativ leichter« Berg. Aufgrund seiner exponierten Lage – der Aconcagua überragt seine Nachbargipfel um fast 1500 Höhenmeter – sowie der großen Höhe von fast 7000 Metern ist er jedoch berüchtigt für seine kalten Höhenstürme und seine häufig sehr spontan einsetzenden Wetterstürze.

Der Aconcagua wurde bereits sehr früh – im Januar 1897 – von dem Schweizer Führer Matthias Zurbriggen erstbestiegen. Die Erstbegehung über die Ostseite fiel ins Jahr 1934. Eine polnische Expedition erreichte damals den Berg über das **Quebrada de Las Vacas** und das **Quebrada Relinchos**. Dieser Aufstieg – heute als »Polenroute« bekannt – ist besonders interessant. Die 3000 m hohe und teilweise vergletscherte Südwand galt lange Zeit unter den Spitzenalpinisten als besondere Herausforderung. Sie wurde schließlich – übrigens als erste unter den großen Wänden der Weltberge – 1954 von einer französischen Expedition erstmals durchstiegen.

Natürlich ist der Aconcagua bei den Bergsteigern begehrt wie kaum ein anderer Berg in Südamerika. Seit vielen Jahren sind die Besucherzahlen des 1983 gegründeten **Parque Provincial Aconcagua** im Steigen begriffen. War man Anfang der siebziger

Jahre am üblichen Basislager **Plaza de Mulas** noch meist allein, so ist heute nicht selten eine regelrechte Zeltstadt anzutreffen. Dann bevölkern 200 und mehr Bergsteiger diesen einst so idyllischen Lagerplatz, und die ruhige, romantische Atmosphäre früherer Tage ist somit unwiederbringlich verloren gegangen.

Abgesehen von der zuvor erwähnten Witterungsproblematik scheiterten die

Gewaltig erhebt sich in 20 Kilometer Entfernung die Südwand des Aconcagua.

Bergsteiger in früheren Jahren nicht selten an dem komplizierten Verfahren zum Erhalt einer Besteigungsgenehmigung. Auch wiederholte Grenzstreitigkeiten zwischen Chile und Argentinien hatten oftmals eine Sperrung des Gebietes zur Folge. Der Zugang zum Berg wurde damals von argentinischen Gebirgssoldaten kontrolliert, und die Bergsteiger waren somit der Willkür des Militärs ausgesetzt. Diese Situation hat sich inzwischen grundlegend zum Vorteil der Besucher verändert. Wo früher völlig unsinnige Maßnahmen wie beispielsweise von jedem Teilnehmer zehn

Fingerabdrücke gefordert, psychologische Beratungsgespräche und Registrierung der Namen aller Geschwister durchgeführt wurden, sind heute die zuständigen Behörden längst übereingekommen, daß ärztliche Atteste, Tourennachweise und Ausrüstungslisten wenig, meist gar nichts über die Qualifikation des Bergsteigers aussagen können, weil sie ohnehin manipulierbar sind. Stattdessen werden heute die persönlichen Daten der jeweiligen Bergsteiger in den Computer eingegeben, und das *permiso* für die Besteigung, die Quittungen für den Eintritt in den Naturpark Aconcagua sowie für den obligatorischen Müllsack werden umgehend ausgedruckt. Das Permit kostet 80 $ (Stand: 1994) für eine Aufenthaltsdauer im Park bis zu 20 Tagen.

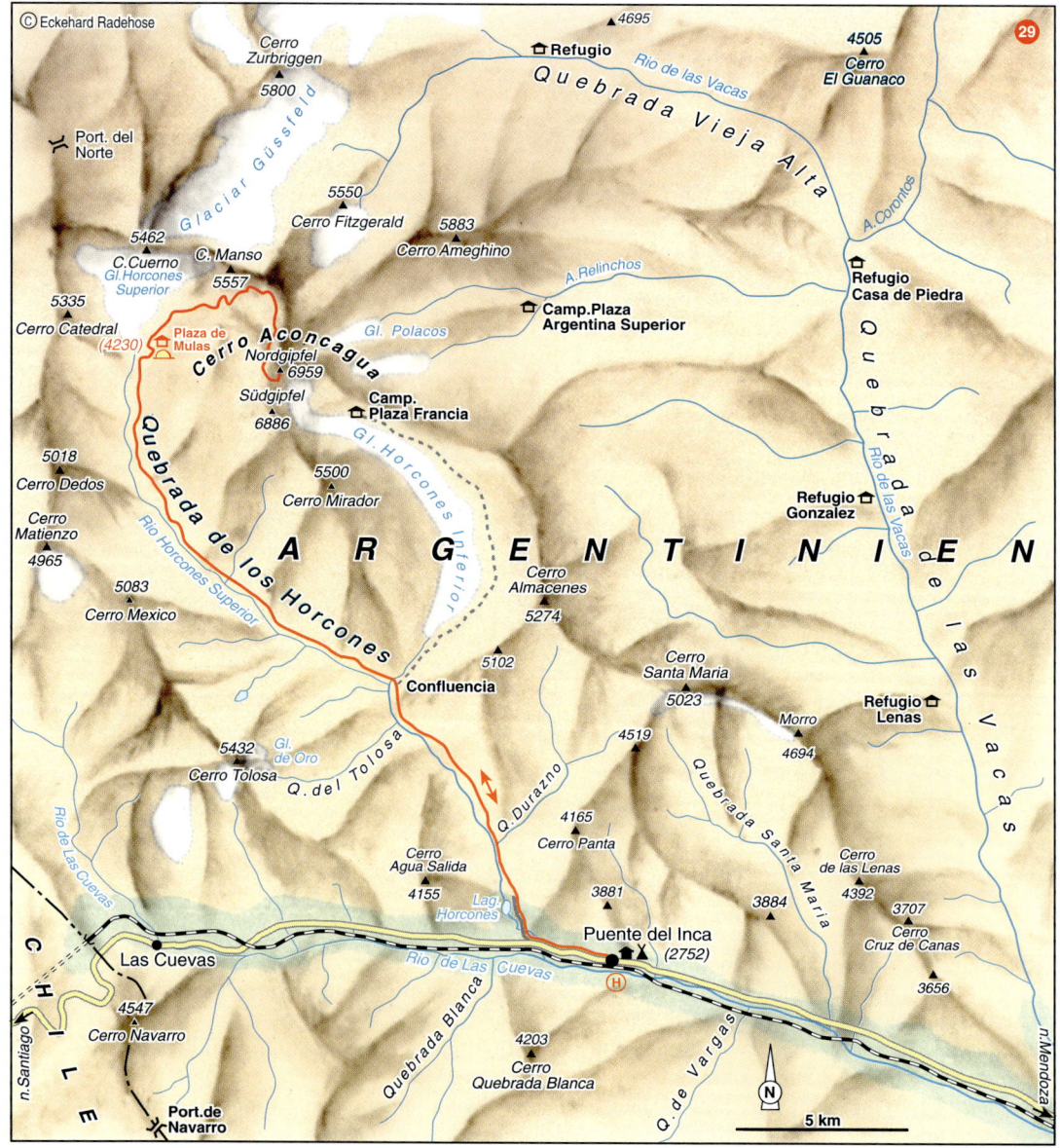

Es ist erhältlich in einer Unterabteilung der Touristen-Information direkt im Zentrum von **Mendoza** oder eventuell alternativ in **Puente del Inca**. Die eingesetzten Park-Ranger haben die Funktion polizeilicher Ordnungskräfte, die jederzeit berechtigt sind, die Genehmigung zu kontrollieren. Sie geben ferner Informationen, sind Anlaufstelle bei eventuellen Problemen wie Unfällen, Abtransport usw. und haben Funkkontakt zur Außenwelt.

Von Mendoza – übrigens in einem der bekanntesten argentinischen Weinanbaugebiete gelegen – fährt man auf einer guten Straße etwa 190 km bis Puente del Inca, 2720 m. Der Ausgangspunkt für den 40 Kilometer langen Anmarschweg zum Basislager ist Kurort und Thermalbad zugleich. Seinen Namen hat der Ort von einer sehr sehenswerten Naturbrücke, die sich in

Biwakhütten am Hochlager II »Prantamura« in 5850 Meter Höhe.

Der Cerro Caerno (5462 m) ist ein geeigneter Akklimatisationsberg.

mächtigen Ausmaßen über den tosenden **Rio Mendoza** spannt. Das Dorf liegt in einem fast wüstenartigen Hochtal direkt an der Straße und an der Bahnlinie, die weiter zum **Paso de la Cumbre** (auch **Paso de Bermejo** genannt), dem 3832 m hohen Grenzpaß zu Chile, führen.

Da die beiden Staaten Argentinien und Chile zur Zeit relativ gut harmonisieren, ist der Grenzübertritt unproblematisch, und so wird der Aconcagua derzeit auch häufig von Chile aus aufgesucht, denn Santiago ist kaum 200 km entfernt. In Puente del Inca beginnt der lange Weg zum Basislager des Aconcagua. Das Gepäck wird man von Mulis transportieren lassen: Ein stolzer Preis von 120 $ und mehr für etwa 50 – 60 Kilo Gepäck ist dafür einzukalkulieren.

Es gilt nun den Beginn des Tales zu erreichen, welches den Zugang zum Berg vermittelt. Das **Quebrada de los Horcones** beginnt etwa 1,5 km westlich vom Ortszentrum in Puente del Inca und führt nun nordwestlich in Richtung Aconcagua. Nach etwa zwei Kilometern wird die **Laguna Horcones** erreicht; kurz zuvor passiert man die Schranke und Eingangskontrolle in den Park. Bis hierher wurde inzwischen eine Straße gebaut; sie ist allerdings in schlechtem Zustand, und es bleibt zu hoffen, daß

Oben: Auf dem Dach Amerikas – Blick zum niedrigeren Südgipfel.
Rechts: Haushohe Eistürme und Büßereis im Horcones-Gletscher.

die Pläne für einen Weiterbau am Einwand der Naturschützer scheitern. Der Aconcagua mit seiner eindrucksvollen Südwand ist jetzt sichtbar. Je weiter wir nun dem Verlauf des Horcones-Tals folgen, desto trockener und ernster wird die Landschaft. Der Anmarsch zum Plaza de Mulas, dem 4230 m hoch gelegenen Basislager, ist mir in bester Erinnerung geblieben. Eine fast wüstenartige Umgebung, schroffe Felsflanken in den verschiedensten Farben, weite Schotterebenen und teilweise ausgetrocknete Bachläufe stimmen den Bergsteiger auf ein neues Abenteuer ein. Angesichts dieser beeindruckenden Szenerie ist es wirklich schade, daß der Aconcagua aufgrund seiner Anziehungskraft zu einem Modeziel geworden ist. Etwa 20 Gehminuten oberhalb des üblichen Lagerplatzes ist sogar ein Hotel errichtet worden, in dem auch Übernachtungen und Verpflegung möglich sind. Während der Hauptsaison – in der südlichen Hemisphäre ist das die Zeit zwischen Mitte November bis etwa Mitte März – können auch medizinische Hilfe und notfalls sogar eine Helikopterbergung organisiert werden.

Die eigentliche Besteigung des Berges ist heutzutage weder leichter noch ungefährlicher geworden. Trotz verbesserter Technik und Ausrüstung ist der Berg immer noch fast 7000 Meter hoch, und die Höhenstürme, die mit unerhörter Gewalt hereinbrechen und oft tagelang anhalten, können schnell lebensbedrohliche Situationen verursachen. Dennoch ist die Normalroute über die Nordwestflanke einfach; bis auf eine kurze Ausnahme im Gipfelbereich muß man nur Gehgelände bewältigen.

Eine wirklich lohnende Variante zur Normalroute ist die Begehung der Ostflanke. Die dortige Polenroute verläuft hauptsächlich im Eis oder kombinierten Gelände; sie ist allerdings erheblich anspruchsvoller als der Nordwestanstieg. Um sie zu erreichen, kann kurz oberhalb vom üblichen Lager I *Antartida Argentina* auf etwa 5500 m Höhe in die Ostflanke des Aconcagua hinübergequert werden. Unter den sogenannten »Österreicher-Felsen«, einer markanten rot-weiß-roten Felsformation im linken Teil der Ostwand, ist ein günstiger Biwakplatz vorhanden (ab Lager I 6 – 8 Stunden). Von hier läßt sich der Gipfel – je

Aconcagua-Guide

Charakter: Der höchste Gipfel Amerikas und der westlichen Hemisphäre wird wie kaum ein anderer Berg der Welt unterschätzt. Der Normalweg ist – technisch gesehen – eher leicht einzustufen; die große Höhe und die überaus extremen Witterungsbedingungen haben aber bereits viele Opfer gefordert. Ohne gute Höhenanpassung und einigermaßen akzeptable Witterungsverhältnisse wird man am Aconcagua chancenlos sein. In manchen Jahren liegt die Gipfelerfolgsquote bei 40 Prozent.

Allgemeines: Nicht nur der Berg selbst, sondern auch die Umgebung bieten lohnende Besteigungsmöglichkeiten. Die benachbarten Ziele sind ausnahmslos vergletscherte Fünftausender, die sich auch als Akklimatisationsziele eignen. War der Aconcagua schon in früheren Jahren unter den Bergsteigern sehr beliebt, so ist er heute regelrecht überlaufen. Ökologische Probleme sind die Folge und weitere Reglementierungen werden nicht ausbleiben. Der verpflichtende Kauf eines Müllsackes und der zwingend vorgeschriebene und kontrollierte Rücktransport des Abfalls ist ein wichtiger und nachahmenswerter Schritt. Ungemein empfehlenswert ist es, nach der Besteigung des Gipfels durch das urspüngliche Quebrada de las Vacas nach Las Vacas hinauszuwandern.

Anreise: Von Mendoza mit öffentlichen Verkehrsmitteln etwa 190 km nach Puente del Inca. Mendoza ist von Buenos Aires mit Flugzeug oder per Bahn zu erreichen. Alternativ kann die Anreise auch von Santiago de Chile (internationaler Flughafen) über den Paso de la Cumbre (Paso de Bermejo, 3832 m) nach Puente del Inca durchgeführt werden.

Ausgangspunkt: Puente del Inca (2720 m), 16 km vor dem Grenzübergang nach Chile gelegen. Hier muß der Gepäcktransport ins Basislager organisiert werden. Durch das Horcones-Tal führt der Weg über ca. 40 km in 1½ bis 2 Tagesetappen zum Basislager Plaza de Mulas (4230 m).

Besteigungsdauer: Ohne vorherige Akklimatisation etwa 10 – 14 Tage; sonst auch kürzer. In der Hauptsaison ist das Wetter meist sehr beständig; allerdings kann der kalte Höhensturm mit seiner Beharrlichkeit einige Reservetage notwendig machen.

Stützpunkte: Die kleinen Biwakhütten an den Lagerplätzen sind meist in einem desolaten Zustand. Allein schon wegen dem großen Andrang sind unbedingt expeditionstaugliche, vor allem sturmsichere Hochlagerzelte mitzuführen.

Beste Zeit: Die Saison am Aconcagua dauert von Mitte November bis Mitte März. Als günstigste Zeit dürfte Mitte Dezember bis Mitte Februar gelten.

Organisation: Nach wie vor wird eine Besteigungsgenehmigung (permiso) benötigt. Dieses bekommt man neuerdings relativ unproblematisch für 80 $ bei der Touristeninformation in Mendoza oder eventuell alternativ in Puente del Inca. Bei der Zahlung der Gebühr erhält man ferner einen nummerierten Müllsack, der beim Rückmarsch mitgenommen werden muß. Das Permit gilt 20 Tage; nach der Rückkehr vom Berg empfiehlt es sich unbedingt, bei der Parkverwaltung Meldung zu machen, damit nicht unter Umständen eine Suchaktion eingeleitet wird.

Der Lastentransport ins Basislager kostet ca. 120 $; auch der Rücktransport ist selbstverständlich zu bezahlen.

Hier noch zwei Anschriften für Informationen:

1. *Subsecretaria de Tourismo, Av. San Martin 1143, Mendoza, Rep. Argentina, Tel. (5461) 24 28 00*

2. *Direccion de Recursos, Naturales Renovables, Parque Gral. San Martin, Mendoza, Rep. Argentina, Tel. (5461) 25 20 90*

Auch sehr viele europäische Reiseveranstalter bieten organisierte Aconcagua-Besteigungen an.

Ausrüstung: Sehr gute Wärmeschutzkleidung sowie Expeditions-Bergschuhe mit sehr warmen Innenschuhen sind besonders wichtig. Expeditionserprobte Hochlagerzelte, gute Kocher und Trockenverpflegung gehören zur Grundausrüstung. Für die Normalroute kann auf den Pickel verzichtet, Steigeisen dagegen sollten unbedingt mitgeführt werden.

Besonderheiten: Wegen der vielen Bergsteiger ist ganz besonders auf umweltverträgliche Verhaltensweisen vor Ort zu achten. Ganz besonderes Augenmerk sollte der Entsorgung des Toilettenpapiers geschenkt werden; der stetige Wind würde das Papier im weiten Umkreis um das Basislager verteilen. Vorsicht: Diebstahl im Basecamp ist leider keine Seltenheit.

Literatur und Karten:

Secor: »Aconcagua – A Climbing Guide«, englischsprachiger Führer.

»Aconcagua 1985«, Expeditionsreport einer DAV-Summit-Club-Expedition 1985, zweite Auflage, zur Zeit vergriffen.

Eckehard Radehose: »Aconcagua«, Expeditionsreport im Eigenverlag, überarbeitet 1995, zu beziehen beim Herausgeber dieses Buches oder in guten geographischen Buchhandlungen.

Rollo Steffens: »Allein auf den Aconcagua«, Expeditions-Report im Eigenverlag, überarbeitet 1994, zu beziehen beim Verfasser oder in guten geographischen Buchhandlungen.

Carta Topografica de la Republica Argentina 1: 50 000, Blatt 3369-7-4 »Cerro Aconcagua«, Blatt 3369-13-2 »Las Cuevas«, Blatt 3369-14-1 »Puente del Inca«, herausgegeben vom »Instituto Geografico Militar«.

Weit reicht der Blick nach Norden: in 80 km Entfernung die Cordillera de la Ramada.

nach Verhältnissen – in weiteren 6 – 8 Stunden erreichen.

Zum höchsten Gipfel der Neuen Welt

Selbstverständlich kann der Gipfel des Aconcagua nur mit einer guten Akklimatisation versucht werden. Außerdem sind günstige Witterungsbedingungen, vor allem jedoch akzeptable Windbedingungen unabdingbar. Vom Basislager (4230 m) führt ein gut sichtbarer Steig in nordöstlicher Richtung aufwärts. Weite Schutthänge sind hier zu bewältigen. Ohne besondere Eindrücke geht es fast langweilig dahin. Über einige steilere Passagen erreichen wir – je nach Kondition und Akklimatisationszustand – in 4 – 6 Stunden den Lagerplatz Antartida Argentina auf etwa 5500 m. Die Biwakhütte hier ist meist in einem verwahrlosten Zustand; sie kann allenfalls als Windschutz dienen.

Bestens akklimatisierte und sehr konditionsstarke Alpinisten können durchaus von diesem Lager aus eine Gipfelbesteigung in Betracht ziehen. Die meisten Bergsteiger werden es aber sicher vorziehen, über die weite Westflanke weitere 350 Höhenmeter aufzusteigen, um Lager II *Plantamura* auf 5850 m einzurichten oder alternativ bis zum üblichen Lagerplatz III *Independencia* (6480 m) zu gehen und von hier aus ihre Gipfeletappe zu starten. Der Anstiegsverlauf oberhalb Lager III ist sehr dem Wind ausgesetzt und daher bei den üblichen Windgeschwindigkeiten kaum zu begehen – hier scheitern sehr viele Gipfelversuche. In südlicher Richtung geht es nun leicht ansteigend bis zum Fuß einer markanten Geröllrinne, der *Canaletta*. Durch diese Rinne steigen wir äußerst mühsam etwa 250 Höhenmeter hinauf bis zum Verbindungsgrat zwischen Nord- und Südgipfel. Wir wenden uns nach links (Norden) und steigen den Gratrücken bis zu einem Steilaufschwung hinauf. Über dessen Abbruch – der Schlüsselstelle des Aufstiegs – klettert man etwa 30 Meter im Schwierigkeitsgrad I und II hinauf und erreicht das Gipfelplateau und wenig später das kleine Gipfelkreuz des Aconcagua. Vom Lager II wird man bei günstigen Bedingungen und entsprechender Akklimatisation 8 Stunden Aufstiegszeit benötigen.

CERRO TORRE, 3128 m

Goldgelber Granit, senkrechte Eiscouloirs und phantastisch bizarr aussehende Schneepilze, die auf den Granitnadeln thronen. **Patagonien,** das Traumland für Bergsteiger und Abenteuer suchende Reisende. An der Südspitze Südamerikas gelegen ist die Natur dort noch ursprünglich und wild. Sturmumtoste Gipfel ragen aus den Wolken. Eiskalte Flüsse und grüne, alte und knorrige Buchenwälder bestimmen das Bild. Aber auch das anhaltend schlechte Wetter mit seinen fürchterlichen Stürmen prägt das Land. Für den Bergsteiger eine harte Probe an Ausdauer im Warten sowie an Kletterkönnen und alpiner Erfahrung, denn am Cerro Torre müssen der sechste Grad im Fels und Eis bis 80 Grad beherrscht werden, um eine Chance zu haben.

Besonders entscheidend ist, daß während einer Schönwetterperiode, die leider nur sehr selten auftritt und von nur kurzer Dauer sein kann, man sehr schnell klettern muß. Deshalb gilt die Besteigung des **Cerro Torre** auch als eine der schwierigsten und anspruchsvollsten Unternehmungen der Welt.

Die Stürme sind besonders für die Bergsteiger äußerst gefährlich, da der Abstieg vom Gipfel meist durch Abseilen erfolgt. Ihre Häufigkeit und die Geschwindigkeit des Wetterumschwungs sind für den alpinen Bergsteiger ungewohnt und daher sehr wichtig zu beachten.

Rechts: Traumberg Cerro Torre – schwierigstes Ziel dieses Bandes.

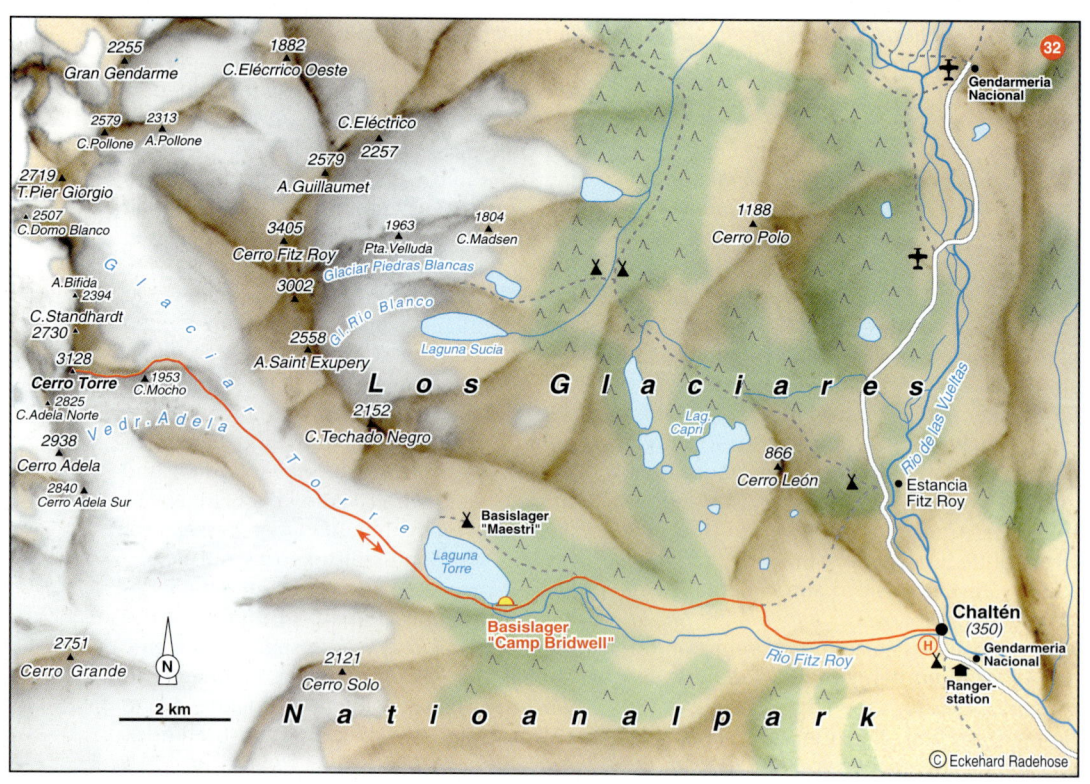

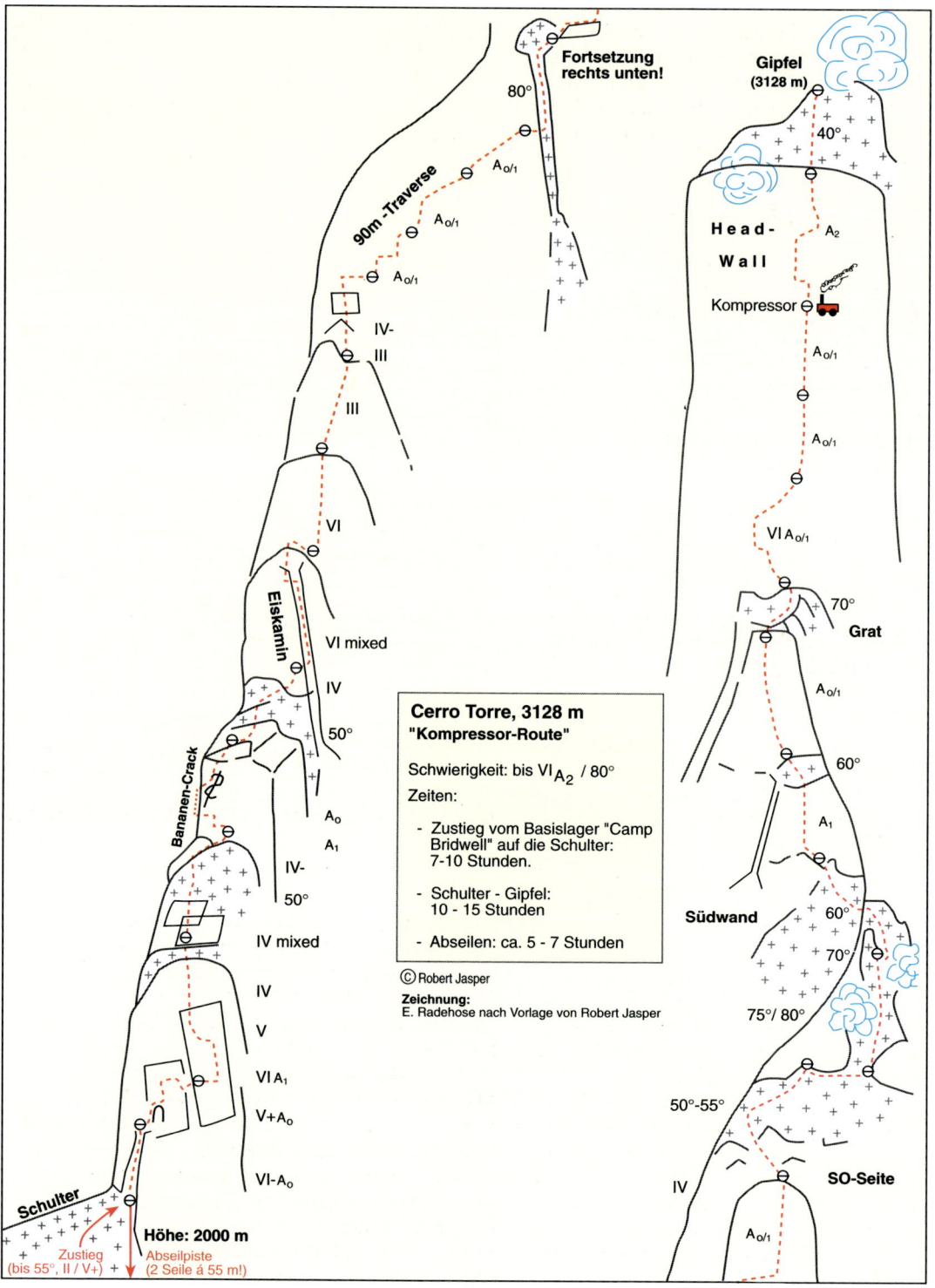

Cerro Torre, 3128 m
"Kompressor-Route"

Schwierigkeit: bis VI$_{A_2}$ / 80°

Zeiten:

- Zustieg vom Basislager "Camp Bridwell" auf die Schulter: 7-10 Stunden.

- Schulter - Gipfel: 10 - 15 Stunden

- Abseilen: ca. 5 - 7 Stunden

© Robert Jasper

Zeichnung:
E. Radehose nach Vorlage von Robert Jasper

Trotzdem oder gerade wegen dieser so extremen Natur ist ihr Wirken auf den Menschen so eindrucksvoll und begeisternd. War man einmal dort, dann zieht es einen immer wieder zurück in die Berge Patagoniens.

Letzter Versuch

Das ist aber nun wirklich der letzte Versuch ... Zum fünften Mal schon quälten wir uns über den endlosen **Grande-Gletscher** hinter zum **Norweger-Biwak.** Hier hatten wir unser Klettermaterial deponiert, um es nicht jedesmal wieder bis ins **Camp Bridwell**, unser Basislager, schleppen zu müssen. Denn uns, Jörn Heller und mir, war klar gewesen, daß das Wetter von uns etliche Opfer in Form von öfteren Versuchen verlangen würde und mit höllischem Getöse, mit Orkanstürmen, Regen und Schneetreiben alles zunichte machen könnte. Und so hatte es uns viele Male hinaus aus den Bergen geblasen und wir waren immer in den rettenden Wald des Camp Bridwell geflüchtet.

Das ist aber nun wirklich das allerletzte Mal ... Ich habe einfach keine Lust mehr. Es ist nun schon der neunte Versuch. Ein Stückchen am Cerro Torre hinaufklettern und wieder im Schneesturm ein höllisches Rückzugsmanöver? Fix und fertig im Basislager auf das nächste kleinste Anzeichen von Schönwetter zu warten, um dann wieder in die Falle zu laufen? Hier gibt es kein schönes Wetter. Davon waren wir nun überzeugt.

Wir hatten schon bei einigen Versuchen zuvor geschworen, wenn es nicht klappen sollte, einfach an den Strand nach Brasilien in Urlaub zu fahren und die Berge hier zu vergessen – einfach wegfahren.

Aber wenn man am Cerro Torre einmal geklettert ist, wenn man die wilde Schönheit der Berge hier kennengelernt hat, kann man nicht mehr einfach wegfahren, alles vergessen und so tun, als wäre da nichts gewesen. Man muß so lange hierbleiben, bis man kein Geld mehr hat oder auf dem Gipfel steht.

Goldgelb leuchtet die Ostwand des Cerro Torre.

Bei unseren acht vorherigen Versuchen, die alle wegen des schlechter werdenden Wetters fehlgeschlagen waren, hatten wir einige Male die **Schulter** des Cerro Torre auf etwa 2000 m Höhe erreicht, wo wir uns eine Schneehöhle gegraben hatten. Einige Male waren wir von dort bis an die 90-Meter-Bohrhaken-Traverse geklettert. Manche Male waren wir gerade ein Stückchen hinter dem Basislager, als das Wetter wieder umgeschlagen ist.

Beim neunten Versuch hatten wir sehr gute Firnverhältnisse in der Einstiegsflanke hinauf zur Schulter. Wir sind bis auf eine Seillänge im Schwierigkeitsgrad V+ das ganze restliche kombinierte Gelände –

alles in allem etwa 50 bis 60 Grad steil und mit Felsstellen bis III – seilfrei geklettert. Nach nur 6 Stunden vom Camp Bridwell erreichten wir unsere Schneehöhle. Sollen wir nun schon biwakieren? Es ist erst 12.00 Uhr, und die Tage sind hier im südamerikanischen Sommer, der von November bis Februar dauert, sehr lang. Das Wetter scheint stabil schön zu bleiben. Aber wir trauen dem Wetter nicht mehr. Morgen ist es sicher wieder schlecht. Wenn wir jetzt biwakieren, können wir morgen im Schneesturm abseilen.

Nach einer längeren Mittagspause in unserer Höhle entscheiden wir uns, noch am Nachmittag weiterzuklettern. Wir haben in den Alpen schon viele Extremrouten ganz schnell, ohne viel Material und ohne Biwakausrüstung gemeinsam durchgeführt. Oft sind wir nur wegen dieses schnellen Alpinstils erfolgreich gewesen. So setzen wir auf unsere Schnelligkeit – schneller als das schlechte Wetter sein. Über die uns schon bekannten Seillängen wie **Banana Crack** und **Eiskamin** erreichen wir ganz schnell die 90 m lange **Bohrhaken-Traverse.** Um Zeit zu sparen, klettern wir in unseren Plastikbergschuhen und zum Teil sogar mit Steigeisen. Wir haben nur einen kleinen Rucksack mit dem Allernotwendigsten mit, den immer der Nachsteiger trägt. Die Traverse klettern wir gleichzeitig am kurzen Seil. Dadurch sparen wir Zeit. Es ist aber sehr wichtig, immer genügend Bohrhaken zwischen den Kletternden eingehängt zu lassen, da diese Seiltechnik sonst lebensgefährlich ist.

Als wir eine italienische Seilschaft, die schon am Morgen von der Schulter aufgebrochen war, eingeholt haben, seilen sie wegen des Verlustes eines Steigeisens ab. Nun sind wir ganz allein. Der Gipfel sieht zwar schon hier zum Greifen nah aus, ist aber immer noch etwa 500 Höhenmeter entfernt.

Über Eis und kombiniertes Gelände, das von einigen senkrechten Granitwänden, die man meist technisch erklettert, unterbrochen ist, erreichen wir die Eispilze im oberen Wandteil. Zum Glück können wir

zwischen ihnen in fast senkrechten Eiscouloirs hindurchklettern. Muß man einen solchen aus Anraum bestehenden Eispilz bewältigen, so kann dies zum unmöglichen Unterfangen werden.

Nach einer kurzen Felspassage gelangen wir auf ein Eisgrätchen und steigen weiter nach links in die Südwand zu einer senkrechten Platte. In Techno-Kletterei geht es hinauf in Richtung der riesigen eisverkrusteten **Headwall.** Hier haben wir den Blick frei über das westlich des Cerro Torre liegende **Inlandeis,** das sich von Nord- nach Südpatagonien erstreckt. Zu unserem Entsetzen zieht schon wieder

Unten: Jörn Heller beim Aufstieg zur Schulter. Links: Schwierige Eiskletterei in der Route »Exocet« am Torre Standhardt, einem Nachbarn des Cerro Torre.

hohe Cirrusbewölkung aus dieser Richtung auf. Wird das Wetter erneut umschlagen, ehe wir den Gipfel erreichen? Bei starkem Wind kann ein Rückzug von hier oben wegen der vielen Quergänge unmöglich werden. Beim Abseilen zurück zum rettenden Wandfuß können die Seile schnell hinter Felszacken geblasen werden und sich so verklemmen, daß ein Abseilen nicht mehr möglich ist. Aber es sind andererseits nur noch 250 Meter hinauf zum höchsten Punkt – der riesige Gipfelpilz scheint schon ungemein nah. Man muß in einer solchen Situation sehr ruhig die Gefahren abschätzen, das Für und Wider abwägen. Sicherheit – das Leben steht an oberster Stelle. Da die Wolken heute nur sehr langsam ziehen, und noch kein Wind aufgekommen ist, was sonst fast immer der Fall war, klettern wir weiter

Cerro-Torre-Guide

Charakter: Die hier vorgestellte Kompressor-Route gilt als der klassische Anstieg auf den 3128 m hohen Cerro Torre. Extreme Fels- und zum Teil auch Eiskletterei (Fels: VI/A2, Eis: 50 bis 80 Grad) und ganz besonders auch die sehr schnell wechselnden Wetterverhältnisse lassen die Besteigung zu einer der anspruchsvollsten der Welt werden.

Allgemeines: Aufgrund der extremen Witterungsverhältnisse und der hohen technischen Schwierigkeiten am Berg wird der Gipfel nur selten bestiegen, in manchen Jahren sogar überhaupt nicht. Das »Unternehmen Cerro Torre« verlangt sehr viel Erfahrung im extremen Alpinbereich. Schönwetterperioden sind sehr selten im Jahresablauf. Dies verlangt vom Bergsteiger viel Geduld im Warten auf günstige Bedingungen. Die Natur mit ihren Schönheiten kann jedoch während dieser Zeit des Wartens zum großartigen Erlebnis werden.

Anreise: Aus Argentinien: von Buenos Aires (internationaler Flughafen) mit Inlandsflug nach Rio Gallegos (Provinz Santa Cruz). Von hier mit dem Bus über Calafate nach Chalten, 2 Tage ab Rio Gallegos.
Aus Chile: von Santiago de Chile (internationaler Flughafen) mit Inlandsflug nach Punta Arenas. Von hier mit dem Bus über Villa Tehuelches, Rio Turbio (Grenze Chile – Argentinien) und Calafate nach Chalten, etwa 3 Tage ab Punta Arenas.

Ausgangspunkt: Das Basislager Camp Bridwell liegt auf etwa 600 m Höhe an der Laguna Torre, Zeltmöglichkeit in einem Wald, ausgewiesen von den Rangern des Nationalparks, Trinkwasser vorhanden. Alle anderen Zeltmöglichkeiten sind streng verboten. Ferner ist es streng verboten, im Wald offenes Feuer zu entfachen. Das Camp Bridwell ist in einem zwei- bis dreistündigen Fußmarsch von Chalten aus erreichbar.

Besteigungsdauer: Ab Camp Bridwell je nach Bedingungen 1 bis 4 Tage: Zustieg vom Basislager Camp Bridwell zum Beginn der eigentlichen Kletterei auf der Schulter etwa 7 – 10 Stunden, Schulter – Gipfel des Cerro Torre etwa 10 – 15 Stunden, Abseilen zurück zum Einstieg 5 – 7 Stunden.

Stützpunkte: Norweger-Biwak, Felshöhlen unter dem El Mocho bzw. P. Media Luna am Ende der Moräne vor dem Gletscher (beide nicht ganz regensicher), Schulter des Cerro Torre auf etwa 2000 m, verschiedene Möglichkeiten für Schneehöhlen; im weiteren Routenverlauf oberhalb der Schulter gibt es noch einige Felsabsätze, auf denen biwakiert werden kann.
Wegen der Schwierigkeiten eines Rückzugs nach oder bei einem Wettersturz ist ein Biwak möglichst zu vermeiden!

Beste Zeit: November bis Anfang Februar.

Organisation: Ausnahmslos individuell durchführbar. Bei der Rangerstation des Nationalparks gibt es interessante Informationen, die weiterhelfen können.

Ausrüstung: Besondere Beachtung erfordert die Zusammenstellung der Ausrüstung. Sie sollte wegen der sehr extremen Witterungsverhältnisse wasser- und winddicht sein. Allgemein ist mit Temperaturen von plus 15 bis minus 15 Grad zu rechnen. Wegen der Kletterschwierigkeiten sollte man aber besonders auf das Gewicht der Ausrüstung achten, da das Klettertempo eine sehr entscheidende Rolle spielt. Deshalb werden hier keine detaillierten Hinweise hinsichtlich der Kletter- und Biwakausrüstung gegeben. Wegen der langen Abseilpassagen müssen zwei 55-Meter-Seile mitgeführt werden.

Besonderheiten: Die vorgestellte Kompressor-Route auf den Cerro Torre zählt zu den extremsten Kletterrouten der Welt. Die Witterungsproblematik erschwert die Besteigung in erheblichem Maße. Sie ist mit weitem Abstand die schwierigste Unternehmung dieses Buches und nur für beste Kletterer geeignet, die gleichzeitig im kombinierten Gelände sowie im extrem steilen Eis sicher und auch schnell klettern können.

Literatur und Karten:
Gino Buscaini/Silvia Metzeltin: »Patagonien, Traumland für Bergsteiger und Reisende«, Bruckmann Verlag München, 1990.

gegen die vereiste gewaltige Headwall hinauf. Als wir dann an dem kleinen Eisgrat ankommen, über welchen man zur Gipfelwand gelangt, wird es schon langsam dunkel. Sollen wir es wagen, weiterzusteigen? Das Wetter sieht immer bedrohlicher aus, und die Nacht nähert sich mit langen Schatten. Mit nur einem Eisgerät mache ich mich dennoch daran, dieses unangenehm steile Grätchen zu queren. Das zweite Eisgerät benötigt Jörn hier im Nachstieg. Als wir die erste Seillänge der Gipfelwand, in welcher der Einstieg frei im sechsten Grad geklettert werden muß, hinter uns haben, ist es stockfinster. Nur ein paar Sterne flackern über uns, während wir uns den Bohrhaken entlang nach oben kämpfen.

Es ist 23 Uhr: Plötzlich entdecken wir in der rabenschwarzen Nacht – es scheint leider kein Mond, der uns den Weg beleuchten könnte – weit draußen in der Pampa zuckende Blitze. Gibt es hier auch Gewitter?

Dichte Wolken wallen über den Gipfelpilz unseres Traumberges. Die Sterne sind verschwunden, als aus dem Dunkel der Nacht der **Kompressor** im vertikalen Ozean aus Granit auftaucht. Ein verrücktes, komisches Gefühl überkommt uns, während wir auf ihm Stand machen. Eine willkommene Plattform, dieses abstruse Relikt vergangener Tage. Wir fühlen uns wie Schiffbrüchige in einem steinernen Meer, die ein Rettungsboot gefunden haben. 1970 ließen ihn die Erstbegeher Maestri, Alimonta und Claus aus Italien hier hängen. Sie hatten ihn den ganzen mühsamen Weg über die steile Wand bis hier heraufgezogen. Eine wochenlange beschwerliche Arbeit. Wir können uns diese Qual gar nicht so richtig vorstellen.

Mit den Stirnlampen an den Helmen steigen wir in die berüchtigte **Bridwell-Seillänge** ein. Bis jetzt war die Techno-Kletterei sehr einfach gewesen und für uns mehr mühsam als schwer. Jetzt finde ich im Lichtkegel meiner Stirnlampe nur ein paar alte Schlinglein, die über kleine Alunieten gefädelt sind, einige Copperheads und

Nur selten läßt das patagonische Wetter solche Bilder zu: Robert Jasper in der dritten Seillänge oberhalb der Schulter.

wackelige Messerhaken. In Yosemite-Manier kämpfe ich mich, so schnell es eben geht, hinauf. Es muß schon halten, das alte Zeug! Als ich endlich den letzten Stand erreicht habe, und Jörn am fixen Seil nachgejümart ist, sind wir in Wolken gehüllt. Ganz plötzlich haben sie, vom Inlandeis kommend – wie Fangarme einer Riesenkrake – den Berg umschlungen. Jetzt ist es wirklich nicht mehr weit zum Gipfel. Schnell bringen wir die letzten zwei Meter Fels hinter uns und stehen im Gipfeleisfeld,

das uns mit gerade einmal 40 Grad
Neigung sehr flach erscheint.

Endlich – ganz oben. Eigentlich wollten
wir auf den herrlichen Sonnenaufgang
warten, aber leider beginnt es leicht zu
schneien. Jetzt heißt es, so schnell wie
möglich flüchten, denn es ist allerhöchste
Zeit. Gipfelfreude kommt in uns nicht auf,
nur eine große Erleichterung, nicht mehr
höher klettern zu müssen, wird spürbar.
16 Stunden nach unserem Aufbruch vom
Camp Bridwell haben wir den Gipfel
erreicht. Mit Ausnahme der Mittagsrast
haben wir keine größeren Pausen eingelegt
– und nun wieder keine Rast, Flucht ins
Tal, die Angst vor dem Sturm.

Durch Abklettern erreichen wir wieder
den Stand im Fels. Schnell seilen wir über
die Headwall hinab in die schwarze Leere,
aus der wir vor kurzem erst ausgestiegen
waren. Zum Glück weht kein Wind.
Trotzdem verheddert sich unser Seil beim
Abziehen einmal so, daß ich wieder
hinaufjümarn muß, um es zu lösen – ein
nerven- und zeitraubendes Manöver. Dann
geht es ohne Zwischenfälle im nun einsetzenden Schneetreiben hinab. An der 90-
Meter-Traverse sind wir über das hängen-
gebliebene Fixseil der Italiener sehr froh.
So können wir zügig über diesen Quergang
abseilen. Die ersten stärkeren Windböen
sausen um den Berg – es beginnt stärker zu
schneien, und kleine Staublawinchen
überspülen uns. Bald sind der ganze Berg
und auch wir mit einer Eisschicht überzogen. Glücklicherweise waren wir schon oft
bei Tage hier oben. So haben die vielen
Versuche doch ihren Sinn. Die Abseilstel-
len wären sonst unter dem Eis nicht mehr
zu erahnen.

Wir sind erleichtert, als es endlich
dämmert. Die Nächte im patagonischen
Sommer sind kurz. Um 6.30 Uhr kriechen
wir wie zwei Eismänner mit einer frostigen
Glasur überzogen in unsere Schneehöhle
auf der Schulter. Die beiden Italiener, die
hier die Nacht verbracht haben, sind
gerade dabei den weiteren Abstieg anzutreten. Sie sind sehr erstaunt, uns wiederzu-
sehen. Als sie erfahren, daß wir inzwischen

in so kurzer Zeit auf dem Gipfel waren,
fährt nur noch ein »madonna, madonna«
über ihre Lippen. Mit ihrer Hilfe erreichen
wir dann auch trotz des Sturms, der mich
sogar einmal von der Moräne in große
Blöcke hinuntergeblasen hat, zum Glück
ohne mich zu verletzen, den rettenden
Wald und bald darauf unser Camp Bridwell. Wir lassen alles fallen. Aber so
ausgehungert, wie wir nach 30 Stunden

Das Inlandeis Patagoniens, einer der wirklich letzten »weißen Flecken« der Erde.

ohne Pause sind, kochen wir zuerst ein warmes Essen.

Erst nach einigen Tagen kam die Freude über die Gipfelbesteigung des Cerro Torre in uns auf. Die Eindrücke waren so stark, daß wir erst ein paar Tage lang darüber nachdenken – sie verarbeiten mußte. Jetzt freuen wir uns aber gewaltig. Darüber hinaus war uns das Zusammentreffen mit lieben, hilfsbereiten und freundlichen Menschen in Patagonien ein ganz besonderes Erlebnis.

Robert Jasper

STICHWORTVERZEICHNIS